Rethinking

Reconstructing

Reproducing

*

“精神译丛”

在汉语的国土

展望世界

致力于

当代精神生活的

反思、重建与再生产

---

*

Lineages of Political Society:
Studies in Postcolonial Democracy

Partha Chatterjee

精神译丛·徐晔 陈越 主编

[印]帕沙·查特吉 著 王行坤 王原 译

政治社会的世系：后殖民民主研究

西北大学出版社

帕沙·查特吉

照片由作者本人提供

献给安简·高希[1]（ANJAN GHOSH，1951—2010），

战斗中的同志

---

① 安简·高希：印度社会学家、人类学家，与查特吉合编过《历史与当下》（History and Present），并且参与主编向查特吉致意的论文集《理论化当下：献给查特吉》（Theorizing the Present：Essays for Partha Chatterjee）。

目　录

自序 / 1

第一章　政治社会的世系 / 1

第一部分　诸谱系 / 33

第二章　五百年的怕与爱 / 35

第三章　对臣民的统治 / 67

第四章　两位诗人与死亡 / 95

第五章　泰戈尔的非 -民族 / 119

第二部分　大众理性 / 163

第六章　乌托邦时间与现实时间中的人民 / 165

第七章　民族形象的神圣传播 / 201

第八章　大众文化批判 / 217

第三部分　民主 / 247

第九章　社群与资本 / 249

第十章　民主与经济转型 / 277

第十一章　当今的帝国与民族 / 311

索引 / 335

译后记 / 376

自　序

Preface

自《被治理者的政治》① 于2004年出版以来，我关于“政治社会”的理念引发了许多评论和探讨，有些是赞同，但更多的是持批判态度。回应的速度和篇幅都让我感觉到，无论对现象的解释是成功抑或失败，我都成功地提出了一个激发很多人思考的问题，其范围不只限于印度，而涉及全球的很多国家。简单来说，问题就是，在当下世界的大部分地区，都无法实施或者甚至是争取西方现有的民主形式。这不仅是说，西欧和北美（或者在澳大利亚和新西兰的白人居住区）的民主，只是真正民主的规范性理念的不完美现实（如果有人像柏拉图主义者那样认为，理念性的东西在现实的人类世界是无法实现的，或者像启蒙哲人那样，认同西方人性无限完美可能的观念，这对我的论述没有什么影响）。因此，问题不是：虽然西方民主有不完美之处，但规范性模式本身却是普遍有效的，且应该视为引导其他国家追求民主的灯塔。毋宁说，问题在于，后殖民民主的经验每天都在昭示，这些规范本身就必须重新思考。

本书旨在利用大量关于后殖民民主经验的证据，去质疑现有自由民主理论的规范性地位。但是，关于本书的目标，我必须事先声明，本书并不试图去提出未来政治秩序的另类规范性

① 本书已有中译本，见田立年译，桂林：广西师范大学出版社，2007年。——译注

模式，因此它是现实主义的，而非乌托邦的。在大部分情况下，本书试图理解新的后殖民民主实践——这些实践在现代西方国家的历史中从未出现——并且根据它们与规范性自由主义理论的区别，去进行概念化。我相信，通往规范性未来的道路会与已有的道路有所不同，但其方向却是未知、开放的。本书要拒绝的是这样的预判——也就是偏见，即这种不同是因为哲学上的不成熟和文化上的落后。

我在许多场合所参加的正式或非正式会议上探讨过这本书的某些部分，但可惜的是，不可能一一提及让我受益的对话者。但是，应该至少提及我就本书手稿和具体章节所做报告的不同场合：2006 年 5 月秘鲁利马的秘鲁研究院（Instituto de Estudios Peruanos）所举办的“后殖民和庶民研究”工作坊，以及委内瑞拉加拉加斯的委内瑞拉中央大学所举办的“后殖民转变”工作坊；2006 年 7 月伊斯坦布尔国际文化研究学会年会；2006 和 2007 年在亚特兰大埃默里大学的两次会议；2007 年 6 月上海大学的亚洲国际文化研究会议；2007 年 9 月哥伦比亚大学的“大转型：印度的政治经济学”；2007 年 10 月费城宾夕法尼亚大学的“民主在印度及之外”的工作坊；由欧－印高等研究合作网所组织的“欧洲和印度的法治与民主”，共两场会议，2008 年在柏林，2010 年在加尔各答；2009 年 4 月纽约的新学院大学所举办的“后殖民民主”会议。我在如下机构的演讲引起过讨论：伊斯坦布尔的海峡大学、德里经济学院、耶鲁大学、金奈发展研究院、日内瓦国际研究中心、牛津大学政治学系、班加罗尔社会与文化研究中心、纽约城市大学研究生院、密歇根大学，以及 2010 年 3 月在新德里贾瓦哈拉尔·尼赫鲁大学的政治研究中心所举办的关于我作品的日程紧密但又生动活泼的工作坊。

本书的某些章节此前以英语和孟加拉语发表过。第二章的较早版本发表在 *Economic and Political Weekly*, 33, 22 (May 30, 1998); 第三章和第五章的某些部分发表在我的孟加拉语作品 *Praja o tantra* (2006); 第四章的某些部分发表在 Timothy Mitchell, ed., *Questions of Modernity* (Minneapolis: University of Minnesota Press, 2000), 以及 Sudipta Kaviraj and Sunil Khilnani, eds, *Civil Society: History and Possibilities* (Cambridge: Cambridge University Press, 2001); 第六章部分发表在 Diacritics, 29, 4 (Winter 2000); 第七章的另一版本发表在 Maria Antonella Pelizzari, ed., *Traces of India: Photography, Architecture, and the Politics of Representation, 1850—1900* (Montreal: Canadian Center of Architecture, 2003); 第八章发表在 *Public Culture*, 20, 2 (May 2008); 第九和第十章发表在 *Economic and Political Weekly*, 33, 6 (February 7, 1998) and 43, 16 (April 19—25, 2008); 第十一章部分出现在 *Inter-Asia Cultural Studies*, 7 (2005)。但是我对所有的章节都进行了重写和再组织，与早先的版本几乎完全不同。我要提及 2008 年 11 月和 2009 年 2 月发表于 *Economic and Political Weekly* 上的两个座谈，它们为关于政治社会的讨论提供了难得的平台。

在写作本书的过程中，我在哥伦比亚大学所接触的各个院系、委员会、研究院和中心为我的思想生活带来了最令人兴奋、也最富有挑战的时光。我感谢我的同事和学生，他们在过去的几年中丰富了我的观念。但是我必须特别提及 Ruchi Chaturvedi, Ayca Cubukcu, Anush Kapadia, Rajan Krishnan, Lisa Mitchell, Poornima Paidipatty, Ravi Sriramachandran, 以及 Antina von

Schnitzler，其博士研究让我关于政治社会的实践有了更多领悟。加尔各答社会科学研究中心（CSSSC）的同事在这些年中一直是我的思想伴侣，借此机会我要向他们表达我的感激之情。意识到相处了将近40年的安简·高希（Anjan Ghosh）已然离去，现在依然让我感到惊恸：我会怀念他对本书可能作出的评价，无论是戏谑的还是严肃的。

CSSSC的The Hitesranjan Sanyal Memorial Archive在这几年中，成为我研究最可宝贵的源泉。我尤其要感谢Abhijit Bhattacharya和Kamalika Mukherjee，谢谢他们为本书在寻找图像材料方面所提供的慷慨帮助。我也要感谢CSSSC图书馆和Jadunath Sarkar Resource Centre的员工。

xiv

哥伦比亚大学的Anne Routon和Permanent Black出版社的Rukun Advani，他们一如既往地乐于助人且办事高效。我感谢Nicholas Dirks将本书收入他所主持的哥伦比亚大学出版社的优秀丛书系列。最后我必须感谢手稿的匿名读者：他们的评论和建议极为珍贵。

有些章节是从孟加拉语翻译为英语。如无特别说明，都是出自我的手笔。

Christopher Pinney允许我使用他的两本著作——*Camera Indica*和*Photos of the Gods*中的图像，对此我深表谢忱。我也要感谢CSSSC档案中心让我使用其作品中的图像。

帕沙·查特吉

2011年1月

第一章

政治社会的世系

Lineages of Political Society

规范理论的神秘空间

1

人们通常会说，规范性的现代政治理论产生于非历史的、无时间性的空间，在那里，关于善恶、对错的聚讼纷纭的问题已尘埃落定。然而事实并非如此，这样说或许会更准确些：这些规范性讨论发生在广阔的时－空范围内，而这个范围只是在对旧的绝对主义的、专制的或者独裁的权力秩序取得划时代的胜利之后，才完全形成。因此，这里存在一个明确的历史性过去，作为一个被克服并抛弃的时代，为现代政治理论所用，虽然看起来这个时代是对所有在规范层面上失效的理念的抽象和否定的描述。有时，这个被抛弃的过去在真实的历史时间中被赋予了一个位置。例如，由法国大革命所推翻的旧制度的绝对主义王权秩序，或者19世纪英国《改革法案》所扩大的有限选举权①，再或者美国民权法案所废除的种族隔离体制。但是很清楚的是，在其抽象和否定的特征方面，这个历史性过去有着无限弹性，有能力去包纳几乎所有的地理空间和历史时间，并将

① 英国1832年颁布《改革法案》，是扩大选举权中有决定意义的重大事件，但该法案颁布以后，选举权比例也只是从原来男性公民的14%提高到18%。英国的全民普选到1928年才真正实现。——译注

这些呈现为现代政治必须克服的过去。

但奇怪的是，我们甚至会发现，这种被否定性呈现的历史过去与现代政治生活所规范性建构起来的秩序，共存于当下的共时性时间内——如果说不是反常的时间内的话。因此，当许多西方国家在20世纪初期要求女性无限制选举权的呼声越来越高时，现存的限制条件被描述为过去秩序不可接受的残余。如果在不太遥远的将来，出现废除英国上议院的严正要求，我敢肯定，当今英国议会的上议院，同理也会被视为前现代的过去。因此，即便对论述的历史模态视而不见，规范性的现代政治理论也会利用明确的历史化策略，从而分割并重新定义其自身的话语空间。

2

如果就西方政治论的时空来说，我可以采取某种（仅仅是部分的）不真诚的外部性立场，并且对其从现代开端的发展进程采取鸟瞰的视角，那我最终就会得到这样的印象：在过去三百年的历史中，所有的现代政治理论都存在某种类同性。就好像在17世纪晚期的英格兰，在现代政治理论的诞生时期，我们可以猜测甚至是预见到现代世界所有主要的政治发展。因此，无论我们说的是取消封建特权，还是从拒绝赋予殖民地以代表政府的帝国主义宗主国独立出来，或者无视宗教、种族、阶级或性别的成人普选权，论述的基本结构好像从最开始就包纳在现代政治理论中。因此，如果约翰·洛克无法想象将女性视为共同体中完全理性的成员，或者康德除了希望普鲁士的君主会足够开明，去根据理性原则进行统治之外，别无所想，这些事实都无足轻重。这些个体政治哲学家的观念是前现代政治秩序的残余，同时，这些观念从纯粹经验的层面上讲，可以作为现代政治生命共存于同时代的时空中。他们可以通过现代政治理论的规范性空间经由适当的历史化策略而得到解释，然后可以在对绝对主义的史诗性胜利所开辟的话语领域中自由穿梭。当然，这个话语领域只能抽象地构成。

作为来自于后殖民世界、并且很早就接触到西方政治理论的规范性真理的作者，我必须承认，这些让我感到非常沮丧。3 我自问道，关于殖民剥削、种族歧视、阶级冲突、妇女压迫以及少数民族文化的边缘化等的苦难和血腥斗争——这些斗争在过去的几百年内主导着真实的历史——如何可能在规范化论说的抽象话语空间内，却一点都没有挑战现代政治理论的稳定地位？规范性的政治理论永远也不会建构一个关于国家、性别、种族或阶级的理论，除非会有边缘性的形象如此要求，但是他们的努力在最好的情况下也只是礼节性的回应，而通常则是公开的敌意，这是怎么回事？为何这些有争议的话题被划归到社会学或历史学的经验领域中去？现代政治的全部概念史都在现代政治理论诞生之时得到预见，这如何可能？我经常听过这样的说法——当然是伴随着嘲讽和窃笑——黑格尔在19世纪早期的慷慨宣言——“绝对精神现在如此，过去一直如此，只是尚未完全表现出来……当下世界的精神就是绝对精神据其本性所塑造的概念”① ——只是一种唯心主义的神秘化，或更糟，是德国式的幻觉。我不清楚，当代政治哲学家中黑格尔的批判者是否摆脱了这个问题，虽然他们所处的民族文化传统与黑格尔有

---

① G. W. F. Hegel, *Lectures on the Philosophy of World History*, tr. H. B. Nisbet (Cambridge: Cambridge University Press, 1975), p. 150.

所不同。

应该说清楚的是，我所谓的西方规范性的政治理论主要是以英语、法语和德语写作的作品，这些作品代表自由主义思想，并且不仅在学院，而且在当下世界所有的民主政体的公共话语内，都占据着主导地位。当然，与自由主义的政治思想相对立的观念总是存在的。在西方智识生活的传统中，最为重要的一支就是马克思主义，在本书接下来的章节内，我们会在很多地方进行探讨。马克思主义思想没有能够成功地挑战规范性的自由主义政治理论，在我看来，其原因就在于：首先，很多马克思主义思想都有将政治从属于经济的取向，因此它只是将政治原则视为实现经济目标的工具而已；其次，苏联社会主义没有能够就其政治制度提供一个自洽的规范性说明。马克思主义思想的有效性在西方学院得到承认，主要归功于其对社会史、政治经济学、政治社会学和文化批评所起到的推动作用，但在规范性政治理论方面却无所建树。但这不是要否定如下事实，那就是：在过去的三四十年中，某些原创性的思想家取道批判性的马克思主义传统，对规范性的自由主义理论提出挑战，其中就包括福柯。在接下来的章节内我们也会对其思想进行探讨，但我们还有其他作者要探讨。与后殖民主义理论家一样，他们也介入到对全球主导的自由主义政治理论的批判中来。

在自由主义规范性政治理论的内部和外部探索多年之后，我认为我大概有了如下问题的答案：“西方所实践的规范性政治理论，如何能够在纷乱的真实政治世界中固化自身，并且在出现之时，就能够宣称自身规范的永恒有效性?”答案会指引我们走出西方世界在哲学上的祥和地界。

规范的两种意义

虽然现代政治理论的史诗时间看似始于17世纪的英格兰，但是使得抽象的时－空得以建构、并且免受真实的政治世界干扰的概念创新，在我看来，在19世纪初才出现。当然，那时欧洲国家已经具备了征服和统治美洲辽阔领土的经验。但是西半球的欧洲帝国从没有认真提出如下问题：如何将土著美洲人的法律、财产和征服形式纳入到欧洲的政治秩序中去。在欧洲看来，美洲完全不具备值得重视的政治社会，来整合进新的帝国结构中去。只有欧洲人和混血儿（mestizos）的殖民定居问题才真正重要——而这些则以当时最为现代的欧洲规范原则进行组织。事实上，印第安人的土著社会通常被视为人类前政治的自然状态，而这种状态必须被消灭，才有可能出现文明人的政治和商业社会。但是始于18世纪下半叶的欧洲对亚洲的征服和掠夺则呈现出了完全不同的问题。那些被打败的东方王国的现有政治制度，因为完全“真实的”政治原因，并不能完全弃置一边。在统治东方殖民地的新的欧洲帝国秩序内，它们必须被赋予一定的位置，因此就有了西方规范性政治理论的新旅程。 5

在现代英帝国崛起的历史中，有这样一个关键时刻，那就是1781—1792年关于沃伦·黑斯廷斯（Warren Hastings）① 作为印度总督的行为举止所进行的议会辩论。黑斯廷斯被指控犯有腐败和其他重罪，但在自我辩护时，他论述说不能用英国的原

① 英国政治家，于1773—1785年任孟加拉第一任总督。——译注

则来统治印度。如果他的行为偏离了英国的规范，那是因为印度的国情需要。“亚洲的历史只不过是些先例，来证明对其行使专断权力的必要……印度的主权者必须是独裁的。”① 在其回应中，埃德蒙·伯克毫不留情。“这些绅士形成了一个**地理性的**道德计划，在这个计划中，人在公共和私人场合中的责任，并不受制于他们与伟大的宇宙统治者的关系，或是他们与其他人的关系，而是由气候或经度和纬度所决定。”②这是腐败和滥用职权的许可证。伯克在议会中大声疾呼：“先生们，我们主张，黑斯廷斯先生应该根据英国原则进行统治……我们呼吁公正的精神，那是正义的精神……是安全的精神、保护的精神、慈悲的精神，这些应该成为所有英国官员的品格；必须且只能基于这些原则，来对他进行审判。”③伯克的主张是，印度人有他们自己的古代政制、他们自己的法律以及合法王朝。根据真正的英国原则进行统治的英国官员应该尊重那些制度和习俗，而不应该像黑斯廷斯那样，傲慢地将其置于一边，并引进实质是英国形式的独裁。

6

类似这种争论在规范理论领域内所产生的困境，在革命的动乱时代由一系列的概念创新解决了，虽然这些创新与当时伟大的政治冲突几乎毫无关系。边沁在其 1789 年所出版的《道德

① 黑斯廷斯 1786 年 5 月 1 日在众议院辩护时所发表的演讲，转引自 P. J. Marshall, ed., *The Writings and Speeches of Edmund Burke*, vol. 6 (Oxford: Clarendon Press, 1991), pp. 348 –349.

② “Opening of Impeachment”, February 16, 1788, in Marshall, ed., *Writings and Speeches of Burke*, vol. 6, p. 346.

③ 同上，第 345 –346 页。

与立法原理》（*Principles of Morals and Legislation*）一书中指出，他所主张的立法的手段和标准“也可应用于万民法”①。对我们来说更为有趣的是，在其早期的一篇文章《立法问题中时空的影响》（“The Influence of Time and Place in Matters of Legislation”）中，边沁提出了如下主张：

> 那么，我将英格兰作为标准；并用这个标准来衡量我所考察的一切，例如我会询问，如何给予另外一个国家药剂，让其不带偏见地接受，那么这会与英国的法律的标准产生多大的偏离？……问题就像当下所显示的：对英格兰来说最好的法律在英格兰制定了出来；而其他国家需要对这些法律做出怎样的调整，从而就这个国家来说才能得到最好的法律。②

边沁为这种方法提供了一个指导性的例子，他选择了一个“与英国尽可能截然不同的国家”。

> 我们可以将孟加拉和英国进行对比：多变的气候，混杂的居民，自然资源，地形，当下的法律，习俗，礼

① Jeremy Bentham, *Principles of Morals and Legislation* (1789; Buffalo, N.Y.: Prometheus Books, 1988), ch. xvii, § 2.

② Bentham, “Essay on the Influence of Time and Place in Matters of Legislation”, in John Bowring, ed., *The Works of Jeremy Bentham*, vol. 1 (Edinburgh: William Tait, 1843), p. 171. 我还未能查明本文写作的具体时间，大概是写于18世纪80年代初期。

7

> 仪，居民的宗教；每一种情形都与英国截然不同……对那些习惯于英国理念的立法者来说，如果他知道如何让他自己的法律去适应孟加拉的国情，那么在世界的其他地方也就不成问题了。①

但是边沁也坚持认为“人性皆同”，不同的国家对“快乐和痛苦并没有什么不同的定义”，那么为何所有的国家不能有相同的法律呢？因为产生快乐或痛苦的事物在不同的地方也是有所不同的。“在一个地方产生痛苦或快乐的事件，在另一个地方并不会必然产生同样的感情，或者就算产生同样的感情，其程度也会有所不同。”② 但是这些差异的基础在性质上也并不一样。有些是自然性的，如气候或土壤，这些因素是恒定的、不可改变的。其他的因素则是可以干预和改变的，如“政府、宗教和习俗”③。不同的情形需要不同的法律。另外，在有效法律的作用下，改变的力量可以驯服那些可变的情况。

在边沁看来，这些变量可以补充多少已经非常精确和具体的定性和定量的比较——也就是说，这些变量都要依据某个共同的计量方式。他提出，就他进行立法的国家来说，应该为他提供两套方案。一套包括民法、宪法、罪行和惩罚的条例等；另一套包括民众的道德和宗教偏向，地图，国家的产出、人口等。④

---

① “Influence of Time and Place”, p. 172.

② 同上。

③ 同上，第 177 页。

④ 同上，第 173 页。

如果具备以上两者，立法者就能为任何国家制定出最好的法律。

今天阅读边沁，我们几乎可以想象这种期待，那就是 21 世纪任何一个拿着社会指标数据本的本科生，都可以根据生活标准、道德指标、治理的质量、人类发展以及其他评估性指标，来对全世界的国家进行排名。不像 18 世纪的孟德斯鸠从历史学家和旅行家的作品中所得知的，文化差异不再是不可通约的。但是现在可以就其结果来看，将其判定为对标准的偏离，从而对其进行规范化（normalized）。全世界的政府都被纳入到同样的概念领域中去。国家间的所有偏离，都可以根据同样的计量方式进行比较，并最终据此对国家进行分级。

8

另外，一旦规范化，就可以从时间角度来考察这些偏离：国家对规范的偏离可能缩小也可能扩大。因此，假以时日，每个国家都可以跻身“发达社会”的等级或者被甩在后面。这里有一个关键的创新就是，为干预“政策”提供的手段，其目的是改变现实的国家与理想规范之间的距离。事实上，正如哲学家伊恩·哈金（Ian Hacking）所表明的那样，19 世纪对规范性理念的数据性阐释确立了规范的两种意义①：一个是作为正确和善好的规范——例如政治哲学所使用的规范性概念，另一个是作为现实存在的一般性的正常的概念，还有提升的空间。②

① 规范（norm）的形容词有 normative 和 normal 两种形式，分别是“规范性的”和“正常的”的意思。——译注

② Ian Hacking, *The Taming of Chance* (Cambridge: Cambridge University Press, 1990), pp. 160 -169.

规范和例外

这个概念创新对19世纪新的政府实践的重要性，还没有得到充分认识。在边沁及其“功利主义的”立法理论中，我们看到了这些概念最初的出场。但是这个比较方法的形式特征在几乎所有关于现代政府思想的学派中，都已普遍被接受为背景性的预设，其中也包括一些与作为政治哲学的功利主义无关的学派。我们且不管边沁对其方法的过度自信——这种方法可以为所有的政策问题提供无懈可击的解决方法——，这个方法的确确立了一个概念领域，而这个领域在原则上可以将世界上所有社会的治理问题都整合进一个单一的理论领域。其规范化的比较方法会确立一种恒久的模态，将规范性的领域与经验性的领域结合起来，这种模态会比功利主义的政治哲学有限吸引力更加长久。从19世纪到今天，规范－偏离（norm-deviation）的结构提供了一个恒久的框架，来考察改善、进步、现代化和发展等政策问题。

9

但是，边沁的比较方法也可能确立第二种普遍范式。如果要将宪政下确立的代议制政府视为普世性的规范标准，那么这种规范普世性的有效与合法的例外也只能是某种开明专制（enlightened despotism）。专制主义是不受限制的专断权力，不受宪法的约束。在这个意义上，在17、18世纪的古典文献那里，专制主义是和绝对主义区分开来的，后者也是不受限制的权力，但确实在某些根本法的范围内得以合法地构成。新的规范理论在欧洲的东方殖民地想要推行的是绝对主义的政府形式，这就意味着，虽然这种政府在所占区域不承认主权权力之外的任何限制，但是它却宣称自己是由某些根本法所构成，并且在这些根本法的范围内进行运作。但是就其根本性的基础来说，这种政府是专制的，因为确立这些根本法的权力是专断的，并且根本不向其所统治的人民负责。但当专制主义宣称自己是开明的时，它就自我施加了限制，并且承诺成为负责任的政府：它受到启蒙理性的约束，并且向其负责。在这种情况下，专制主义和绝对主义就没有根本性的区别。专制主义需要通过行为的结果，来为自己的行为辩护。① 既然从经验上来说，"落后"殖民地社会的境况普遍与发达国家有所区别，那么后者的规范性标准就要做出相应改变从而适应前者——普世性的规范需要迁就殖民地的例外。

确定例外的依据就是在一个特定的国家中，主导的机构和实践与普世认同的规范在经验上到底偏离多少。边沁论及了人民的道德和宗教偏向，今天我们可以将偏离视为文化的产物。选举式民主、言论自由、世俗国家或者妇女平权可能是普世认同的规范，但是在那些主导的文化实践严重偏离这些规范的国家，这些权利可以被悬置。我们将看到，对规范－偏离和规范－例外结构的应用不只限于国际比较；这些结构也可以应用于民族国家内不同的人口群体，而且也确实得到了应用。　10

在19、20世纪，我们几乎可以在殖民帝国的所有辩护中看到这种规范和例外的结构。当我们意识到规范－例外构型的力

① Leonard Krieger, *An Essay on the Theory of Enlightened Despotism* (Chicago: University of Chicago Press, 1975), p. 39.

量时，后殖民主义政治理论的（如 Uday Singh Mehta 所提出的）如下难题就迎刃而解了：欧洲自由民主的政府所占领的殖民地处于专制统治之下，而这和他们所珍视的规范原则是相互矛盾的。① 因此，约翰·斯图尔特·穆勒这位当时最伟大的自由主义政治理论家之一，虽然极力为代议制政府的普遍优越性辩护，但是却论证说，这不能应用于像印度和爱尔兰这样的国家，起码当时还不能。② 印度和爱尔兰就是例外，因此在穆勒的规范性自由主义理论中就不存在矛盾之处。他向这些国家推荐父权制的英国专制主义，直到这些国家的人民成熟到可以自我管理为止。当然，穆勒或者其他任何自由主义者都无法给出一种中立的方式，来决定何时以及是否能够达到这个阶段。很显然，除了依赖家长制监护人的判断力，然后将自治权赐给当地人之外，别无选择。或者，唯一的选择就是去宣扬臣属民族有权通过反抗自己的主人来证明自己的成熟的权利，这种权利在某种程度上与自由主义关于善好的殖民统治的理念是不大兼容的。

11　因此，从 19 世纪开始，规范的两种意义就编码进如何将规范性与经验性联系起来的基本政治策略。规范 - 偏离结构因此能够在任何给定时间内，就与现实中主导的一般性或规范性的关系，确立任何特定社会结构在经验中的位置。通过规范 - 例外结构，相应的规范性框架可以为“政策”——介入并让经验

① Uday Singh Mehta, *Liberalism and Empire: A Study in Nineteenth-century British Liberal Thought* (Chicago: University of Chicago Press, 1999).

② John Stuart Mill, *Considerations of Representative Government* (1861; Buffalo, N.Y.: Prometheus Books, 1991), ch. xviii.

性的情形更接近理想的规范——的实施提供基础。规范化是这种政治策略在理论上的关键。

作为现代规训实践重要组成部分的规范 - 偏离方法，正如福柯所表明的那样，在现代权力体制的运作中是无处不在的。规范 - 例外程式也广泛使用于处理原本以为得到规范化的政策领域中的异质性和不确定性的紧急状态。通过对现代西方政治制度概念史的简要考察，我想要指出，与我们通常所接受的叙事相反，这些制度及其规范性原则并非完全内生性发展的产物，而是源自于欧洲与其殖民地的遭遇——首先是美洲，其次是亚洲和非洲。现在让我们回到当下，来审视全球的前殖民地，来看看西方政治理论的普遍真理在这些地方的遭遇。

外部空间的市民与政治

关于让后殖民主义政治理论成为可能的背景，在论述的过程中，我不得不尽量简化。二战之后的去殖民化时期让民族 - 国家成为现代国家普遍性的规范形式。人民主权成为合法性的普遍规范，甚至军事独裁者和一党独裁政权也宣称自己是代表人民进行统治。但是之所以会有去殖民化，并非一定是因为家长式的监护人认为他们不成熟的受监护人最终成年了。恰恰相反，在大多数殖民国家，人民通过反抗自己的主人来宣示自我统治的决心。这就意味着，作为规范守卫者和例外宣示者的教育者身份要受到质疑。正如我们很快就要看到的，这对规范和例外的关系会产生重要的影响。 12

西方所确立的现代政治的规范性原则对后殖民国家的新的

统治精英来说，有着支配性的力量，这倒不只是因为殖民教育。但是几十年的殖民统治并不会自然就纠正现实的社会指标与普世接受的规范之间的偏离。当下流行起来的以社会学为基础的理论用现代化的新语言重新讲述了殖民差异（colonial difference）的旧论争，将偏离称为需要追赶的落后境况。正如苏迪普塔·卡维拉吉（Sudipta Kaviraj）① 所指出的，支撑这些理论的是对称发展（symmetrical development）的预设。也就是说，期待现代性内部在功能上相互关联的所有进程最后都会自动出现。② 如果没有出现的话，那就是不完美或者失败的现代性。稍加反思我们就会认识到，这种对对称发展的期待与规范性政治理论所清空并占据的抽象同质话语空间不无关系。

但是很快就出现了关于另类或者多元现代性的论述。正如卡维拉吉所指明的，我们最好这样看待这些论述：它们昭示了阶段性的发展理论。这种理论认为，西方历史中所出现的现代性的诸多进程并不一定会在其他地方重复。果真如此的话，其他地方的现代性形式看起来就会有所不同。因此，举例来说，如果这样的阶段发展，即可以视为代表西方现代民主国家发展轨迹的“商业社会－市民结社（civic associations）－理性官僚制－工业化－普选权－福利国家”为另外一种轨迹所取代，即理性官僚制和普选权先于其他要素出现，那么产生的国家的形式很可

① 南亚政治和知识分子历史研究者，与后殖民主义和庶民研究学派有紧密联系。——译注

② Sudipta Kaviraj, “An Outline of a Revisionist Theory of Modernity”, *Archives européennes de sociologie*, 46, 3 (2005), pp. 497 –526.

13

能就不再是西方国家的复制品。正是从现代性另类秩序，而非多元或后现代性的考虑出发，后殖民主义政治理论应运而生。这种理论可以创造出可能性，不一定会解决如杰姆逊所发起的争论，即现代性是否一定是独一性的，而是让其规范性结构保持开放。①

但就规范的两种意义的关系来说，即经验上的一般性（average）和规范上的理想性，又产生了新的问题。让我就如下两个问题来展开论述——首先是合法性，其次是暴力。

除去白人居住区，在大多数的殖民地，市民社会机构和现代代议制政治只限于被殖民人口中的一小部分人。曼姆达尼（Mahmood Mamdani）描述了在非洲如何出现了一个种族分化的现代市民空间，这个空间遵守着现代的民法，然而很大一部分传统社会却依然遵循习惯法。②曼特纳（Karuna Mantena）基于梅因对印度古代社会和殖民地社会结构的比较研究而得到的人类学理论，研究考察了间接统治的基础。③在非洲去殖民之后，保守的民族主义政权对市民社会进行了去种族化（de-racialize），同时在很大程度上保留了习惯法的传统领域，而激进的政权则利用威权主义手段，让所有人都享受同样的公民身份，这就导

---

① Fredric Jameson, *Singular Modernity*: *Essay on the Ontology of the Present* (London: Verso, 2002).

② Mahmood Mamdani, *Citizen and Subject*: *Contemporary Africa and the Legacy of Late Colonialism* (Princeton: Princeton University Press, 1996).

③ Karuna Mantena, *Alibis of Empire*: *Henry Maine and the Ends of Liberal Imperialism* (Princeton: Princeton University Press, 2010).

致了反抗和冲突。在印度，新的共和国建基于自由民主宪法、普选制以及竞争性的选举代表制之上。但是政治的空间却被撕裂了，一边是狭隘的市民社会，其中公民因为法律赋予的权利而获得相互承认，从而与国家发生关系；另一边则是更为广阔的政治社会，在这里治理机构面对的不是公民，而是人口，它们在政治谈判进程中提供具体的利益或服务。我在其他地方描述过因为实施"法律面前人人平等"这个规范而造成的畸形情况，以及人们如何通过政治的介入来解决问题。①

14

以我们非常熟悉的后殖民世界大都市的穷人棚户区为例。这些城市人口居住在并不属于他们的土地上，并且使用非法手段去获得水、电、公共交通以及其他服务。但政府部门并不试图去惩罚或者制止这些非法行为，因为这里有一个政治认识，那就是，这些人口对城市经济不可或缺，如果强行将他们赶走，会造成巨大的政治损失。另一方面，又不能将他们视为市民社会中安分守法的成员。结果就是，城市官员或警察不是将这些人视为拥有权利的公民，而是视为有着具体特征、需求并且需要妥善治理的城市人口。在他们看来，这些城市人口通过政治动员以及与其他群体的联盟而与当地主管部门进行协商。

就治理术（governmentality）层面来说，人口并不具有公民权的伦理意义。他们是异质性的群体，其中每个人都因为其可观察到的特征而得到定义和分类，因为治理政策而被构建为可以通过理性手段进行操纵的目标人口。因此，虽然他们非法占

① Partha Chatterjee, *The Politics of the Governed: Reflections on Popular Politics in Most of the World* (New York: Columbia University Press, 2004).

据土地，但如果他们可以使用电或其他城市服务，这并不是因为他们享有权利，而是因为当权者在权衡得失之后，决定暂时让他们享受这些利益。但是，这种做法的前提是不能破坏正式公民的财产与权利的法律秩序。常规的做法是，确立一个先例，这样就可以将与具体人口团体相关的特殊非法行为视为例外，也就不会违背最为重要的法制。致力于调节巨大的都市穷人人口的政府决断通常会在正常的法律实施之外，确立大量的例外情况。

15

人口通过努力将自己构建为政府应该关注的群体，而对治理术的体制做出回应。作为棚户区的居民，他们触犯了法律，他们并不否认这个事实，他们也不宣称自己对土地的非法占有是正当的。但是他们坚持认为，他们有在城市居住和生存的权利，如果要求他们迁居他处，他们必须得到妥善安置。他们组成社团，与政府主管进行协商，并为自己的行动寻求公共支持。他们政治动员的关键就在于，将现实的人口团体转变为一个道德共同体。这种道德呼吁的力量取决于普遍接受的政府责任，那就是为穷人和底层社会提供服务。这种责任也许可以视为我们时代普遍的民主脾性的一部分。但是我认为，这也是反殖民运动的具体后果，推翻帝国统治的家长制专制主义，并确立人民在形式上的主权。

如果我们来考察印度的选举，那么我们就会发现，选举运动中所使用的绝大部分的政治修辞主要关心的是政府有没有为某个人口群体服务。这种修辞的功能就是将人口的诸多异质性要求转变为在道德上统一、在情感上有说服力的大众要求。从这个意义上来说，正如拉克劳所指出的，在这些情形下，民粹主义是民主政治在道德上唯一合法的形式。[①] 有必要强调，与现代性的对称理论有所不同，这种理论将民粹主义视为现代民主政治的变态形式，序列（sequential）理论则将民粹主义视为对民主的新的更为丰富的发展。

但是，在政治社会所进行的协商需要当权者不断去宣布例外。因此，当棚户区居民宣称他们有权占据他们的领地或者小贩有权在街道摆摊的时候，他们要求的不是消灭财产权或者取消营业执照和规章制度。他们要求的是，当权者要做出法律裁决，使用国家主权将他们的行为判为偏离法律规章的例外。

16

当然，有财产的富人也会经常触犯法律，也就是自称市民社会正当公民的那些人。因此，一般广泛认为，是城市中的富人违反市区建筑规章、贸易规章以及纳税法，其中很多人颇具影响力，在高层中也有人脉，甚至还炫耀自己的豁免权。但这些违法行为无法像穷人在民主政治的舞台上那样，获取道德正当感。事实上，城市中的贫民会针对富人的违法行为指出，这些定位并没有说明道德秩序的不相干，而是当权者为了富人的利益而判定的不公正的例外；为了公平，他们要求穷人也享受类似的例外。一般来说，富人的违法行为包括腐败、逃税或公然使用武力；在政治社会几乎不可能让他们成为协商的对象。

我们也当记住，后殖民经济中很大一部分穷人是在所谓的非正规部门（informal sector）就业的，这种部门缺乏管制，生产或服务会经常触犯劳动、税收和环境相关的法律。很多情况下，在这种企业里，老板就是员工，他们更重视作坊的存活，

① Ernesto Laclau, *On Populist Reason* (London: Verso, 2005).

而非为积累而获取利润。他们频繁诉诸集体的政治动员，并且向政党及其领袖寻求帮助，以确保自己能够生存下去，因此他们一般会要求不要向他们强加税收、劳工和环境方面的规章制度。这里政治再次介入，悬置了规范，并且以某种正当的理由创造出例外。

这就为当代的政治理论提出了另外一个有趣的问题。遵循法律面前人人平等的原则，并实施按部就班的程序更能保障正义，还是根据语境从而认识具体案例的特殊性并做出相应裁断更能保障正义？这里回顾一下托克维尔对早期现代民主国家的观察，会很有裨益。托克维尔区分了专制和专断权力（tyranny and arbitrary power），他说："专制可以通过法律的手段得到施行，因此它并非专断的；专断权力可能是为了公众利益，这时它就并非专制的。"① 我们可以说，在印度的选举民主制条件下运行的政治社会可以利用政府的专断权力去削弱法律可能产生的专制权力。事实上，我们甚至可以说，在后殖民国家，政治社会的行为代表对如下两方面的批判：一方面是所有的资本主义民主国中平等公民权和多数统治原则中出现的悖论性现实；另一方面是财产和特权的统治。

17

应该指出，这种批判有其自身的谱系，可以一直追溯至 18 世纪，那时英国殖民者试图在印度新政府的领土上施行非专断的法治政权。18 世纪最富洞见的印度史学家古拉姆·胡塞恩·

① Alexis de Tocqueville, *Democracy in America*, vol. 1, tr. Henry Reeve, revised by Francis Bowen, ed. Phillips Bradley (New York: Vintage, 1990), p. 262.

塔巴塔拜（Ghulam Husain Tabatabai），以及在18世纪末19世纪初游历英国的塔勒布（Abu Taleb），他们写作了大量的批判性作品，认为英国在孟加拉所引进的是昂贵、缓慢、不相干并且教条的司法体系。两人都认为，能够找到对案件具体情况了然于心且认真严谨的公正法官对正义的事业会更为有用。① 这种批判也一直在影响着大众对现代印度的司法体系的信念和实践。例如，在西孟加拉的农村，就当地的当选团体来说，对他们的最大要求就是对财产、家庭和社区争端进行裁决。即便这并非他们的法定职能，农村居民会更拥护能够解决争端的当地代表而非缓慢、含糊以及一向腐败的警察和法庭机构。② 一般认为，只有有钱人才能支使他们，为己所用；穷人则竭尽全力避开他们。

18

从比较的角度来看，同样值得一提的是阿基里·姆班贝

---

① Abu Taleb Khan, *Travels of Mirza Abu Taleb Khan in Asia, Africa, and Europe during the Years 1799 to 1803*, tr. Charles Stewart (1814; New Delhi: Sona Publications, 1972), ch. xxii, p. 196. Ghulam Husain 的作品 *Sair ul-mutakkherin* 在1788年以四卷本形式翻译出来，1902年出版：*A Translation of the Sëir Mutaqherin; or View of Modern Times, being an History of India, from the Year 1118 to the Year 1194, (this Year answers to the Christian Year 1781—1782) of the Hedjrah; etc. by Seid-Gholam-Hossein-Khan*, vols 1–4 (Calcutta: R. Cambray, 1902). 1926年出版的一个版本现在作为新德里 Inter-India Publications 1986年版的副本版本面世。

② Dwaipayan Bhattacharya, Partha Chatterjee, Pranab Kumar Das, Dhrubajyoti Ghosh, Manabi Majumdar, and Surajit Mukhopadhyay, *Strengthening Rural Decentralization* (Calcutta: Centre for Studies in Social Sciences, 2006).

（Achille Mbembe）对非洲的后殖民国家所进行的分析。他论述说，殖民权力所宣称的对领土和资源的主权的具体形式经常会导致威权主义的后殖民国家形式，这种形式的特点有，社会的国家化（*étatisation*），国家权力的社会化以及公共权利的私有化。姆班贝说，后殖民国家的这三个特征都具有如下特质，那就是专断（arbitrariness）的社会化。①尽管印度绝非类似非洲国家那样威权主义，但是在印度民主的实践中，专断权力的社会合法性是重要的、缺乏研究的一个方面。

如果我们在序列性而非对称性的框架中，去考察对法律无区别和平等的实施——这是现代规范性理念——所进行的普遍批判，我们可能被引向意想不到的方向。如果我们进行对称性思考的话，我们可能会像英属印度的很多保守的殖民地官员那样认为，理性法的中立程序和官僚制不适合那些习惯于习俗性而非契约性责任的落后社会。这会成为我们所熟悉的殖民地例外论。但是如果我们更为严肃地看待序列性逻辑的话，我们可能不会说对法律无区别和平等的实施反映了规范的不相干，而是会在诸多后殖民国家中正在出现的实践的烛照下，对其进行批判性的重估，这些国家会通过诉诸个人或情势来对规范进行强化或补充。例如，我们有足够的证据去推测，印度法庭对立法的审查以及对行政的监督等重大权力——这些权力在世界其他任何自由宪政体制中尚不存在——是对程序中立性的流行批判所作出的回应。 19

---

① Achille Mbembe, *On the Postcolony* (Berkeley: University of California Press, 2001), pp. 24 –65.

西方政治理论的规范性原则将会作为模型，继续在全世界范围内产生巨大影响，非常有必要强调着一点。现代政治生活的真实进程并没有抛弃这些规范，而是通过政治社会进程的中介，在执行法律的过程中不断积累例外。对后殖民政治理论来说，任务就是对这些权变进行理论化。

因这些权变而导致对现有规范进行再阐释的另一个领域就是世俗国家。法国共和主义的“**政教分离**”（*laïcité*）理想到了土耳其就变成了**世俗性**（*laïque*），近些年在国家对宗教信仰的承认问题上产生了巨大的争议和冲突，但也没有产生任何新的规范。[①] 在印度，虽然世俗国家是宪政结构的核心特征，但其实践却既不意味着国家与宗教的相互分离，也不意味着国家严格的中立性。我们不得不承认，现代世俗国家的全新形式已经涌现。布哈格瓦（Rajeev Bhargava）将其称为原则性距离（principled distance），这意味着抛弃国家宗教，但又并不意味着国家完全不干预宗教。[②] 在这个语境中，我们必须提及在整个东亚所确立的现代世俗国家的过程中，所出现的大量没有得到理论论述的进程，很显然，还没有对世俗主义问题进行任何严肃的探讨。世界哪个区域中的现代性序列能让这种理论化得以可能呢？

---

① Nilufer Gole and Ludwig Ammann, eds, *Islam in Public*: *Turkey*, *Iran and Europe* (Istanbul: Istanbul Bilgi University, 2006).

② Rajeev Bhargava, ed., *Secularism and Its Critics* (Delhi: Oxford University Press, 1998).

对暴力的政治管理

阿奈亚·罗伊（Ananya Roy）对加尔各答市中的违章建筑所进行的研究引出了政治社会中一个有趣的性别维度。①这些非法居住区家庭的生计在很大程度上依赖女性在附近中产阶级家庭中作为家庭帮手的雇佣地位。当然，这是非正规部门的就业，缺乏任何形式的劳动组织。这些居住区的男性通常也没有正规的工作，但是他们会组织起来，寻求政党的支持，从而保护他们的住所。这些组织完全属于男性的机构。其原因不仅在于，传统上政治只是男人从事的领域，也因为贫民窟街区的政治一向是危险的，经常会有暴力事件。因此，政治社会就倾向于成为男性空间。

20

这个问题在托马斯·汉森（Thomas Blom Hansen）对马哈拉施特拉邦的市镇尤其是首府孟买的湿婆神军党（Shiv Sena）②所进行的研究中，得到了生动的说明。③他们声称要保护马哈拉施特拉人的利益，并且维护印度教的统治，这个右翼民粹主义

---

① Ananya Roy, *City Requiem, Calcutta: Gender and the Politics of Poverty* (Minneapolis: University of Minnesota Press, 2003).

② 印度的一个民族主义政党，成立于1966年6月19日，由现任党主席巴拉·萨克莱创立。该党的宗旨基于“土地之子”的理念和印度教民族主义。湿婆神军党的信仰——“土地之子”理念认为马哈拉施特拉人在这个邦应该比外来人得到更多的权利。——译注

③ Thomas Blom Hansen, *Wages of Violence: Naming and Identity in Postcolonial Bombay* (Princeton: Princeton University Press, 2001).

政党在很大程度上依赖的是其对城市贫民窟人口以及非正规劳动部门的控制。汉森告诉我们，这里的关键人物是当地的达达（dada），他建立了个人的效忠和保护网络，并且糅合进了男性的、强制的甚至是暴力性的权力。这种权力的模态是表演性的，其之所以有效，就因为它作为演示性的威胁，总是会产生预期效果。湿婆神军党介入的问题主要是城市贫民在政治社会中所遇到的日常问题——工作、住房、贫民区的生存状况、基本消费品的价格、与警察和当局进行斡旋等。方法通常都是直接且富有戏剧性的：当地的强人使用原始的权力去争取立竿见影的正义，这种形象可以吸引很多追随者。大多数情况下，真实的暴力是小心翼翼地维持在可控范围内的。只有在少数情况下才会出现大范围有组织的暴力，那通常取决于党的中央领导的决定，如 1992 年在孟买对穆斯林的屠杀。

暴力的主题让我们注意到了政治社会阴暗的一面。很明显，21 政治的现实世界与韦伯式的理念相去甚远——在韦伯看来，国家是合法暴力的唯一垄断机构。很多政治社会的行为都会触犯法律，于是我们就可以得出这样的结论：除了国家权力部门之外，如有必要，其他机构也可以拥有利用强力去维护这些行为的手段。无论有没有国家的默许，政党和领导都会动用这些手段。无疑，这是当下新出现的情形被称为政治的“犯罪化”（criminalization）的根本原因。也就是说，在地方甚至是国家层面的选举代表中，会出现越来越多带有犯罪记录的人。触犯法律的人能够成为人民的合法代表，这不一定就是大众愚昧或者选举式民主受到扭曲的症候。我们可以说，这反映了法律的规范性体制没有能力全面管理社会中权力关系所具有的真实异质性。同样重要的是，在大多数政治社会的地方结构中，通常会确立某种程度的“正常”暴力，这种暴力就代表了主导的权力关系之间某种经验性平衡，并且也存在可以认识的边界，一旦越界，暴力就被视为越过了正常界线。另一方面，当需要将某种情形呈现为不可忍受或令人发指时，总是会频繁出现暴力的景观性呈现，如破坏公共财物或者袭击政府机构和人员。这里，暴力并不是盲目冲动的，即便在其最强烈的表现中，也是一种计算，旨在得到政府和大众的预期回应。

重新定义规范

在西方规范性理性的背景下对后殖民政治进行重新考察，这或许意味着为了现实主义政治，我们可以抛弃道德规范。但是，这就意味着对后殖民政治理论所面对挑战的琐碎化（trivialization）。虽然我们需要现实主义，但是正如雷蒙德·盖斯（Raymond Geuss）所指出的那样，这并不意味着政治中没有道德的一席之地。①而是说，正如我们在很多情况下所看到的，后殖民政治对西方政治理论所坚持的规范性标准经常提出道德批判，其实践可能与标准形式并行不悖，也可能正相反对。因此其提出的理论挑战也是双重性的。第一重挑战就是通过强调规范结构的真实历史——暴力冲突与领导权权力的确立，打破西方规范性理论中神话性的时－空的抽象同质性。第二重挑战更

22

① Raymond Geuss, *Philosophy and Real Politics* (Princeton: Princeton University Press, 2008).

为重要，那就是在对新的实践进行总结——这些实践行为现在只能用例外的语言进行描述，但事实上却包含着更为丰富、更为多元以及更具包纳性的规范集合，从而重新定义现代政治的规范性标准。

就第一重挑战来说，诸多历史与文学的学者在近几十年中汇聚了大量的证据，来证明现代西方几个核心的政治与经济制度都并非内生性的，而是通过与大西洋和亚洲的殖民地之间的交往而得以产生的。因此迈克尔－劳尔夫·特鲁伊洛特（Michel-Rolph Trouillot）论述说，普遍公民权的观点其实**最初**是在海地的黑奴起义的革命年代中提出来的。①苏珊·巴克－莫斯（Susan Buck-Morss）指出，启发了现代国家平等公民权的观念——如黑格尔等哲学家所阐述的——其实是应对海地革命所提出挑战的直接产物，她将这个结论推进了一步。② 巴克－莫斯也让我们注意到工厂这个产业革命的核心机构，其实是作为欧洲商业公司的国外贸易站而发明出来的。③我们也知道，股份公司作为现代资本主义的另一根支柱，最初是作为殖民地贸易的机构而发展起来的，例如英国东印度公司就是最为成功的先驱。④这些例子还有很多，而且可以引申到官僚制、外交、国际

23

① Michel-Rolph Trouillot, *Silencing the Past: Power and the Production of History* (Boston: Beacon Press, 1995).

② Susan Buck-Morss, *Hegel, Haiti, and Universal History* (Pittsburgh: University of Pittsburgh Press, 2009).

③ 同上，第 101 －103 页。

④ K. N. Chaudhuri, *The Trading World of Asia and the English East India Company, 1660 —1760* (Cambridge: Cambridge University Press, 1978).

法、刑罚治理、监管、群体控制、紧急救援以及现代政府的其他方面。

问题不在于坚持如下认识，即现代西方经济与政治生活中的制度可以追溯至之前的殖民地世界，而是为了我们当下的世界，去考察那段历史对西方政治理论的规范性断言占据主导性地位所具有的意义。如果我们知道，确立西方政治制度规范性标准的普遍性论断的核心策略是将经验领域内的规范－偏离范式与政策领域内的规范－例外范式结合起来，对这种策略继续保有的相关性来说，去殖民化以及后殖民思想的后果是什么呢？

近些年来，我们经常在意识形态领域听到拒绝规范性的西方政治理论的声音。于是，代议制选举式民主作为西方的或者资产阶级的制度，因为不符合非西方国家的国情而遭到拒绝。人权的理念因为被视为西方或者基督教的，因此也不适用于其他社会。我们看到，出现了代表“亚洲价值”或“伊斯兰原则”的论断，这些论断宣称前两者比西方现代民主政府的规范更具有普遍的有效性。虽然这些冲突主要出现于意识形态领域，但对于政治理论来说，我们更应该关注政府和政治领域中的真实行为在现实世界中处理权力现实的方式，在这个世界中，没有一个社会能够完全摆脱现代经济、政治和文化制度的触手。一旦认识到这一点，我们就别无选择，只能回到现代性中对称性与序列性的问题。如果说追踪西方政治制度的历史谱系让我们认识到了西方现代性纯粹的历史偶然性，那么没有任何理由要求那种制度的结构对称性地在世界的其他地方复制。因此，政治理论所面对的任务就是去描述不同国家中不同发展序列的各种不同的产物，并且认识到这些产物是政府与政治中既新颖又

24 现代的实践行为，即便这些描述无法避免规范性评价的问题。但是，既然很多实践都意味着对西方政治实践规范化标准的批判，那么政治理论就不能再只是对规范理论进行无尽的阐释或美化。这是后殖民政治学所提出的挑战。

根据后殖民政治的经验来重新定义由西方政治理论所确立的普世性规范标准，这还涉及严肃的道德评价。我们注意到，在后殖民国家出现的各种各样的实践行为通常被视为规范性准则的例外，并因此而得以正当化。这些例外的积累能否就规范提出新的概念？以公民权为例，印度宪法下的规范性准则是所有人都享受平等的公民权。但从最开始，在为某些种姓和部族提供的政府服务和教育、属人法以及为少数宗教群体提供特殊的教育制度方面，就已经存在例外。最初，这些例外被这样正当化：它们只是过渡性措施，一旦所有的群体和社区都享有相对平等的机会，就会退出历史舞台。这些实践在过去半个世纪内展开，即便例外的宪政性语言继续下去，种姓和宗教少数团体的民主政治会利用这些有所差别的公民权的例外条款，来作为他们与政府进行谈判的新策略的持久基础，从而得以延续下去。问题是，当下的实践可否被视为一个新的规范，这个规范是否将有所差别而非平等的公民权作为现代国家的规范性标准？

当我们意识到，有所差别的公民权已经以某种形式成为大多数西方国家在现实中的日常实践行为——虽然这些行为依然被描述为法律规范的例外，这个问题就更值得我们注意了。因此，西欧和北美国家为了处理移民发展而来的实践——其中包括未登记的移民，就与我们所描述的在后殖民印度的政治社会 25 的实践，没有什么不同了。在现实的实践中，是否已经出现需要政治理论家用规范性语言表达出来的对公民权的重新定义呢?

有意思的是，当代西方民主国家中，出现了越来越多的对选举式代议制的怀疑和对投票冷淡的现象，这些现象让理论家们不得不认真检视如下实践行为：公众的警醒（popular vigilance）[①]、揭发、消极结盟（negative coalitions）、模拟审判等。皮埃尔·罗桑瓦龙（Pierre Rosanvallon）将这种非选举的形式称为“反－民主”（counter-democracy）。[②]如果我们转向后殖民民主，就会在城市中产阶级的市民社会领域内发现这些反－民主的形式，如最近2006年和2009年让泰国民选政府两次倒台的运动。在印度，虽然我们可以明显看到对代表的不信任以及出现的反－民主的形式，城市中产阶级对选举的效果明显缺乏信心，但那些利用政治社会的工具来和政府打交道的人——即城市和农村中相对贫穷的人口——却大部分都参加投票。我们再次看到后殖民社会表现出了差异。

后殖民国家在20世纪下半叶的出现看起来肯定了前殖民地人民的决心，不让帝国主义力量指出偏离规范的经验现实，然后将其宣布为偏离普世规范标准的例外。但是，正如我们所看到的那样，后殖民政权在统治自己人口的时候，也使用了同样的规范－偏离和规范－例外范式。不止于此，被治理者的政治学也在同样的范式下运作，让政府当局去宣布例外并悬置规范。

---

① 公众的警醒，指的是民主制度下公众对公务员的戒备和监督。——译注

② Pierre Rosanvallon, *Counter-democracy: Politics in an Age of Distrust*, tr. Arthur Goldhammer (Cambridge: Cambridge University Press, 2008).

当下的后殖民政治所面对的问题是：谁能够去宣布例外？这是这一部分世界每天都在进行的辩论，但我要补充的是，这些辩论并不完全会诉诸和平手段。看起来我们没有注意到的问题是一个20世纪的问题：是否有可能在规范－偏离、规范－例外的范式之外去思考现代政治？除非我们采纳非现实主义的理论模式，不然这个问题看起来就是无从思考的。既然我只能处理现实的政治——无论是过去、现在还是未来的现实，我必须提醒读者，后面的章节不会试图去回答这个乌托邦的问题。

第一部分

诸 谱 系

Genealogies

第二章

五百年的怕与爱

Five Hundred Years of Fear and Love

误　认

29

当达伽马带领四艘不是很大的军舰在1498年抵达马拉巴海岸时，传统上我们说他是在“寻找基督徒和香料”。在所谓的大发现时代，在欧洲寻找海上航线以及新大陆的过程中，贸易的重要性自不待言，对我们来说，后一个动机看来是很清楚了。事实上，在通往亚洲的好望角航道开通不久，16世纪早期运回里斯本的货物主要是如下产品：胡椒、姜、肉桂和丁香，虽然之后的货物很快就会有所不同。① 然而，当我们想到另外一个目标，我们不免要纳闷，谁会愿意穿越这片未知的危险海域，去印度寻找基督徒。这里，我们得注意达伽马这样的人物所处的意识形态世界。我们当下将欧洲扩张与理性的经济行为以及现代国家经略勾连在一起的观念忽略了这样的事实，那就是这种勾连是在我们所讨论的过去五百年的时间中逐步确立起来的，在过去五百年中最初的观念和后来的观念也是有所不同的。事实上，葡萄牙驶往印度的探险队其动机与一个叫做普莱斯特·约翰（Prester John）的传奇和谣言有关。这个人据说是东方某地

---

① Sanjay Subrahmanyam, *The Portuguese Empire in Asia, 1500—1700: A Political and Economic History* (London: Longman, 1993), p. 63.

30 的基督徒统治者，乐于与欧洲的国王们结盟，并加入对伊斯兰的十字军东征中。人们记得最近从所谓摩尔人手中“夺回”伊比利亚半岛，同时非洲、阿拉伯和波斯海岸的穆斯林统治者和商人被视为欧洲向印度洋地区扩张的首要障碍，在这种氛围中，应该可以理解，为何在东方找到基督徒联盟对里斯本的统治集团来说如此迫切。当然，最近有历史学家提醒我们，贸易和宗教的动机并非以同样的方式起作用，或者在西班牙宫廷所有部门产生同样的影响，关于达伽马如何最终被选中，带领航队驶往印度，还有更为复杂的政治故事。① 尽管如此，这两个动机确实可以解释航行途中所发生的诸多奇怪事件。

达伽马的航船于 1498 年 5 月 20 日（礼拜天）抵达卡利卡特。第二天头一个上岸的葡萄牙人说：

> 卡利卡特城的人全都信仰基督教，里面的人都是深色皮肤，有些还蓄着大胡子，留着长头发，还有些是光头和平头。他们的王冠上带有头饰，以此表明他们是基督徒。他们的耳朵打孔，并戴上金饰，腰部以上全裸，以下部分则穿着非常精致的棉布衣服。

在接下来的几天内，这些葡萄牙人明显成为当地人关注的对象，因为他们身后跟着一大群人，其中也包括妇女和儿童。他们看见一个巨大的建筑物，以为是教堂。那个建筑物旁边有

---

① 尤其参见 Sanjay Subrahmanyam, *The Career and Legend of Vasco da Gama* (Cambridge: Cambridge University Press, 1997), pp. 24 –75.

一个巨大的水池，入口处有个柱子，上面有鸟的图案。小钟挂在门口，里面的内厅据参观者说“是一个很小的塑像，当地人说是他们的夫人（Our Lady）”。当地人不允许葡萄牙人入内，因此他们不得不在外面进行祷告，在此之后有些肩膀上披着绳线的人用圣水和白灰撒在他们身上，来访者注意到，“这片土地上的基督徒有在前额、身上、脖颈和上臂周围撒上水和灰的习惯”。记载还提到，达伽马接受了给他的灰尘，但却没有涂在身上。①

之所以提及这个故事，是因为我想引出一个与欧洲和印度在过去五百年内的关系有着内在关联的问题——文化误认（mis-recognition）的问题。在这个故事中，错误是一目了然的，事实上这是非常荒谬的错误。这并不难于解释。达伽马最新的传记作者萨布拉曼洋（Sanjay Subrahmanyam）告诉我们，这些葡萄牙人期待遇见在习俗方面与自己有所不同的东方基督徒。“既然他们相信自己身处异端基督徒的土地上，那么只要不是伊斯兰的规矩，那就属于基督教的。”②在接下来的几个世纪中，随着接触的日益增多，欧洲人对印度的知识积累自然越来越多。事实上，自启蒙运动开始，欧洲的学者和官员大都会大言不惭地宣称，自己是印度自然资源和社会生活的权威的、科学的阐释者。当然，这些新的专家不会再犯最早一批葡萄牙到访者那样的错误了。

然而，还是存在问题：欧洲人想当然的、未经检验的文化预设，在关于社会知识的现代学科中如何塑造或者说扭曲本该

---

① 我对达伽马参观细节的知识完全源自于最新的传记：Subrahmanyam, *Vasco da Gama*, pp. 76 –163.

② 同上，第133页。

对印度的科学理解？考察第一波葡萄牙人对卡利卡特的描述，虽然今天任何有点常识的人都不会将那些前额涂抹白灰、身上披着神圣的绳子的人误认为基督教牧师，但是有什么理由认为那些人表现出的是一种宗教呢？将宗教视为文化上的普遍事物，这是否只是启蒙了的欧洲人的文化偏见呢？为什么我们要假设，所有的人类社会或者或有一定文明复杂性的社会都会有关于“宗教”概念的答案呢？这不只是一个知识的问题。我们可以轻易地嘲笑达伽马一干人的错误，但是如果在接受了现代科学学科的教育之后，我们得知那些穿戴圣绳的后代真诚地相信他们所拥有的或者说必须拥有的就是一种宗教的话，那我们会作何反应？这个问题对于理解欧洲与印度的复杂关系来说至关重要，我们之后会回到这个问题。

32

那么，印度人又是如何回应那些漂洋过海的第一批欧洲到访者的呢？对这段历史我并无研究，也许这个问题存在答案。但是我所看到的二手材料却好像完全是基于葡萄牙人的论述。从他们的论述中我们可以推论，印度人最开始对这些到访者既热情又好奇，继而开始小心谨慎，因为这些葡萄牙人——他们担心落入邪恶的东方陷阱——开始变得行踪诡秘，最后当葡萄牙人开始捉拿俘虏并轰炸海岸和其他航船时，冲突就爆发了。也许印度人要过段时间才能发现，印度洋开启了新的时代——一位知名的历史学家将其称为“敌意贸易”（hostile trade）的时代。[①] 乔杜里（K. N. Chaudhuri）将变化概括如下：葡萄牙人

① Sanjay Subrahmanyam, *The Political Economy of Commerce: Southern India, 1500—1650* (Cambridge: Cambridge University Press, 1990).

的到来陡然中断了和平的海洋航行体系，这一度是这个地区的显著特征……葡萄牙人通过陆地和海洋所带来的地中海式贸易和战争打破了原本的习俗，这开启了新的经验。①

在达伽马到访的十年中，葡萄牙人试图通过武力垄断印度洋上的贸易，并迫使他人只能在自己的允许下航行。② 在16世纪80年代，马白里（Zain al-Din Ma'bari）详细记载了葡萄牙人"不名誉的行为"，这些行为毁灭了马拉巴（Malabar）③ 社会——烧毁城市和寺庙，阻断朝圣，屠杀贵族和学者。他的回应是激发马拉巴的穆斯林向这些"邪恶、恶心的异教徒"发起圣战。沿着孟加拉湾走向印度海岸线的东端，这里葡萄牙人更多是个体商人和冒险家，有两个词进入了孟加拉语，成为海盗的同义词——harmad（源自于舰队 armada）和 bombete（源自于炮兵 bombardier）。在总结印度人对葡萄牙人到来的回应时，来自于孟加拉的民族主义史学家写道：这些葡萄牙人有着奇怪且变态的恒心，执意要冒犯一个文明的社会和有教养的宫廷，因

33

---

① K. N. Chaudhuri, *Trade and Civilisation in the Indian Ocean: An Economic History from the Rise of Islam to 1750* (Cambridge: Cambridge University Press, 1985), pp. 63 -64.

② 印度航船只有拥有葡萄牙人的通行证才能行驶，这是配有枪支的葡萄牙船只所强制执行的。看起来印度商人和统治者最终发现，接受葡萄牙人的统治比自造船只去对抗葡萄牙人来说要更为划算。M. N. Pearson, *The Portuguese in India* (Cambridge: Cambridge University Press, 1987), pp. 57 -59.

③ 印度南部的一个地区，曾经是一个国家。——译注

为他们无法遵守在印度通行的更高的国际行为的标准。①

也许还可以这么追问：欧洲人如何解释他们对这片相对和平的海上贸易所进行的不间断的暴力干扰？这种干扰持续到17世纪，而在欧洲本地他们却已试图去确立某种能够普遍接受的“海上法则”。葡萄牙学者巴罗斯（João de Barros）给出了答案。1552年他明确指出：

> 尽管的确存在让所有航海者都自由航行的共同法律……这项法律却只适用于欧洲及其基督徒居民，这些人处于罗马教会的洗礼和信仰的保护下，并且受到罗马法的统治……至于穆斯林和异教徒，他们处于耶稣基督的法律之外……如果这些人的灵魂受到诅咒，那么他们由灵魂所支撑的身体就不能要求我们法律所赋予的权力，因为这些教条的信徒并非福音恩典的成员，尽管他们可能是和我们一样的理性存在，且有可能皈依真正的信仰。②

34

今天，这些话看起来似乎出自某个狂热的中世纪战争狂人，但是历史学家谟区查（Charles Boxer）指出，巴罗斯是一个人文

---

① Surendra Nath Sen, “The Portuguese in Bengal”, in Jadunath Sarkar, ed., *The History of Bengal*, vol. 2 (Dhaka: University of Dacca, 1948), p. 354.

② 转引自 C. R. Boxer, *João de Barros: Portuguese Humanist and Historian of Asia* (New Delhi: Concept, 1981), p. 100.

主义者，并且还是16世纪葡萄牙流产的文艺复兴运动的重要一员。[①]我并不觉得这个现象有什么奇怪或者自相矛盾之处。事实上，我将这种对海外扩张的辩解视为我在其他地方论述过的“殖民差异法则”的一个案例。[②]当本应具有普遍效力的规范性命题被认为不适用于殖民地时——因为后者天生的道德缺陷，这种现象就会出现。因此，虽然1789年的革命议会宣布了人权宣言，但圣多明各（现在的海地）的反抗也会被镇压，因为这些权利不适用于黑人奴隶。约翰·穆勒也许会言之凿凿地将代议制政府论述为最好的政府形式，但之后会立马补充，这不适用于印度。这种例外不会损害其命题的普遍性，恰恰相反，通过将普遍人性得以认识的规范具体化，反而会强化其道德力量。在葡萄牙远航的这个例子中，规范由宗教所给定，然后，它会由关于种族性格的生物学理论或者文明成就的历史理论或者制度发展的社会经济理论所补充。无论在哪种情况下，殖民地都会成为正常人性道德宇宙的边界，超过这个边界，普遍规范就要被搁置。

35

之前我曾提及最初的葡萄牙探险者的意识形态世界，有一种比较普遍的观念认为，这个世界更多受到欧洲宗教偏执的中世纪传统所影响，而非现代的理性创新和盈利思想的影响。相应地就出现了这样一个区分：在欧洲海外扩张的最初时期，其特征是葡萄牙人的盗贼行为、不宽容和残忍，因为他们非常落

---

① 同上，第100－101页。

② Partha Chatterjee, *The Nation and Its Fragments*: *Colonial and Postcolonial Histories* (Princeton: Princeton University Press, 1993), pp. 16－18.

后，无法在东方确立一个广阔且长久的帝国；之后是荷兰、英国和法国的殖民主义，这段时期持续了两百多年，其长久影响包括资本主义、技术进步和现代治理的传播。但是萨布拉曼洋最近驳斥了这种观点。①如果说文化上的落后是葡萄牙人未能在亚洲维持其广阔殖民地的原因的话，那么同一时期他们为何能在美洲完成这个任务呢？如果他们遭遇印度本土强大的抵抗力量的话，那么他们所暴露出的问题将绝不是什么缺乏理性组织和基础创新的神秘伦理，而是对有效武力进行动员的能力。

这点需要强调，因为它构成了过去五百年欧洲在南亚历史连续性的另外一个要素。无论是最初还是之后的阶段，武装力量一直是这种位置的构成性要素。这不是唯一要素，但却是欧洲在印度的殖民主义的根本且必要的组成部分。之前在印度，因为征服曾确立过许多国家，但都不是以殖民地的形式进行统治的。所以在那些帝国崩溃后，没有“去殖民化”的问题，如20世纪中期所发生的那样。因此当欧洲在印度土地上最后一个殖民地在1961年的果阿（Goa）② 被推翻时，其历史意义自不待言。这也需要武力动员，虽然从我们这个战火纷乱的世纪来看，这是一个规模很小的动员。我没有看到作为中世纪残留的初期葡萄牙远征队的恐怖和暴力被文明的贸易和现代教育所消灭，我看到的是这种恐怖和暴力以粗糙且野蛮的语言，描述出了欧洲对现代世界的主导。

36

---

① Subrahmanyam, *Portuguese Empire in Asia*, pp. 270 –277.

② 印度面积最小的邦。——译注

领土征服

虽然葡萄牙人希望像西班牙人在美洲所做的那样，努力去获取更多的领土，但葡萄牙在印度的统治主要限于对海上航线的控制，主要是通过对阿拉伯海和孟加拉港海岸一代要塞的控制。历史学家告诉我们，到了16世纪40年代，葡萄牙在印度的企业遭遇了“危机”。16世纪下半叶见证了一个大帝国的崛起和强化——莫卧儿帝国，这个帝国虽然主要基于农业经济，但对海上贸易绝非毫无兴趣。在将古吉拉特（Gujarat）[①] 和孟加拉并入帝国之后，莫卧儿帝国成为葡萄牙人无法逾越的障碍，当时他们只想着受邀去阿格拉[②]宫殿的耶稣会修士能够让皇帝阿克巴[③]皈依基督教。不久之后，甚至葡萄牙人在海上的霸权也因为荷兰和英国的特许公司的进入而受到威胁。在17世纪60年代，荷兰人成功将葡萄牙人从斯里兰卡的基地以及科钦（Cochin）和肯诺（Cannanore）驱逐出去，从而成为印度洋上的统治者。自此以后，在印度发生的欧洲故事其实就是欧洲列强之间海上争霸的故事，是关于他们介入当地政治以及在18世纪中期确立英属印度帝国的故事。

我们都知道这个故事，因为这个故事被不断讲述，虽然晚

---

① 古吉拉特位于巴基斯坦边境南方，为印度西南海岸之一省。——译注

② 当时莫卧儿帝国的政治经济中心。——译注

③ 阿克巴（Akbar，1542—1605）印度莫卧儿帝国第三代皇帝，著名的政治家和宗教改革家。——译注

近的历史学家提出了新的质疑。我们所熟悉的这个故事的帝国主义版本是，最初英国人只想从公平贸易中获利，然后只是非常偶然地介入到印度统治者的阴谋诡计和他们腐朽的宫廷中去，最后不得不主持公道并确立法治。他们确立了新的秩序，这个秩序包括现代经济体制和现代治理制度。在同一故事的民族主义版本中，英国人通过武力和欺诈从印度统治者那里窃取权力，破坏了经济生产和社会制度的旧制度，另外，通过深化殖民剥削，还加剧了贫穷并且消灭了工业发展的可能性。晚近的历史学家如伯顿·斯坦因（Burton Stein）、穆扎法·阿拉姆（Muzaffar Alam）、萨布拉曼洋和贝利（C. A. Bayly）等首先质疑了18世纪印度经济和政治全面崩溃的观念。他们论述说，恰恰相反，这段时期经济颇有活力，出现了新的权利、新的资源来源、新的财政汲取方法，货币增多，对劳动的控制也得到加强。其次，这段时期出现了军国主义的地方政权，试图确立高度依赖外贸和发达银行业务的重商主义政策。第三，截至17世纪，因为对从国外流入金银的控制，欧洲的贸易公司是这些区域经济与政治的重要参与者。第四，因为对海上航线的控制及其无与伦比的资助战争的能力，英国东印度公司在18世纪就能够成为睥睨这些区域性的王国。第五，在取得统治之后，英国公司也继承了原先政权所依赖的制度和实践，因此也成为实际上更为本土的政权。用贝利的话来说，"英国公司成为亚洲商人、亚洲统治者以及亚洲的财政征收者"①。简言之，或者说这些历史学家论

37

① Christopher Bayly, *Imperial Meridian: The British Empire and the World 1780—1830* (London: Longman, 1989), p. 74.

述说，用来说明英国统治确立所带来的彻底断裂是夸大其词的；在 18 世纪的转变中，更多的是连续性而不是非连续性。①

这里不可能去考察这场争论的经验性细节，但是我希望指出的是，我们有必要怀疑这种修正主义的提议。不过，在我进行论述之前，我需要从 16 世纪的欧洲引入另外一个人物，这个人与达伽马正好同龄，但是据我们所知，与印度毫无关系。② 38

被殖民者的善意

马基雅维利和达伽马一样，也是出生于 1469 年。在 1513 年，当阿方索·德·阿尔布克尔克（Afonso Monsode Albuquerque）③在巩固印度的帝国，达伽马在消磨他所谓的"漂泊时光"（wilder-

---

① 关于这些观点的简短论述，见 Burton Stein，"Eighteenth Century India：Another View"，*Studies in History*，5，1（January-June 1989），pp. 1 –26. 其他论述还有：C. A. Bayly，*Indian Society and the Making of the British Empire*（Cambridge：Cambridge University Press，1988）；Bayly，*Imperial Meridian*；D. A. Washbrook，"Progress and Problems：South Asian Economic and Social History，*c.* 1720—1860"，*Modern Asian Studies*，22（1988），1，pp. 57 –96.

② 这里我要感谢古哈（Ranajit Guha）散文集中的一句话，这句话让我知道如何用马基雅维利式的语言来进行论述，见 *Dominance without Hegemony：History and Power in Colonial India*（Cambridge，Mass.：Harvard University Press，1997）.

③ 阿尔布克尔克（1453—1515）：葡萄牙军人，葡属印度殖民地总督，果阿和马六甲的征服者，他的控制东方航路、建筑要塞、安置移民等措施为葡萄牙王国在东方的霸权奠定了基础。——译注

ness years）时，在西班牙－葡萄牙的边界附近，一个佛罗伦萨人正在为他的君主写作治国术的小册子。在这本书中，除了在接下来几个世纪中给他带来毁誉的那些问题，马基雅维利思考了这个问题：君主被人爱戴是否比被人畏惧来得好些？他的答案是：

> 最好是两者兼备，但是，两者合在一起是难乎其难的。如果一个人对两者必须有所取舍，那么，被人畏惧比受人爱戴是安全得多的。因为关于人类，一般地可以这样说：他们是忘恩负义、容易变心的，是伪装者、冒牌货，是逃避危难、追逐利益的。当你对他们有好处的时候，他们是整个儿属于你的。正如我在前面谈到的，当需要还很遥远的时候，他们表示愿意为你流血，奉献自己的财产、性命和自己的子女，可是到了这种需要即将来临的时候，他们就背弃你了。因此，君主如果完全信赖人们的言语而缺乏其他准备的话，他就要灭亡。因为用金钱而不是依靠伟大与崇高的精神取得的友谊，是买来的，但不是牢靠的。在需要的时刻，它是不能够倚靠的。而且人们冒犯一个自己爱戴的人比冒犯一个自己畏惧的人较少顾忌，因为爱戴是靠恩义这条纽带维系的；然而由于人性是恶劣的，在任何时候，只要对自己有利，人们便把这条纽带一刀两断了。可是畏惧，则由于害怕受到绝不会放弃的惩罚而保持着。
>
> 但是，君主使人们畏惧自己的时候，应当这样做：即使自己不能赢得人们的爱戴，也要避免自己为人们

> 所憎恨；因为一个人被人畏惧同时又不为人们所憎恨，这是可以很好地结合起来的……
>
> 我的结论是：人们爱戴君主，是基于他们自己的意志，而感到畏惧则是基于君主的意志，因此一位明智的君主应当立足在自己的意志之上，而不是立足在他人的意志之上。①

上面的建议当然是马基雅维利对权力策略和技术进行分析的一部分，其对于文艺复兴后欧洲国家的发展的相关性来说，一直是充满争议的话题。在对治国术最富洞见的解读中——有些是支持马基雅维利的，有些则是反马基雅维利的，且主要出现于16—18世纪的欧洲——福柯是其中一个。②福柯指出，这些文本表明的意图是向主权者献计献策，以维持对领土的占有，但这些讨论背后还有完全不同的关注点在支撑——那就是发展出统治的技艺（art of government）。后者并非关于对领土的主权，而是关于对人民与事物的适当处理，从而产生预期的效果。福柯论述了“经济”这个源自于对家政进行有条不紊的管理的观念，如何开始渗透进对统治的探讨中，以及如何因为受到家

39

---

① Niccolò Machiavelli, *The Prince*, tr. Luigi Ricci (New York: Mentor, 1952), pp. 98 -100. （中文见马基雅维利：《君主论》，潘汉典译，北京：商务印书馆，1985，第80 -82页。——译注）

② 尤其参见 Michel Foucault, “Governmentality” and “Politics and Reason”, in Foucault, *Power*, ed. James D. Faubion (New York: New Press, 2000), pp. 201 -222, 298 -325.

政模式的限制，直到 19 世纪，政治经济学中才出现人口的概念。人口成为一个描述性与经验性的范畴，与那些享受权利的公民的道德观念区分开来，后者分享着人民主权，而人民主权本应该是合法国家观念的基础。关于人口不断增长的知识揭示了它们的基本特征和规律——出生与死亡、增长与稀缺周期、劳动与财富运动以及最为重要的，“政策”或者统治的技艺，所有这些产生了诸多经济效果的具体累积。人口的福利和改善逐渐成为“政府的终极目标”——这些目标是通过作用于人口而实现的，是根据自身的需要和倾向并通过恰当的政策引导而展开行动，从而产生预期的效果。

福柯考察了现代统治技艺的谱系，一直追踪到欧洲基督教牧师的实践，他们通过照看日常生活甚至私密生活的各种细节从而确保自己信徒（flock）① 在精神和物质上的福祉。② 如果从马基雅维利的视角来看，这种“牧师权力”（pastoral power）更多是关于爱而非恐惧。我敢肯定，在很多传统都能够找到受到臣民爱戴的统治者的类似观念，无论是在印度教、佛教或者伊斯兰教的传统中，在南亚都可以找到家长制的皇权统治。但必须将这些谱系上的先例与福柯所描述的欧洲从 19 世纪早期到现代政府体制所代表的形式区分开来。我想在这个语境中提

40

① 在基督教有这样的类比，牧师就是牧羊人，而信徒就是羊群。——译注

② 尤其参见 Michel Foucault,“Governmentality”, and“Politics and Reason”, in Foucault, *Power*, ed. James D. Faubion (New York: New Press, 2000), pp. 201-222, 298-325.

出如下命题：在对现代治理技艺的阐述中——通过政策对人口的治理而非对公民主权的代表——作为试验与理论化的场地，欧洲在亚洲以及之后的非洲的殖民舞台至少与宗主国的领土一样重要。我坚决认为，牧师权力的观念是欧洲殖民筹划中一个永恒的主题，尤其是在英国对印度的统治中。我要说的是，在印度的英国统治者的新颖之处在于——不同于早先的本土政权——他们受到印度臣民的爱戴，这从 18 世纪晚期就很明显。

因此，这是我关于过去五百年欧洲与南亚故事的第二部分。第一个部分是恐惧——因为不容置疑的权力而施行的统治。我认为，这是整个时期内在欧洲与南亚关系中不会消失的一个因素，即便在英国人引入更为理性、更为现代的权力之后也是如此。新的因素——爱戴——伴随着英国统治而到来。这并非诞生于印度，这也就是为何我们在 18 世纪印度历史的档案中寻找不到的原因。其谱系植根于 18 世纪晚期和 19 世纪的欧洲关于社会与权力的全新思维方式。它影响了印度，因为新的帝国筹划必须以欧洲的方式进行思考，且更多时候就是在欧洲思考出来的。当然，思考出来的并不总是会得到执行，这也是为何对研究殖民统治的历史学家来说，欧洲政治家和哲学家的伟大设想最终无法转变为现实的原因所在，因为在印度真正发生的必然会打上当地的烙印——最终的结果总是权宜的、脆弱的、不完美的。我的意思是，虽然受到被殖民者爱戴总是殖民筹划所孜孜以求的道德目标，但也会接受其他不那么高尚的规范——马基雅维利写道，“如果君主无法获得爱戴，他必须竭尽全力避免怨恨”。借用葛兰西的语言，我们可以同意古哈的说法：殖民权

41

力所确立的是“假冒的领导权”（spurious hegemony）[①]。对领导权及其虚假替代品的渴望都是理解殖民历史的重要因素。没有这两者，我们就不会知道为何英国在印度的统治——不像当地之前的统治者那样——会成为“没有领导权的统治”（dominance without hegemony），之前的政权都没有必要考虑统治的道德基础。没有这两者我们就不会发现另外一个秘密：为何我们这些曾被殖民的民族，直到今天依然明显表现出难以餍足的爱戴欧洲的需求。

关于被殖民者的知识

爱的故事可以追溯至18世纪后期——因为威廉·琼斯和亚洲学会[②]以及欧洲对印度伟大文明的发现。若要热爱印度人并且为他们所爱戴，首先得了解他们。但是我要说的是，故事始于极为平常的事件：对土地收入、经济产出以及人口特征的调查。我们知道，“统计学”的字面意思是“关于国家的科

---

① Ranajit Guha, *Dominance without Hegemony*, p. 72.

② 威廉·琼斯（1746—1794），英国东方学家、语言学家、法学家、翻译家，外语学习天才。曾在印度当法官，用业余时间学习东方语言，这时他开始研究印度及其周边国家的语言和文化，尤其是古印度的梵语。1784年琼斯在加尔各答创建亚洲学会（Asiatic Society），并一直担任亚洲学会会长，直到去世。威廉·琼斯最早正式提出印欧语假说，揭示了梵语、希腊语、拉丁语、日耳曼语、凯尔特语之间的同族关系，成为历史比较语言学的奠基人，也有人认为他是语言科学的奠基人。——译注

学”，在世纪之交这个词用于被殖民的印度，其用意是描述国家可能会感兴趣的各个方面所系统收集的数据。这可能听起来比较奇怪，但我们可以说，统计学是统治者和被统治者之间表达爱的新语言，而相较于弗朗西斯·汉密尔顿（Francis Buchanan-Hamilton）——苏格兰启蒙主义之子，医生，植物学家和无所畏惧的旅行家——在19世纪早期对印度东部地区所进行的大规模的民族志－统计学调查，我很难找到关于爱的更为精彩的语言了。他属于第一批建立关于印度的官方知识大厦的学者－官员，这些知识依然是历史研究最为宝贵的财富之一。

如果说爱意味着去理解，那么被爱则意味着需要向臣民施惠。马基雅维利写道，“如果你向他们施惠，他们就完全属于你”。威廉·琼斯爱着想象中的东方世界，认为他在印度法庭的专业工作“对数以百万计的土著印度人来说大有裨益，他们不光将自己视为法官，也视为他们的立法者”①。在英属印度，用来描述向人口施惠行为的最为常见的术语就是“改善”（improvement）。正如古哈在其第一本书中所写的那样，这早在关于在孟加拉土地上设立《永久居留法》（Permanent Settlement）的争论中就已出现②。事实上，据古哈考证，“改善”这个词在康沃利斯（Cornwallis）于1789和1790年关于这个

42

---

① 转引自 S. N. Mukherjee, *Sir William Jones*: *A Study in Eighteenth-Century British Attitudes to India* (Cambridge: Cambridge University Press, 1968), p. 122.

② Ranajit Guha, *A Rule of Property for Bengal*: *An Essay on the Idea of Permanent Settlement* (Paris: Mouton, 1963).

主题的两个简短纪要中出现了19次之多。[1]而威廉·琼斯也毫不怀疑自己起草的印度法律的重要意义，他宣称："当地人对这些法律感恩戴德，而通过为他们制定自己的法律从而让他们的奴隶制更为人性，这对我来说相比于英王的谢意要更令人满意，并且我已收到英王的谢意。"[2] 从琼斯和康沃利斯的时代，一直贯穿之后的150年，政策变化从地主拥有的土地管辖制（zamindari）到莱特瓦尔（Ryotwar）制[3]再到功利主义、自由主义改革和福利主义，这已成为殖民者司空见惯的修辞，即身处印度的英国人是为了改善、教化印度，让其适应现代世界，赋予其法治和铁路、莎士比亚和现代科学、医院和议会，但到了最后，充满历史讽刺的是，英国人在印度的统治是为了让印度人慢慢适应自我治理，也就是说后者首先要被剥夺自治权，然后才有资格从剥夺者那里索要回来。

印度人怎样做的呢？他们回应了他们的新主人慷慨的恩惠了吗？为了简洁起见，我会将印度人分为两部分，尽管正如我

---

① Guha, *Dominance without Hegemony*, p. 32.（康沃利斯任印度总督时尝试对孟加拉地区推行土地改革，在1793年制定了别称为"康沃利斯法规"（Cornwallis Code）的《永久居留法》（Permanent Settlement），以试图解决前任总督未能有效处理的土地问题，并设法稳定当地的税收。根据康沃利斯的《永久居留法》，地税包收人被赋予权力成为田产的永久性业主，唯一条件是他们要准时向政府缴纳固定的地税，而地税永远维持在同一水平，以期增大缴税的诱因。——译注）

② 转引自 Mukherjee, *Sir William Jones*, pp. 122 –123.

③ 土地由个体农民占有和经营，田赋根据每个独立经营单位估定，个人负责缴纳税收。——译注

将说明的那样，问题要更为复杂。一部分是那些合作的人。很多史学家认为有必要强调这个明确的事实，如果没有诸多印度人的合作，一小拨的英国官员和士兵不可能统治印度将近两百年。那么这部分人是什么人呢？在东印度公司崛起的早期，我们知道印度的王子、贵族以及商人站在英国人一边，去反对印度其他的王子、贵族和商人。我们必须将这些结盟放在军事－外交的语境中——这些是战略关系，马基雅维利立刻就会认出其逻辑，因为他们只是出于纯粹的自利的算计。到19世纪30年代，当英国在这个次大陆上的统治无可挑战时，那些阶级便毫无选择，要么合作，要么灭亡。这在镇压1857年反抗时的野蛮残忍中表现得淋漓尽致。晚期殖民帝国的地主和商人合作者虽然夸大其词地宣称对自己对欧洲的兴趣，但是在政治屈服上是存在问题的，在面对反殖民运动中出现的新的政治权力形式的时候，会让自己变得更不相干，从而也让自己更为荒唐可笑。对这群合作者来说，当然很难说他们是“出于自己的自由意志”去爱戴英国人。

在合作者中还存在另外一个群体。关于这个群体已经有很多研究，其研究者也不只是其成员本身。当然，我指的是印度的新中产阶级，新的文人或知识分子，或者无论是什么称呼。已经有很多历史研究认为，是英国在印度的教育造就了这个阶级，向其灌输了欧洲现代性的价值观，确保这些价值能够为当地人所接受，从而最终造就了宣扬印度自治的现代民族主义运动。毋庸多言，这种论述与殖民者的观念若合符节：是英国的统治为印度的独立奠定了基础。但奇怪的是（如果我们细细思量的话，也许没那么奇怪），这也是印度漫长的自由主义民族主义历史编纂学不变的主题。只是在过去的二十年中，在南亚的历史编纂学领域出现严肃的努力，去质疑英国教育、中产阶级44崛起以及反殖民运动之间似是而非的联系，但这个讨论并未终结，而我本人也是其中的参与者。避免重复起见，我会通过考察没有那么引起关注的文献——在欧洲的印度到访者的作品——去处理印度中产阶级以及他们的合作角色的问题。

自罗姆莫罕·罗易（Rammohan Roy）[①] 1831 年在英格兰的著名访问开始，印度新知识分子的很多成员——有些知名有些则相对默默无闻——都在 19 世纪漫游了欧洲。其中很多人都写了游记，意在将他们亲眼所见的内容传播给自己的同胞。这里我会考察来自孟加拉的旅行者，因为我对他们的作品比较熟悉。[②]但在此之前，让我们先看看 18 世纪在英格兰的印度旅行者的游记——这些人属于更为古老的文人传统，完全没有接受过欧洲那样的教育。

以西萨姆丁（Mirza Shaikh Ihtisamuddin）是和莫卧儿皇帝沙·阿拉姆（Shah Alam）于 1765 年派去朝觐英王的使者一同前往英格兰的，那时东印度公司已经牢牢地掌控了孟加拉。以西

---

① 罗易（1772—1833），近代印度伟大的启蒙思想家、宗教和社会改革家，他还是位吠檀多哲学家。——译注

② Simonti Sen 让我注意到这个主题，“Views of Europe of Turn of the Century Bengali Travellers 1870—1910”, PhD dissertation, University of Calcutta, 1995. 该博士论文已出版，见 Simonti Sen, *Travels to Europe: Self and Other in Bengali Travel Narratives 1870 —1910* (Hyderabad: Orient Longman, 2005).

萨姆丁在英格兰滞留三年，回国几年之后写下了他的游记。[①] 在18、19世纪之交，勒克瑙（Lucknow）的塔勒布（Mirza Abu Talib）于1799—1803年间游历了欧洲并且做了记录。[②]当他启程前往英格兰的时候，他不懂英语或者任何一门欧洲语言；到底应该怎样游览英格兰，他心里也没有预先的想法。我之所以这么说，是因为19世纪的旅行者对他们的游历和描述游历的方式有着完全不同的想法。

45

以西萨姆丁和塔勒布对旅行中所遇到的“神奇与好奇”所进行的描述的令人惊奇之处就在于，他们兴致勃勃地想要知道那些物件如何造出且如何运转的。以西萨姆丁最开始对轮船航向与速度调节、指南针的使用方法与功能、航海日志的写法、升帆和降帆的方法、面对不同风向的措施进行了详细的描述，

---

① 尽管以西萨姆丁（名字的拼写有时是这个，有时则有所不同）游记原本的波斯语手稿从没有付梓，但已有了好几个翻译版本。最早的是 *Shigurf Namah i Velaët, or Excellent Intelligence concerning Europe; being the Travels of Mirza Itesa Modeen, in Great Britain and France*，是从最初的波斯语手稿翻译成印度斯坦语，附有英语版和解释，译者是James Edward Alexander（London: Parbury, Allen and Co., 1827）。Alexander的书将英语和乌尔都语译文放在一起。孟加拉语版本由A. B. M. Habibullah在1981年出版，标题是 *Bilayet-nama*（Dhaka: Muktadhara, 1981）。英语版本最近由Kaiser Haq翻译出版：Mirza Sheikh I'tesamuddin, *The Wonders of Vilayet: Being the Memoir, Originally in Persian of a Visit to France and Britain*, tr. Kaiser Haq（London: Peepal Tree Press, 2001）.

② *Travels of Mirza Abu Taleb Khan*, tr. Charles Stewart（1814; rpntd New Delhi: Sona Publications, 1972）.

并且与印度的轮船进行方方面面的比较。“英国人航海的技术非常娴熟，并且孜孜不倦地改进自己的技术。”①在伦敦，他对房屋的木质天花板的构建方法、管道供水的方法、在花园中见到的各种植物、博物馆展出的动物和鱼类标本以及牛津学院所收藏的阿拉伯语、波斯语和突厥语书籍都很感兴趣，他在牛津学院还非常偶然地遇到了某位叫琼斯的人，后者有志于在印度成为法官并且请他识别一些难懂的波斯语手稿。（事实上，以西萨姆丁甚至暗示说，他的译文后来为一位剑桥学者所采纳，后者就是我们所熟悉的威廉·琼斯——他将要写一本让他大赚一笔的著作。）以西萨姆丁和塔勒布对英国人所制造的很多物件都非常欣赏，但是就他们的记载来看，他们并不认为这些物件就能证明英国文化已达到难以企及的完美状态。事实上，我们的两位旅行家都不满意自己听到的理论解释。当塔勒布的航船抵达孟加拉湾的卡尔·尼科巴岛（Car Nicobar）时，他能够看到地平线的植物但却看不到陆地，这让他非常诧异。船长给他解释了大海的球面以及光线通过水面的折射现象，甚至将戒指扔到一碗水中进行演示，这些塔勒布都非常忠实地记录了下来。但是他却坚持认为船上的望远镜存在问题，不然就是船上的人戏弄了他。②

我们可以拿 19 世纪下半叶的代表性游记与之对比。从孟加拉准备登船的旅行者对欧洲已经有了根深蒂固的观念。事实上，航船对他来说是让他遇见欧洲的真正地方，而他即将对观念中

46

① Ihteshamuddin, *Bilayetnama*, p. 37.

② 转引自 Simonti Sen, “Views of Europe”, p. 21.

的欧洲与现实中的欧洲进行比较。旅行对他来说具有道德意义："1886 年 3 月 12 日，'尼泊尔'号轮船离开孟买，驶向英格兰。从没有邮船承载过如此多的印度人。英格兰在英属印度的道德影响所产生的结果让她更为骄傲，现在她的孩子们能够打破种姓的藩篱，打破陈旧的偏见和迷信，去现代文明的源头接受教育和启蒙。"①一旦踏上英国的土地，这位先生就宣称：我现在置身于童年就开始阅读的伟大的英格兰和英国人民中了，神恩让我们紧密相连。②并非他在英格兰看到的任何事情都会合他的心意，事实上他会屡屡失望，因为真正的英格兰有时候不可能与他概念中的形象完全符合。但总体来说他会深信，他所经历并且要向同胞们传达的是一种道德与文明的本质，这种本质在现代英国人民的德性中表现出来，如独立的精神、自尊自律、对艺术、文学和体育的热爱以及最为重要的——知识修养。在见识到 1886 年的殖民展示的成功之后，我们来自孟加拉的旅行家写道："每天涌进展览馆的不计其数的参观者向我们揭示了欧洲进步的伟大而神奇的原因，那就是对知识的不懈追求以及时刻准备去接受事物更好状态的心态，无论这种状态何时被理解和发现。"这种心态是欧洲文明的核心，并且让其与被殖民国家如印度区分开来，从而让自己高高在上。事实上，正是欧洲人取得的对印度自然和社会资源的知识赋予了他们以统治"本地人"(natives) 的权力。

47

① Trailokya Nath Mukherjee, *A Visit to Europe* (Calcutta: Arunodaya Roy, 1902), 转引自 Simonti Sen, "Views of Europe", p. 66.

② Simonti Sen, "Views of Europe", p. 98.

> 欧洲人与“本地人”的不平等并非在于前者在这个国家中身处高位……欧洲人比我们更清楚我们的山川河流；他们对我们身边的植物更为了解——它们的名字、属性，甚至尺寸和叶子的形状；他们知道埋藏在大地中的财富；他们对我们土地的属性更为了解；关于我们祖国的一切，他们都更为了解。他们自然知道如何用这些知识来造福人类。我们不知道这些，因此我们只是“本地人”。①

我引用的这个文本表达了一个现代印度人对现代欧洲的最为真诚的爱戴。其作者——一位孟加拉绅士，在他开启驶往英格兰的航程时就引起了我们的关注——叫慕克吉（Trailokyanath Mukherjee），是加尔各答博物馆的馆长，对印度各地的农产品和手工产品有着专业研究，同时也是孟加拉语小说界优秀的幽默作家。如果他没有像一百年前的以西萨姆丁那样，去记录指南针、轮船以及欧洲人所发明的神奇机器的话，那不是因为他不知道他们的制作流程或者使用方法，而是因为他知之甚多。他已然是欧洲知识世界的自己人，完全归化，懂得规矩并且满心崇敬。像慕克吉这样的人物，我们可以说他们是“出于自己的自由意志”而爱戴欧洲的——这并不矛盾，因为事实上他们的意志就是为了做出那个决定而产生出来的。当然，如果我们补充说尽管慕克吉已经是欧洲世界的自己人了，他还是站在边缘

① 同上，第168页。

处，深切地意识到他和自己的同胞现在不得不从欧洲人那里学习这种新知识，甚至是了解自己的国家。 48

为了避免混乱起见，让我补充说明：在政治上慕克吉是个忠英派。他并不质疑英国对印度的统治权，因为英国人知道如何运用自己的知识去造福印度人。但并不是每一个中产阶级都会成为忠英派，起码在当时的世纪之交不会。那么可能改变的是什么呢？让我们回到福柯关于反马基雅维利小册子的讨论，以及他就统治者对领土的主权权力以及治理人口的技艺所作出的区分上来。与忠英派有所不同，很多受过教育的印度人现在都会基于现代西方政治理论本身，去质疑一个外来政权的合法性，这个政权并不代表本地人民，且也不愿将他们视为拥有权利的公民。不仅如此，有些人还会说，本地人民并没有受益，那是因为政府并不代表他们：如果将主权赋予印度人民，那么就可以用现代治理的技艺为他们带来更大的实惠。①

接下来发生的是，在20世纪上半叶，印度中产阶级中针对英国统治的政治抗议日益增多。在那段时期，中产阶级与人民中的其他群体——尤其是工人和农民——的反殖民要求建立起联系，并且领导了这场运动，最终实现了权力的转移，但也造成了1947年国家的分裂。他们对于英国的反抗绝没有消灭扎根

---

① 在19、20世纪之交，Dadabhai Naoroji 和 R. C. Dutt 对英国在印度的殖民统治最先从经济方面发起批判，而为了消灭贫困并创造普遍繁荣的民族主义工业化方针却是由同一时期的 G. V. Joshi，M. G. Ranade 和 G. K. Gokhale 所奠定的。这些人确立了印度民族主义经济思维的框架，这一框架维持了将近百年。

在他们思想深处的对于欧洲概念的热爱——拥有莎士比亚和蒸汽机、爆发法国大革命和发现量子力学的欧洲。他们推翻了英国对印度的主权，但是并没有质疑欧洲在塑造现代性的技艺方面所具有的至高无上的地位。他们的态度对晚期帝国的很多殖民官员来说都难以理解，后者将英国统治的最后岁月中所遭遇的政治反抗视为危及他们生命的危险信号。因此，陆军元帅奥金莱克（Auchinleck）在 1947 年 6 月依然坚持认为，英国军队必须在印度再驻扎一年以保护英国人①，而没有认识到，一旦主权的问题解决了，印度人就没有理由再痛恨欧洲人了。

49

我还没有谈及印度的其他群体——那些拒绝合作的人，我会简要提及他们。我认为印度人民中的大多数，那些臣服于英国统治的人，无论是身处英属印度还是土邦②，他们从未合作。这并不是说他们不尊重英国的权威或者不听从他们，抑或是不向他们寻求公道或保护。英属印度虽然发生诸多大大小小的部族和农民反抗，但我们可以说，大部分的反抗都属于例外情况，并非常态。但是广大人民并没有给予英国人所期待的爱戴——出自于印度人自由意志的爱戴——因为在殖民统治的结构内，英国人永远不可能承认，这些低等臣民拥有自由理性的意志，正是这种意志才能让他们的顺从发散出爱的光晕。简言之，他们无法热爱欧洲这个概念。

---

① Leonard Mosley, *The Last Days of the British Raj* (1961; rpntd Bombay: Jaico, 1971), pp. 155 -166.

② 土邦由世袭的土王统治，土王承认英国的宗主权，从而换取对内的自治。——译注

在那些与英国统治进行合作或者承认其统治地位的印度人中间，只有一部分了解构成其智识所需要的知识与实践并接受其理性。但是他们最终也拒绝了殖民者的政治统治，并决定自己筹划建立一个现代的国家和社会。莫罕达斯·卡拉姆昌德·甘地以其惯有的敏锐在刚开始的时候就看穿了这种策略。早在 1909 年的《印度自治》（*Hind Swaraj*）中甘地就将这种策略描述为想要“没有英国人的英国统治”①。甘地的追随者都认为，这正是独立后的印度的统治者在过去 60 年中试图要采取的行动。

现在要回到我最后的问题，这是关于当下的欧洲和南亚。除了欧洲殖民帝国的坍塌之外，20 世纪中叶另外一个主要转变就是世界霸权从欧洲向美国的决定性转移。对南亚的大部分地区和大多数人来说，欧洲的概念似乎就包含在西方的概念中，而美国就是其中最为重要的组成部分。毋庸置疑，武力依然是统治的基础，尽管当代的马基雅维利会说，威胁使用毁灭性武器比真正使用武器是更为有效的保证，但我们只需想想电视上对第一次海湾战争、轰炸萨拉热窝以及入侵伊拉克等景观的呈现，这些恐怖正是自称世界警察的美国人所制造的。

50

同时，南亚那些新近独立国家的统治者继续他们建立现代民族－国家的筹划。从殖民的列强那里赢得主权，这也将不断扩大的中产阶级对西方概念的爱连根拔起。我这里指的不是那些穿着名牌服装听着流行音乐的印度年轻人，很多人认为他们的这种迷恋正在威胁民族的传统。对过去两个世纪殖民遭遇的

① M. K. Gandhi, *Hind Swaraj*, in *The Collected Works of Mahatma Gandhi*, vol. 10 (New Delhi: Publications Division, 1958).

历史的理解让我相信，如果我们这个国家真的输入了可口可乐文化，那么这种文化很快也会明确打上印度的烙印，并且融入那个可称为印度传统的不断变化的传统中。我更关心的是，西方现代性的符咒告诉我们要采纳最新的管理人口的技艺，这可能造成印度人的失败，因为他们陷入了政治问题。中产阶级变得越来越不耐烦，他们认为印度没有很快地赶上西方，是因为印度的民主太多。与此相关，再度有人想要将现代化的上等种姓的婆罗门文化作为真正的民族文化进行推广，因为西方所有强大的国家都是在文化同质化的过程中建立的。同样的逻辑让南亚国家在建国的时候将其邻国视为竞争对手和潜在的敌人。无需多言，也正是同样的逻辑让这些国家加入核武器竞赛中，深信那是赢得西方强国尊重的唯一方法。我不得不说，这并没有反映出马基雅维利的君主的明智。相反，这反映的是不入流的街头小混混的心态，他们认为世界是由大混混们所统治的，并生活在这样的幻象中：只要模仿大混混们的虚张声势和粗鲁莽撞，他们总有一天也能混成大混混。这是对大国沙文主义的可悲戏仿，其目的就是让后殖民的精英自我感觉良好，但是其代价一如既往地还是由穷人和无权无势的人来承担。

51

我之前说过，后殖民社会对西方的爱戴源自于西方这个概念。这个概念在过去五百年中就凝结在后殖民社会的头脑中。尽管有葡萄牙舰队的残忍、克莱武（Robert Clive）[①] 的诡计、

① 克莱武（1725—1774），被本国人认为是英帝国最伟大的缔造者之一，而在殖民地人民眼中却是罪恶的强盗，是集冒险家、军事家、外交家、政治家于一身的人物，曾担任孟加拉省督。——译注

1857—1858 年对印度人民反英大起义的残酷镇压，以及导致 1943 年孟加拉饥荒的麻木不仁，这个概念依然魅力不减。人类历史上最具灾难性的战争以及纳粹主义、法西斯主义和种族隔离的恐怖现实都发生在 20 世纪，并且都内在于现代欧洲的历史机制中，这个事实并没有让后殖民社会的印度人对这个概念产生怀疑。印度精英中的绝大多数对这个概念依然信心满满，并坚持认为应该在自己的国家更加努力地去效仿这些现代性的旧模式。

我认为，这个被珍视的西方概念在西方处于深刻的危机之中。自从法国大革命以来就确立的作为现代政治的道德基础——参与式民主和积极的人民主权——已经被工具主义的教条所取代，那就是，政治选择唯一关乎的就是多少人能以多大的代价获得多大的利益。欧洲和北美所确立的民族身份是围绕着社会共识而确立的，而这种共识要受到新移民自身的异质文化的挑战，因为他们并不属于之前的共识。现在新自由主义的风暴已经平息，留下来的资本主义社会秩序缺乏意识形态资源去处理管理方面的不负责任和贪婪、失业、疾病以及穷困所带来的问题。我并不认为东欧和苏联社会主义政权的垮台就意味着自由主义资本主义秩序的不容置疑，恰恰相反，我将社会主义的垮台视为更为久远的危机的更为明显的标志——在 18 世纪晚期的欧洲就已初露端倪的现代性筹划的危机。　52

身处现代世界边缘的那些人依然有义务抓住机会，去创造新的现代社会、经济和政治秩序的形式。在过去的大约两百年内，已经出现了诸多试验。在过去的一百年左右，有诸多试验已经付诸实践。有很多试验的形式被视为是对原版的不完美的复制，因而是未完成的、扭曲的或者是虚假的。值得思考的是，这些被认定为扭曲的形式——经济制度、法律政治组织和文化实践等——是否包含新的经济组织或民主治理的模式，是否西方现代性的旧形式从未涉及过？但是，为达到这一目的，我们必须有勇气重新审视过去五百年的历史，并且以新的成熟自信去面对未来，深信达伽马不会再出现在海岸。

本书之后的章节将考察印度现代政治中所出现的畸形的和扭曲的形式，并且考察这些形式是否承载了新的民主实践的潜能。

第三章

对臣民的统治

The Rule of Subjects

正义的行动

53

关于非暴力不合作运动（satyagraha）在现代印度政治中所起的作用，已经有很多讨论。英语翻译成“消极反抗”（passive resistance）有些不够准确，这个观念在20世纪20年代甘地所领导的政治运动中得到了最为著名和详尽的表达。但是具备类似特征的政治斗争也可以在其他类型的运动中找到，并非就是甘地式的。历史学家苏米特·萨卡尔（Sumit Sarkar）告诉我们，在甘地进入印度政治的数年之前，1905—1909年的孟加拉“抵制英国货运动”（Swadeshi movement）所采取的政治战术就预示了甘地的非暴力不合作运动的诸多技巧。①这些技巧在印度的左翼和社会主义运动中也得到了广泛应用。

简言之，非暴力不合作意味着通过不服从非正义的法律和秩序来对压迫性的统治进行反抗，接受惩罚而不诉诸暴力，但是时刻准备再度进行反抗。如果组织得当的话，非暴力不合作可以采取大众反抗国家权力的形式。但是它明确拒绝暴力的方式。在暴力冲突中，天平一般会向国家机构有组织的武力倾斜。

---

① Sumit Sarkar, *The Swadeshi Movement in Bengal 1903 — 1908* (1973; rpntd Ranikhet: Permanent Black, 2010).

但是如果手无寸铁的群众能够表现出面对一而再再而三的暴力惩罚的决心，同时决不放弃反抗，那么现代国家就可能不知如何是好。面对着国家的法律，非暴力不合作的“真理”就显现出来了，其对于反抗者的价值远远超过了国家法律的价值。

54 那么非暴力合作运动的参与者如何得到他或者她的真理呢？基于何种原因，他或她能够得出结论说，国家的法律之所以不正义是因为它们违背了更高的真理？印度政治思想中与此相关最为常见的概念就是达摩或法（dharma）。从这个意义上来说，达摩并不意味着宗教。它意味着正确或者合宜的行为，正义的行动，也意味着造福共同体的规则。达摩的法则并非是由任何统治者所发布的，可以说它是永远有效的永恒法则。从 18 世纪的农民起义到 20 世纪的反殖民斗争，关于达摩在政治运动——无论是暴力的还是非暴力的——中的角色，近来已有很多讨论。现代历史学家对人民反抗国家权力的证据非常感兴趣，因此毫不奇怪的是，他们特别热心于追踪反抗的领袖和农民意识中的达摩思想。

与我们的讨论相关的是受到达摩影响的政治斗争的领袖。理想的领袖应该是拒绝权力的人，对自己的利益毫不在意。他或她身兼牺牲与惩罚的原则，必须树立榜样，让参与运动的人效仿。甘地经常提醒自己的追随者，即便运动的普通参与者无法对真理的标准做到身体力行，非暴力不合作运动的成员必须时刻严格要求自己。非暴力不合作成员的个人牺牲必须为他人树立榜样，并给他们提供勇气。对非暴力不合作成员来说，最高境界的牺牲就是在对抗非正义统治时的直面死亡。这种作为典范而牺牲的观念——包括必要时的慷慨就义——并非只限于甘地所领导的运动。直到今天，它依然出现在印度诸多的政治斗争中。因此，正如现代政治运动经常受到达摩的正义观的启发，领袖和牺牲的观念也受到这些观念的影响。

政 策

在这一章，我会论及在印度政治思想中与达摩毫不相干的另外一个极为不同的传统。纳拉亚纳·劳（V. Narayana Rao）和萨布拉曼洋最近让我们注意到被称为 *nīti*[①] 的文献——大部分是泰卢固语的写作，这种文献有意识地将自己与阐释正确行为的原则与法则的经典性的《法论》（*dharmaśāstra*）区分开来。[②] 正如《摩诃婆罗多》所揭示的，*nīti* 由“王道”（*rājadharma*）的原则所构成，即君主必须维护自己的统治并保护自己的臣民。在经典中，*nīti* 必须包含在达摩更为广泛的框架中。另外，《摩诃婆罗多》中所谈及的很多政治策略甚至会让马基雅维利大吃一惊。但是在《摩诃婆罗多》中对 *nīti* 概念所作出的广为接受的解释就是它必须服从达摩。布哈杜里（Nrisingha Bhaduri）说，其目的不只是国王维护或者扩大王国的物质利益（*artha*），而是

55

---

① 正道、正理的意思，也有政体（polity）的意思。——译注

② Velcheru Narayana Rao and Sanjay Subrahmanyam, “History and Politics in the Vernacular: Reflections on Medieval and Early Modern South India”, in Raziuddin Aquil and Partha Chatterjee, eds, *History in the Vernacular* (Ranikhet: Permanent Black, 2008), pp. 25 –65.

包含在达摩概念内的王道观念。① 考底利耶②所编纂的《利论》（*Arthaśāstra*）非常明确地陈述了“王道”的目标，那就是增进国王的物质利益。尽管书中也说道，统治者必须也同等关注达摩、利益和爱欲这人生的三个目标，但是有理由怀疑，这不过是对经典和正统的常规性态度而已，因为《利论》明确占据了一个独立于研习达摩的独立的知识领域，而这种独立是基于对利益和达摩的明确区分。事实上，考底利耶明确指出，在他看来，达摩、利益和爱欲这三者中，利益最为重要，因为它是其他两个目标的基础。③

前殖民时期的印度尤其是南印度的学者-官僚都知道考底利耶的《利论》和其他文献。当然，我们现在所使用的考底利耶的这个文本是20世纪初在迈索尔（Mysore）④ 被发现的。尽管这样一个详尽的文献可能并未广泛流通，但因为其他诸多文本的引用和批评，考底利耶的观点依然广为人知，而梵文的概述则为学者广泛使用和引用。

56

---

① Nrisingha Prasad Bhaduri, *Dandanīti*: *prācīn bhāratīyā rājśāstra* (Calcutta: Sahitya Samsad, 1998).

② 作为孔雀王朝的开国元勋，政治思想家考底利耶编纂的《利论》全面阐述了古代印度人政治上的实用主义思想，他因此也被称为印度的马基雅维利。——译注

③ Kautilya, *The Arthasastra of Kautilya*, vol. 1, tr. R. P. Kangle (Delhi: Motilal Banarasidass, 1986), adhikarana 1, adhyāya 7.

④ 迈索尔是印度南部卡纳塔卡邦的第二大城市。——译注

劳和萨布拉曼洋从卡卡提亚（Kakatiya）王朝[1]和毗奢耶那伽罗王朝[2]时期——即大概从12世纪到15世纪——所引用的*nīti*文献对达摩不以为然，并且似乎还认为自己服从另外一种独立的原则。因此，15世纪所编纂的泰卢固语文献《政治学大梳》（*Sakala-niti-sammatamu*）则宣布了如下原则："如果效忠统治者让效忠者痛苦不堪，那这位效忠者可以立即离开"；"国王也许很富裕，出身高贵，勇猛无匹，但如果他是个无知之人的话，那么他的仆人可以离开"；"如果身处好人周围，一个坏国王也会变好，但如果他的谋臣是坏人的话，那么一个好国王也难以服侍"。[3]《法论》文本中很难见到这样的论述。

*Nīti*文献一个明确的特征就是，它旨在为统治者出谋划策，从而稳固并扩大其统治范围。它所关注的是利益，即世俗的物质目标，而非达摩中的道德或灵性目标或者从生命轮回中的解脱（moksa）。它还专门论及如何用权力的工具来实现这些世俗目标，从来不需要诉诸任何超人的或者神圣力量的干预。这些*nīti*文本并不将《法论》视为权威文本并进行引用。例如，《政治学大梳》是从17个*nīti*文本中摘录出的近千段落所组成的文集，但没有从达摩文本中哪怕引用一句。劳和萨布拉曼洋也强调指出，*nīti*文本这种特别的类型是由学者－官僚们所编纂和阅

---

① 卡卡提亚王朝是公元1083—1323年统治现今印度安得拉邦大部分的泰卢固人王朝，王朝信奉湿婆教。——译注

② 毗奢耶那伽罗王朝是印度历史上最后一个印度教帝国，建立于1336年，直至1565年被德干高原的伊斯兰教苏丹国所侵略。——译注

③ 转引自Rao and Subrahmanyam, "History and Politics", p. 46.

读的，这些人一般被称为卡拉纳姆（*karanam*）[①]。这些人通常都是从事世俗职业而放弃宗教道路的婆罗门（Niyogi Brahmins）或卡雅斯塔（Kayasthas）[②]，他们是安德拉（Andhra）、卡纳塔克（Karnataka）和奥里萨（Orissa）的小王公或封臣的大臣或智囊。他们通常懂得梵文，但不一定熟悉《摩奴法典》或《法论》，他们也并不认为他们的读者会熟悉这些经典文献。事实上，他们预期的读者是王公贵族以及其他卡拉纳姆。也就是说，这些文本是由治国术的应用者所编纂，其目的就是服务于这些治国术的应用者。另外，文本所使用的语言不是梵语，而是地区方言如泰卢固语和埃纳德语，这也是这些文本与《法论》经典文本另外一个截然不同的特征。

57

在印度的北部或西部，与卡拉纳姆相对应的群体是 *munshi*[③]。作为莫卧儿王朝的治理者和地方统治者的官员，*munshi* 是治国术的践行者，他们用印度－波斯式的历史写作来记录其原则，并且为王子们写作被称为道德（*akhlaq*）的指导手册。*Munshi* 可以是穆斯林，也可以是印度教教徒，对这些作品他关注的不是伊斯兰教法的话语，而是政治（*siyasat*）范围。穆扎法·阿拉姆已经指出在印度苏丹国和莫卧儿帝国时期所编纂的 *akhlaq* 文献所具有的显著特征。[④]这里的首要考虑是，为统治广土众民的

---

① 文官种姓。——译注

② 文官种姓。——译注

③ 书记官或者学士阶层。——译注

④ Muzaffar Alam, *The Languages of Political Islam in India, c. 1200—1800* (Delhi: Permanent Black, 2004).

非穆斯林人民的穆斯林君主提供统治的原则。这个问题之前在伊朗就已出现，那时作为异教徒的蒙古人统治着伊朗。在印度莫卧儿帝国时期，纳西尔丁·图西（Nasr-al-din Tusi）① 和其他政治文献已为人所知。正如阿兰所指出的，对君主品质的关键要求不是伊斯兰教所要求的虔诚，而是 *aqal*，即良好的常识和判断力。如果苏丹拥有 *aqal*，那么无论是教派还是宗教，那些臣民都会得到正义，同时在国境内的不同共同体之间将会有协作、调整与和平。

劳和萨布拉曼洋指出，*nīti* 文献在南印度一直流通，直到 19 世纪早期。在其他地方，似乎在 18 世纪有了关于莫卧儿政治秩序基础的新的思考。其中一个优秀案例就是古拉姆·胡塞恩·塔巴塔拜的《当代史概要》（*Sair ul-mutakkhirin*）。② 古拉姆·胡塞恩（Ghulam Husain）在 18 世纪中期的孟加拉和比哈尔曾担任过很多统治者和官员的行政长官和外交官。当英国人在 1757 年确立统治时，他从近处见证了“孟加拉的革命”。《当代史概要》记录了从 1707 年奥朗则布③之死到 1780 年的印度的历史。因为熟悉莫卧儿帝国秩序的政治教条和文化品质，古拉姆·胡塞恩直面帝国衰落时代的政治原则问题。奥朗则布死后即位的是一些坐在德里王座上的无能的君主。在这种情况下，如何能够维持政治秩序？古拉姆·胡塞恩论述说，那些拥有治国术的

58

① 出生于 1201 年的波斯学者。——译注

② 正如第一章所提及的，我采用的是 1902 年出版的 1788 年翻译的四卷本。

③ 莫卧儿王朝第六任君主。——译注

知识与经验的人，尤其是那些富有远见和决心的学者－贵族们，必须不遗余力地为君主出谋划策。胡塞恩认为18世纪的英雄是侯赛因·阿里·汗（Husain Ali Khan），阿里瓦迪·汗（Alivardi Khan），舒贾·乌道拉（Shuja-ud-daulah）和希塔布·拉伊（Sh-itab Rai）。这些人没有一个是通过继承而取得王位的。相反，他们通过政治技巧、决心和智慧夺取权力，从而拯救国家，保护臣民。如果因为君主的无能统治而导致国家的不安定和无政府状态，那么在古拉姆·胡塞恩看来，有能力的政治家就可以推翻政权并夺取权力。无论在宗教看来这是多么的大逆不道，从政治理性的角度来看这是人间正道。例如，阿里瓦迪·汗就对自己的君主萨法拉兹·汗刀兵相向，而这在宗教的律法看来是不可饶恕之罪。但是历史研究表明，萨法拉兹·汗并没有治国理政的天赋，如果他继续统治孟加拉则会让这个国家陷入灾难。在阿里瓦迪·汗的统治下，孟加拉的人民享受到了前所未有的安宁与繁荣。

必须指出，虽然与宗教律法有所不同，但政治领域并非毫无伦理原则可言。胡塞恩详细探讨了这个问题，他指出，统治者个人也必须诚实正直，这不是因为害怕末日的最终审判，而是要强化其统治的合法性。一个诚实且忠诚的统治者甚至让敌人也无法指摘，在危险与动乱之际，很多人会前来相助。阿里瓦迪·汗死后不久孟加拉的政权就倒台了，在古拉姆·胡塞恩看来，其中一个重要的原因就是他的儿孙道德名声败坏，一旦不忠的火燃起，就没人能够扑灭。

59 古拉姆·胡塞恩清晰地认识到，奠定于承诺、信任与忠诚之上的莫卧儿帝国政治秩序的大厦正在坍塌，人们无法再依赖过去两百年所确立的规则与实践。在他看来，在新的不确定的情况下，政治伦理的首要原则就是自保，也就是说，确保自己、家人、财产以及侍从的安全。但是今天的行为可能第二天就会产生效果，因此，即便是为了确保一个人眼前的利益，也必须有审慎的远见。人们应该记住，今天的不忠或背叛明天就会带来惩罚。但是基于同样的原因，统治者不能再依赖亲属或忠诚的纽带，而应该任命有能力和品德的官员。

在《当代史概要》中有一个令人吃惊的部分，讲述的是古拉姆·胡塞恩试图向他年迈的父亲希达亚特·阿里（Hidayat Ali）——当时效忠阿里·高哈尔（Ali Gauhar）王子的莫卧儿贵族，未来的沙阿·阿拉姆二世——解释当时新的政治伦理。阿里·高哈尔当时在安拉阿巴德（Allahabad），他的军队向孟加拉开进，而英国人 1757 年已在那里确立了统治地位。古拉姆·胡塞恩当时是拉姆·那拉扬（Ram Narayan）的参谋、巴特那(Patna)[①] 的统治者以及英国人的盟友。古拉姆·胡塞恩作为使者的任务是去说服阿里·高哈尔，让其与英国人签署和平协议，而他在安拉阿巴德遇见父亲。他告诉这位上了年纪的贵族，莫卧儿的军队军容不整，将领无能，如果爆发战争的话，英国人肯定会赢，应该有人建议王子与英国人达成协议。如果王子拒绝的话，父亲应该离开，以求自保，老人拒绝接受儿子的言辞。老人的举动呼应了传统的政治道德感，说帖木儿的后人不该对

---

① 巴特那是印度的宗教圣地，位于比哈尔邦东部恒河南岸。佛经里记载，该城市已有 2500 年的历史，曾为公元前 3 世纪孔雀王朝阿育王的首府，称为“华氏城”。——译注

自己的下人或者主人背信弃义。印度历史上的过渡期所出现的两代人对治国术的冲突观念似乎反映了达摩与 *nīti* 之间的冲突。

达摩的回归

如果说在 18 世纪的印度，可以被称为 *nīti* 或政策的实践随处可见的话，那么到了 19 世纪会有何变化呢？我认为，19 世纪冲击英属印度的英式教育也为政治中的达摩的重生提供了土壤。《伦理学》（*Nītiśāstra*）很快被忽视并被人遗忘。达摩在政治上的复兴存在很多原因，其中之一就是 18、19 世纪中欧洲观察者对东方政府的一贯的批判。他们认为，东方统治者一直以来就是腐败、专断且独裁的，人们永远也不能相信他们的话，他们的决断也没有任何道德基础。不止于此，统治者的非道德理念已经蔓延至东方社会的方方面面。没人说真话，哪怕出现微小的追逐私利的机会，他们都会诉诸谎言和狡计。无论他们的宗教文本中宣扬多少道德原则，现实中他们从童年就开始诉诸非道德的手段。面对殖民统治者和基督教传教士暴风雨般的批判，印度民族主义改革者开始认为，这些指控是有所图谋且大谬不然的。印度的社会秩序不是由狡计和对私利的追逐所主导的，而是由达摩和真理的观念所指导的。如果腐败和非道德真的进入社会生活，那只是某些偏差，现代宗教改革会做出纠正。

Nīti 衰落的第二个原因在于随着现代政府和政治领域在印度的扩大，启蒙和公民权利的观念开始占据主导。很快就出现这样的问题：如果公民的同意是现代国家的合法性基础，那么外国的统治如何可能是合法的？政治的根本问题只是善治抑或是

一个主权问题？为了说明 *nīti* 和达摩之间的关系如何在印度民族主义早期被提出来，我考察了 1876 年一个关于政治的文本。

这本书名为《政治哲学》（*Byabahār darśan*①），作者为阿南达钱德拉·密特拉（Anandachandra Mitra）。这本孟加拉语著作还有一个英语副标题："政治科学入门"。② 我在其他地方已经详细考察过这本不同寻常的著作。③ 阿南达钱德拉是东孟加拉的迈门辛（Mymensingh）的教师，属于梵社④宗教改革运动的一员，并受到改革者斯巴那什·萨斯特里（Sibnath Sastri）的影响。他熟悉梵文的 *nīti* 文献，但是在接受欧洲的新的政治观念后，他开始寻求新的"政治科学"，将其称为 *byabahār darśan*（*vyavahāra* 在梵语中指的是法律中解决争端的学科）。在探索这种科学的过程中，他发现"印度没有可以称为 *byabahār darśan* 的科学"。不仅如

61

---

① 这个术语的字面意思是行动哲学，而 Byabahar 有对真理的认知的意思。——译注

② Anandachandra Mitra, *Byabahar darsan*（Calcutta：Ray Press, 1876）.

③ "A Modern Science of Politics for the Colonized", in Partha Chatterjee, ed., *Texts of Power：The Disciplines in Colonial Bengal*（Minneapolis：University of Minnesota Press, 1995）, pp. 93 –117.

④ 梵社把印度古代奥义书中的唯心主义一元论和伊斯兰教的一神论思想综合起来，宣称神是唯一、永恒、始终不变的实体，没有任何形式和属性，是宇宙万物的创造者和支持者。在社会改革方面，梵社反对印度教的种姓分离、教派对立和烦琐的祭祀仪式；批判中世纪遗留下来的封建习俗，主张男女平等，并与寡妇殉夫、童婚、多妻等歧视妇女现象进行坚决的斗争；提倡开设新型学校、传播科学知识。梵社的活动在孟加拉青年知识分子中间有较大的影响。——译注

此，这个国家对哲学的科学研究也非常落后。“所有人都会承认，印度人比任何其他民族来说都要更为敬神和虔诚，而印度人的文学也饱含感情，无人能及。这就证明了心灵的某些属性，如信仰、投入、感情、勇敢和对美的热爱在印度人中发展得最为充分。这种情感取向是科学性的哲学在我们这个国家付之阙如的主要原因所在。”①

因此，密特拉认为在印度寻找“政治的科学”纯属徒劳。但是，他的意思并不是说印度不存在政治的实践。“虽然并不存在关于政治的科学话语，但是政治（*rājnīti*）的技艺在印度却是充满活力的。”②但是请注意在阿南达钱德拉·密特拉的解释中，达摩和 *nīti* 的差异是如何彻底被抹去的：

> 因为在这个国家中，对政治的科学尚无令人满意的讨论，因此所有的主题都是在《法论》的框架下进行探讨的。在印度，一般将国王视为达摩的体现者。……事实上，描述统治者及其臣民责任的 *nīti* 文献就是我所谓的印度的政治学。尽管 *nīti* 的某些语句并不完全符合政治科学的规范，但其所包含的理念却是深刻的，让人乐于阅读，并且包含成熟的思考。③

但这里达摩的影响却起到了破坏作用：“当讨论到政府问题

---

① Mitra, *Byabahār*, p. 28.

② 同上，第 32 页。

③ 同上，第 34 页。

时，这些书就会忽略臣民的意见，并且主张统治者应该像神那样得到崇拜，而婆罗门和其他高等种姓也是至高无上的，这就摧毁了任何真正的政治概念。”① 62

从文本来看，阿南达钱德拉所要探索的政治科学是建立在praja即臣民的权利之上的。在研习了欧洲哲学之后，他已经得出这样的观念：国家的主权必须建基于臣民的权利之上，“如果奠定于臣民的权力（*prajāśakti*）——也就是说公意——以及臣民的权利（*prajāsvattva*）即普遍的福利之上的国家是可能的最好国家，那么我们就得承认，只有根据政治科学的原则所构成的国家才是唯一合理的国家。无疑，这样的统治体系才有可能是最好的”。事实上，从政治科学的原则出发，阿南达钱德拉对何为最好的国家深信不疑。即便在1876年成为被殖民的印度人，他也提出如下明确的定义：

> 如果能将臣民们的集体权力统合起来——臣民的权力就内在于其中并得到协调，这个人或者集体的权力无可超越，我们就可以将其称为统治者（*rājā*）。能够代表臣民集体权力的个人和集体就是*rājā*或统治者。②

接下来的定义也非常明确：

---

① 同上，第35页。

② 同上，第70页。

> 统治者的权力和臣民的权力和谐相处时，所在的社会就可以称为国家（*rājya*）。臣民的集体权力汇聚一处，从而产生了统治者的权力，以及臣民顺从统治者的意愿。统治者也要受到臣民权力的制约，不能对后者视而不见。如此组织的社会就是一个合格的国家。①

如果受到臣民权力的影响，那么统治者该如何行动？“大多数人的意志就是公意，而与公意相符的行动的目的就是公共福祉。”②事实上，密特拉明确指出，政治科学所谈论的统治者并不是传统上过去的国王；他所探讨的实际上是现代共和国。“随着最近公意的迅速发展，我们可以相信，所有的君主制度很快都会被废除。”③

63

虽然密特拉所宣扬的从根本来说是卢梭式的人民共和主权理论，但我们要认识到，他对统治者与臣民的概念也进行了发展。统治者的权力和臣民的权力是彼此不同的力量，在不完美的国家内，两者相互冲突并导致分裂与混乱。在完美的国家内，当统治者的意志与臣民的意志相符时，两种力量便结合起来，臣民的力量自愿成为统治者力量的一部分。但是，在这个完美构成的共和国内，统治者和臣民似乎依然维持彼此有所差别的形式，他们并没有完全融合成单一的结构。甚至在完美的共和国内，臣民也并没有完全成为统治者。

---

① 同上，第72页。

② 同上，第22页。

③ 同上，第23页。

有人或许会得出结论，认为这种区分预示着20世纪20年代在德国关于制宪权与宪定权（constituent and the constituted powers）的政治论争。后者是现实的宪政国家内的权力，但它是奠基于制宪权的先在同意之上的，也就是说，人民——至少是本雅明论述中的人民——总是保有收回其同意的权利。[①]我们这里不做过多论述，但这里可以得出结论，阿南达钱德拉对卢梭进行了认真的考察。

出于谱系学的好奇心还要指出的有趣之处是，在好几种南亚语言中，指称现代共和国的术语是 *prajātantra*，其字面意思是臣民的统治。我们可以看出，为何在拥抱现代共和主义的人民主权观念的同时，南亚共和制的民族国家的政治语言中依然包含一个隐而不彰的区分：统治者的权力和臣民的权力。 64

回到阿南达钱德拉·密特拉，他对宗教在现代政治中的角色持怀疑态度。“正如胆汁助于消化食物，保持血液健康并维持生命，国民生活也不可能离开达摩（在我们这里也就是宗教）。但是，政治科学的任务就是确保宗教的狂热和偏执不会破坏社会或扰乱社会的理性。”[②] 阿南达钱德拉明确意识到，宗教狂热可能会造就集体性的狂热，其力量可能让国家在战争中取胜或者取得巨大的民族成就，但这种胜利是昙花一现的。“我们不会将其称为国家真正的生活，应该称之为国家生活的变态。正如

---

① Walter Benjamin, “Critique of Violence”, in Walter Benjamin, *Selected Writings*, eds Marcus Bullock and Michael W. Jennings (Cambridge, Mass.: Harvard University Press, 1996), pp. 244 -300.

② 同上，第55页。

血液过多会导致歇斯底里并让一个人力大无比，国家也会歇斯底里。但其成就不可能长久，而后果通常是不幸的，穆斯林的征服就是很好的例子。”①

虽然对宗教狂热有所怀疑，但阿南达钱德拉对只关注自利的做法也不满意。“今天的印度人只关心他们的自我利益。哪怕毁灭邻居，他们也要填饱自己的肚皮。原因有二：一是缺乏宗教知识，另外一个则是缺乏政治的科学。”②我们不必责备阿南达钱德拉这个非常含糊的结论。在19世纪70年代民族主义崛起的时期，对他来说不可能将印度达摩中的灵性的一面弃置一边，其所要对抗的是西方纯粹追求自我利益的倾向。虽然在智识上一心追求真正的政治科学，阿南达钱德拉·密特拉并没有能够提出一种没有达摩的国家生活模式，尽管对达摩的肯定不能超越宗教狂热的界线。事实上，在殖民统治的已有条件下，他热
65
切推崇的臣民的权力永远不可能与统治者的权力相结合。臣民首先得加入争夺主权的斗争中，然后驱赶外来统治者，如此一来，真正基于政治科学的国家才会应运而生。而争取国家主权的斗争受到如下动机的影响：自我牺牲、信念、效忠祖国的决心，所有这些都以达摩的灵性语言表述出来。构成 *nīti* 主题的行政政策和治理过程的细节并不是反殖民斗争的主要考量。正是基于此，在反对1906年孟加拉分治的运动中，激进的民族主义报纸《致敬祖国》（*Bande Mataram*）宣布：“新的运动的主要任务并不是反抗坏政府，而是反抗英国的统治；至于这种统治到

---

① 同上，第56页。

② 同上，第58页。

底有益还是有害，公正还是不公，是无足轻重的问题。”[①]争取主权的斗争开始了。当时无法区分达摩与 *nīti* 各自独立自主的领域。

我认为这种情形在20世纪的大部分时间内依然存在，直到1975—1977年的“紧急状态”（Emergency）[②]时期。事实上，直到20世纪80年代，印度政治中普遍存在一种主导的风格，这种风格在民族主义斗争时孕育，推崇意识形态的完整性并且要求目的和手段的一致。政治领袖能否为大众接受，很大程度上取决于他们为国家和人民所作出的牺牲。在过去的三十年左右，一种不同风格的政治在印度的民主竞技场内迅速出现。我认为，臣民的意志越是从对主权的关注转向治理术的日常运作中来，达摩的原则便越要服从于 *nīti* 的原则。在19世纪早期受到压制的政治思考模式现在在地方政治的民主空间内耀武扬威。关于这种新风格的政治，尚没有经典研究。虽然缺乏达摩的灵性品质，但其本身未必没有自己的伦理原则。在本章接下来的内容里，我会试图用例子来说明民主的 *nīti* 所具有的新原则。

---

① “Nationalism not Extremism”, *Bande Mataram*, April 26, 1907, in Sri Aurobindo, *Bande Mataram: Early Political Writings* (Pondicherry: Sri Aurobindo Ashram, 1973), pp. 296 –299.

② 1974年起，印度陷入政治、经济的双重危机之中。无党派政治领袖J. P. 纳拉扬发动旨在推翻英迪拉·甘地政府的“全面革命”。1975年6月12日阿拉哈巴德高等法院根据纳拉扬的起诉，判决甘地在1971年大选中犯舞弊罪，剥夺其议会议员资格6年。反对党和国大党内的反对派乘机要求甘地辞去总理职务。在这危急关头，甘地总理未同内阁磋商，便于6月26日劝告总统艾哈迈德签署实施紧急状态的公告。——译注

66

Nīti 的新实践

让我们从1975—1977的“紧急状态”开始，这个事件在印度民主体制的演化中是一个分水岭。这段时期因为英迪拉·甘地的威权主义对宪定自由和公民自由的悬置、对成千上万的反对派领袖和活动家的囚禁以及强制绝育和贫民窟拆迁而为人所铭记。同时留在人们记忆中的还有1977年令人震惊的竞选结果，其中主要是南印度的投票者使用投票的权力，将英迪拉·甘地看似所向无敌的国大党给选下去了。通常关于紧急状态的说法是人民的反抗打败了威权主义的国家。很多人都记得反对派的活动家频繁使用诸如正义的战争（*dharmayuddha*）以及是非对错之争的语言，来描述他们对紧急状态的反抗。

对大多数人来说，紧急状态是一个非同寻常的例外事件。但是我们不能忘记，甚至在这个例外性的一年半中，不计其数的普通人继续着自己的生活。事实上，甚至那些我们视为紧急状态受害者的人——那些无助的违章建筑区和德里老城区贫民窟的居民——也不得不直面日常生活的动荡。毕竟，他们不是英勇的政治家，甚至也不是政治活动家。他们如何面对紧急状态时期的境况呢？人类学家爱玛·塔罗（Emma Tarlo）为我们了解庶民意识提供了洞见。①在紧急状态之后，作者进行了二十多年的田野调查，让那些在紧急状态时期从被迁移的贫民窟居

① Emma Tarlo, *Unsettling Memories: Narratives of India's "Emergency"* (Delhi: Permanent Black, 2003).

民回顾那段时期。简言之，答案令人意想不到。

亚穆纳河（River Jamuna）沿岸的 Welcome Colony 是印度政府所建造的住宅区，很多从德里老城区被迁出的贫民窟居民都在这里分到了土地。据官方数据，大多数人都因为在紧急状态时期执行了人口控制计划的绝育政策而分到土地。根据法规，只有那些因为贫民窟拆迁而被迁出的居民才有资格在这片地区分到土地，但数据告诉我们，很多非贫民窟居民因为使用被迁移者的证明文件，取代后者而获得土地。也就是说，证明迁移事实的一纸文件也成为了商品。如果那些有权获得土地的被迁移者没有建造房屋的资源，他们就会将自己的文件卖给他人，自己搬往另一个贫民窟。购买这个文件的人也是贫民窟的贫民，现在他得贿赂相关官员，让分配土地的文件上写上自己的名字。于是就有了这个臭名昭著的绝育证明，它可以让持证者分得土地，同时正如塔罗从官方数据中观察到的那样，这种证明也可以买卖。

令人吃惊的是，对那些从德里迁出、现在居住在河岸的人来说，对紧急状态的记忆与压迫无关。相反，这是一个人们寻找机会去面对政府措施和市场压力的故事的汇集。例如，一个妇女回忆说："那时我做了结扎手术。因为这个手术我得到了一份稳定工作，在政府办公室做保洁。之前他们只给你一块手表或一台电风扇，所以没人去做手术。"在其田野调查的过程中，塔罗遇见了一个非同一般的妇女，后者离开贫民窟住宅后跟着自己的丈夫，在 Welcome Colony 与另外一家人同住一处。过段时间之后，她弄来一份宣誓口供，证明她已嫁给房屋的主人，而财产已转移到自己的名下。数日以后，房屋原本的主人流落街头，而那个被迁移的妇女成为房屋合法的主人。很显然，她善于发现机会，钻住宅管理体系和政策的空子，甚至有偿为他人在相关问题上出谋划策。

也许有人会问：这与政治有何关系？这类故事可以出现在任何时期的任何地方。它们如何有助于我们去理解紧急状态的政治？我的答案是：城市贫民的日常生活与之前故事所揭示的治理术实践之间的紧密关联是印度历史上的全新现象。我们记得，庶民研究早期最为重大的发现之一就是，国家在农民的意识中永远是一个遥远的存在。农民通常不愿去和官员、法庭、警察局或医院发生任何关系。同样的，城市贫民——很多来自于农村——与国家机构也非常遥远。例如，历史学家查克拉巴蒂（Dipesh Chakrabarty）认为加尔各答早期产业工人阶级的政治主要反映的是农民的反抗。①我们在本书的最后部分还会再考察这种政治的方方面面，这里我们仅提及我所谓的“政治社会”的两个特征。首先，政治社会中用来处理人民要求的政府政策通常在合法性与非法性之间的灰色地带徘徊。以德里老城区被驱逐的贫民窟居民为例，他们在违章建筑区的住宅原本就是非法的。但是当他们被驱逐并拿到政府的安置证明时，他们成了合法的“被安置人员”。这个证明可以在市场买卖。这看起来是非法的，但是在某些情况下，在行政方面有足够的理由去承认这些合法权利的非法拥有者。因此，如果很多对土地拥有所有权的被迁移人员没有建造房屋的资源，那么可能的结果就是将

① Dipesh Chakrabarty, *Rethinking Working Class History* (Delhi: Oxford University Press, 1989).

分配到的土地转手卖给他人，这就会导致土地黑市。因此比较明智的政策就是，允许迁移证明的事实性转让，并且只登记那些在土地上真正建造房屋的人。这里，很难在严格意义上确定何为合法何为非法。在政府治理的实践中，这样的难题还很多。

我要指出的第二点是，在所有者和受益者的协商中，很难区分主动还是强制。我们知道现代治理术的基本策略就是通过奖惩制度来确保预期的结果，并且尽可能避免使用武力。在这种逻辑下，如果被强制迁出的人接受了发给迁出人员的土地，那么在治理术的语言中，这就是"主动再安置"。迁出是强制行为，的确如此。但是当一个非法占用土地的人被迁出，并在再安置之后成为土地的合法拥有者，那么我们能怎样指责对武力的强制性使用呢？Welcome Colony 的很多居民依然会说起推土机推倒自己简陋的房屋时的创伤经验。然而，那些在新的住宅区拥有房屋的人却异口同声地赞美政府，因为是政府让他们成为自己财产的合法主人。对于推广绝育来说也是如此，依然也有奖惩制度。以临时的雇佣劳动者为例，他们可能第二天就没有工作，他们之所以同意绝育是因为可以在政府机关得到一份稳定的工作。他们自己是否权衡了利弊得失，然后自主选择，或者他们是被强制的？这很难说，尤其对那些工作机会非常有限的城市贫民来说。

关于紧急状态时期在印度民主的发展中所具有的意义，已经有很多讨论。在这些讨论中，紧急状态是一个例外的非正常事件，并不能代表印度民主政治的正常情形。对紧急状态的反抗以及英吉拉·甘地的国大党在接下来的选举失利只是昭示了一场反对独裁的正义战争。那个故事中的大多数人要么是英雄，

70

要么是恶棍。而我们称之为印度人民的默默无闻的投票者在结束紧急状态的戏剧中，则永远是超级英雄。但是如果我们从这个由达摩激励的英雄历史转向紧急状态时期平淡无奇的日常生活细节，就会发现完全不同的进程。这是印度的治理术不断得到扩张和深化的进程。在这个故事中，紧急状态不再是例外情况。我们可以更为谨慎地说，它之所以是例外性的仅仅因为它揭示出了必须注意的界限，从而通过使用灵活的奖惩体制而非强制手段，来在宪法的框架内有效行使政府的功能。由强制拆迁或绝育计划所导致的不满给政府上了一课，而我相信，在接下来对城市规划与人口控制政策的修订中，这些教训被吸取了。今天印度大多数政治家都会认为，紧急状态永远不应再出现。但这并不意味着贫民窟拆迁就会停止，或者人口控制计划就会废弃，只是实施的技术得到了改变。

关于 Welcome Colony 及其居民，还有一点要说。在研究的过程中塔罗发现，英吉拉·甘地在居民的记忆中有着近乎神圣的地位。尽管他们记得自己是在紧急状态时被强制迁出的，但他们并不认为是英吉拉·甘地的责任。这看起来不可思议：紧急状态的受害者怎么会对统治紧急状态时期政权的政治领袖持有肯定的看法？然而，Welcome Colony 的居民认为紧急状态时期的压迫行为是腐败的官员和狂热的党内人员所操作的；他们认为，英吉拉·甘地不应该因为这些错误举动受到指责。事实上，他们相信英吉拉·甘地是印度穷人的拯救者，她被暗杀是她为自己的承诺付出的终极代价。在他们看来，她是超越世俗政治纷扰的人；她是神话世界的女神，是正义德性的象征。

71

布哈杜里在其著作《政治学》（*Dandanīti*）中让我们注意到

这样的事实，即今天广为使用的意指政治领袖的 *netā* 与 *nīti* 这个词有着同样的词根 *nī*。①这两个词都有牵拉、驱使或者驱动的意思。将某物向某个方向驱动的人就是 *netā*，而让某人有驱动能力的知识就是 *nīti*。治理术就意味着向一个预期的方向或目标驱动。执行这项任务的领袖对达摩的意思无须过多把握，但必须对 *nīti* 有足够的理解。我要论述的是，在过去的三十年左右，印度民主制度中出现的政治领袖对 *nīti* 技艺的掌握都非常出色。事实上，与民族主义或左翼运动的领导人的道德高度相比，当前的领导显得以自我利益为中心，机会主义，见钱眼开并且贪得无厌。我们通常认为这样的领导人会暗箱操作甚至卖官鬻爵，因此对他们不屑一顾。但是，这些人正是普通人在面对日常生活中治理程序的复杂情况时，所不得不求助的。我们不应对此感到吃惊。而当这样的"暗箱操作者"没有完成任务，人们自然而然地会抛弃他们并转向其他人。从某种程度来说，这就是日常的民主政治的基本内容。

还有一个话题值得详述，但限于本章篇幅只能从简，这就是暴力的问题。达摩所启发的政治通常会承认暴力的正当使用。现代历史中的所有战争都有着善的、正确的或者正义的理由。诉诸武力去反抗压迫性政权，这依然是广为接受的合法的政治手段。印度的民族运动就见证了关于这个问题的激烈辩论，而《薄伽梵歌》则作为经典被广为引用，来证明武力反抗非正义的正当性。甚至明确宣布放弃使用暴力的甘地运动也存在武力的一席之地。旨在推翻国家非正义法律的非暴力不合作运动的目 72

① Bhaduri, *Dandanīti*, p. 7.

的是让国家的暴力转向自己；原本的目的是让国家机构使用暴力去对付非暴力不合作运动的成员。当国家拒绝使用武力时，非暴力不合作运动成员的最后武器就是绝食，这是自己对自己施暴，然后让国家承担责任。在我看来，暴力与达摩的政治之间的关系是深刻且不可分离的。

如果我们从达摩转向 *nīti*，我们依然会发现武力的使用。但与达摩所启发的政治不同，*nīti* 算计的核心考虑是武力的有效性，也就是说达到预期结果所需的成本。因此，只有能够取得预期目标时，才可以付诸武力。我们可以看到当下战争的精确轰炸技术与 *nīti* 的教导相一致，这种轰炸的目标是既准确打击目标同时又将“附带损害”降到最低。如果我们考察印度民主政治中关于臣民权力的新的表述的话，就会发现存在使用精确计算的武力的余地。事实上，国家权力也好，反对国家权力也好，都会不断诉诸武力。在反对政府的政策时，臣民群体通常诉诸暴力示威，甚至在对抗中直接去对抗国家的武装人员。他们心中算计的是，暴力煽动会迫使统治者去关注骚动的臣民，并迫使政府开启谈判。这个模式在过去三十年印度的东北诸邦中多次重复。毋庸多言，并没有一定之规来确保何种程度的暴力达到效果，何种程度算是过头。一般来说，宗教群体之间的暴力是有组织的操控的结果，其目的是激发出特定的政治后果；让国家武装人员推迟消灭地区暴力，这么做的原因也同样如此。有时有计划的暴力行为可能会产生立竿见影的效果，有时暴力会使用过头并且适得其反。在日常游行的暴力中，很多情形下在国家和非国家的行动者之间都存在某种大家都心知肚明的共识。使用武力的界限也为人们所普遍接受。正如我在之前章节

73

所提及的孟买湿婆神军党，其对暴力的戏剧性展现效果可能比真正使用暴力要好。顺着这个逻辑，我们可以说摆出暴力的姿态就是对 *nīti* 的恰当应用；如果真使用反倒触犯了 *nīti* 的原则。但是如果要处理臣民的权力和统治者的权力之间的博弈这个新的政治进程中对暴力的复杂使用，则需要进行更为详细的研究。

本章我效法阿南达钱德拉·密特拉，使用统治者的权力与臣民的权力这一对概念。根据他的定义，臣民的权力来自于他们的认识——自己对政府拥有权力，而这种认识之所以成为现实是因为统治者渴望确保臣民的安全和福祉。另一方面，统治者的权力来自于他们作为臣民代表的地位。无疑，在过去的三十年，印度臣民的权力得到了增长，但是臣民的权力没有与统治者的权力相结合。最为明显的证据就是人民中几乎所有的群体对政治家普遍缺乏信任。无论是乡村还是城市，印度人民会谈论各级政府中政客的无能、腐败和缺乏操守。我们几乎可以说，对统治者权力的幻灭是普遍情感。但是令人奇怪的事实是，对政府提供服务的期望却并没有减弱；相反，这种期望在所有方面都增强了。统治者的权力越是强化自己，人们对于政府服务的要求也就越多，正如来确保这些服务的政治手段越来越多一样。我已经说过，臣民权力得到增强的领域就是 *nīti* 的领域；我们需要从 *nīti* 出发进行分析。

问题是，那些生活在统治者权力世界中的人对最近臣民权力的崛起完全持怀疑态度。这种怀疑越深，就越有可能回到达摩所激发的论述中去。不然，高等法院的法官为何要宣布，给非法定居者提供补偿与奖励盗贼是一样的呢？这直接出自于达摩的文本，而非 *nīti*。人们曾经非常理解并尊重达摩和 *nīti* 之间 74

的区分。而现在，那些过去只是臣民的人也日益学会了如何去使用民主政治的工具，而统治者则开始新的尝试，通过诉诸达摩的原则去鼓吹 *nīti* 的某些方面。正是臣民权力和统治者权力之间的争斗决定了印度民主实践的未来。

第四章

两位诗人与死亡

Two Poets and Death

追悼会

75

般吉姆钱德拉·恰托帕德亚（Bankimchandra Chattopadhyay），19 世纪孟加拉邦最著名的大文学家，于 1894 年 4 月 8 日去世。在其逝世三周后，切塔尼亚图书馆和比顿广场图书馆俱乐部在繁星剧场（Star Theatre）组织了一场追悼会。当时定下来的发言人包括历史学家拉贾尼卡塔·古普塔（Rajanikanta Gupta），佛教与早期孟加拉文学的著名研究者哈拉普拉萨得·萨斯特里（Haraprasad Sastri）以及当时尚年轻但后来成为大诗人的泰戈尔。孟加拉文学最为德高望重的人物之一纳宾钱德拉·森（Nabinchandra Sen）以及年龄比般吉姆稍小并供职于公务员系统的一位政府官员担任主持。让组织者吃惊的是，纳宾钱德拉拒绝了。最后加尔各答高等法院的法官古鲁达斯·班纳吉（Gurudas Banerjee）主持了追悼会。当天泰戈尔所发表的关于般吉姆的悼词成为印度文学批评中的里程碑。过去一百年以来，一代一代的学生背诵这篇文章，它已经成为孟加拉新生的高雅文化形成和传播过程中不可或缺的美学经典。

我们这里关注的并非般吉姆的文学作品或者他的历史地位，

76 相关已有很多作品。①我们关注的是为何纳宾钱德拉会拒绝参加般吉姆的追悼会。众所周知，诗人纳宾钱德拉与般吉姆关系亲密，虽然他并不认同后者——在他看来——过于西方化的文学品味，但他欣赏后者过人的博学、聪慧以及公共身份。纳宾钱德拉的拒绝与般吉姆本人完全无关。纳宾钱德拉拒绝的是公开的追悼会这样的观念。

纳宾钱德拉写道："我们模仿英国人，现在也开始组织'追悼会'。作为印度人，我不明白为何要兴师动众去表达个人的悲痛。表达悲痛的集会，想想都觉得可笑！"据说他对主持方这样说过："你为公众的眼泪准备了多少个桶？""我们的悲痛是神圣的，"他说，"这会让我们避开人群"。"在手臂上戴上黑色袖章，这不是我们表达哀痛的方式。"在他看来，在一个公共运动场内的集会只会制造出公众娱乐的气氛，这不是"我们悼念逝者的方式"。②

追悼会结束不久，泰戈尔在 *Sādhanā* 杂志发表了一篇文章。③文章标题为《追悼会》，开头就提及了对般吉姆公共哀悼的反对意见。他说，的确如此，这样的哀悼方式在印度还不为人所知，

---

① 最新的也是最为优秀的，见 Sudipta Kaviraj, *The Unhappy Consciousness: Bankimchandra Chattopadhyay and the Formation of Nationalist Discourse in India* (Delhi: Oxford University Press, 1995).

② Nabinchandra Sen, *Āmār jīban*, vol. 5 (1913), in *Nabīncandra racanābalī*, vol. 2, eds Santikumar Dasgupta and Haribandhu Mukhati (Calcutta: Dattachaudhuri, 1976), p. 253.

③ Rabindranath Thakur, "Śoksabhā" (May-June 1894), in *Rabīndraracanābalī*, vol. 10 (Calcutta: Government of West Bengal, 1989), pp. 291 -299.

并且这是对欧洲习俗的模仿。但不管我们接受与否，因为与欧洲的接触，外部条件与主体情感都发生了变化。新的社会需求就会出现，而新的满足这些需求的手段也会应运而生。因为这些手段还不为人所知，最开始可能看起来不够自然、让人不舒服。虽然它们源自欧洲，但这并不代表我们可以将其拒之门外。

反对公共追悼会的主要原因就是它不够自然（*krtrimatā*）。所谓的 *krtrim* 就是人类行动的产物：它是一样东西——是被人为制造出来的，是不自然的。有时候它所表达的就“仅仅是”形式，内在空空如也；有时意指不真诚或者虚伪的行为。这就是纳宾钱德拉说到佩戴黑色袖章来表达哀思这种行为时所表示的意思。他肯定会说，用公共集会这个不自然的形式来表达对逝去之人的强烈与亲密的悲伤之情，这有失恰当。

77

在这篇文章中，泰戈尔直接触及不自然的社会形式这个问题。他说，如果要遵守社会规范的话，某种程度的 *krtrimatā* 是无可避免的。当然，并非所有的问题都可以由个人的品位或情感来决定。对自我的内在来说，人工性可以说是一个缺点，因为个人感情是第一位的。但社会是一个复杂的实体，想要区分个人与社会的界限并不容易。就与社会相关的问题来说，如果不想让社会关系陷入无政府状态的话，那么就必须接受某些普遍得到承认的规范。例如，泰戈尔指出，哀悼父亲的死亡或者表达信徒对于神的感情，这些情感表达可以说是人类生命中最为亲密和强烈的情感。在父亲的死亡或者祭神的问题上，社会就葬礼和祭礼提供了相应的程序，这些程序与个人的偏好或品味无关。这就是为何有必要对生活的方方面面进行调节和规范，从而让社会的所有成员都有所受益。

在论证所有社会调节和规范必然具备的“人工性”［借用当下的语言，我们可以称之为“建构性”（constructedness）］之后，泰戈尔接下来论述说，印度社会一直就是一个“家庭社会”（domestic society）或者“家政社会”（society of households），在这个社会中，最结实的社会纽带在于家庭中家长和其他长者的权威。印度社会规范的这种具体形式反映了传统社会的家族特征，但这也在改变。

最近，家政社会也发生了一些变化。新的现象出现了，这个现象叫公众或公共（public）。

> 这是有着新名称的新事物，我们无法将其翻译成孟加拉语。“公众”及其反义词“私人”现在已经进入孟加拉语……
>
> 既然社会不只由家庭，同时也由新崛起的公众所构成，那么新的公众责任也就不可避免地出现了。①

78

这种新的公众责任就是为那些死去的人举办公共哀悼，这些人不仅对自己的家庭，同时也对公共福祉有所贡献。这种哀悼的形式是“人为性的”，但通过这种形式，不仅家庭成员而且公众成员也要求参加。

泰戈尔这部分论述的有趣之处就在于，他明确指出了新的社会活动的领域，这个领域由“公众”参与的社会活动以及规范这些公共活动的社会秩序所构成。但是他接下来关于这个新

---

① 同上，第293页。

出现的公共领域的观察更为有趣。

> 我并不否认，伟人之死在我们国家并不能在公众那里激起应有的哀伤。我们的公众还不够成熟，其行为还有未成年人的影子。公众还没有认识到自己的恩人，并没有意识到自己所获益处的真正价值，很容易忘记自己的朋友，只想着索取，而没有想到任何回报的义务。
>
> 我认为这样的公众还有待教化，而公众集会中的探讨就是这种教化的主要手段。（原书第293页）

这里我们看到的是一个尚未完全合格的公众以及某些社会领袖，后者认为自己的职责就在于让前者成熟起来。我们一眼就可以看出，泰戈尔在这里只是重述殖民境况下民族主义的现代性筹划的根本问题。殖民现代性的驱动力是一个教化性的任务。

毋庸多言，“合格的”公众看起来应该是什么样子，其答案也是由世界历史所给出的。泰戈尔对此深信不疑。在般吉姆逝世的语境下，他所能想到的例子来自于欧洲的文学界，以及那里的文学大家与公众之间的关系。

79

> 在我们国家，并不存在文学社会，社会中也不存在文学的教化。欧洲的社会实践让优秀的人物出席各种各样的公众集会场合。他们的熟人圈子不限于自己的亲友，他们时刻呈现于公众面前。对他们的同胞来

> 说，他们近在咫尺，随时可见。这就是为何当他们逝世，悲痛的阴影会笼罩全国的原因。（原书第 294 页）

相比之下，印度的伟人虽然伟大，但在公众面前却并不显眼。“尤其是妇女在家庭之外的社会毫无地位，我们的社会生活是非常残缺的。”对于伟人的生活，习惯和思想拥有亲密的知识，这可以在普通人心中激起爱意与感激，但这种现象在我们的社会中完全缺席。我们不是爱戴尊敬我们的伟人，而是将他们变成神，然后敬而远之。泰戈尔论述说，追悼会正可以让伟人身边的人向公众讲述他作为人的缺点和个性，他们可以将这个伟人作为普通个人呈现在公众面前。

很容易看出泰戈尔所期望的公共空间是什么样子。这个公共空间不仅由书本、杂志和报纸，同时也由积极的文学社团、文化聚会、公众对于文学与文化事务的参与以及普通人对这种伟大的兴趣——这种伟大不是超人的天赋而是实实在在的人类成就——所构成。依靠哈贝马斯的观念，这里我们可以得到关于个人（personhood）的新的概念：个人的与私密的从古至今都是以公共为导向的。可以看到，泰戈尔为他的祖国想象了一个植根于由各种各样的市民社会机构所构成的公共空间中的文学世，这个世界他在大约十五年前亲眼见过，那时他在英国学习了一年有余。

难道纳宾钱德拉并不欣赏这种公共空间吗？多年之后当纳宾钱德拉在自己的自传中又回到这个主题时，不出所料，他对文学社团和文学聚会依然非常反感，认为不过是人们闲聊或者瞎听的场合。他对纪念伟大人物有着完全不同的观念。

> 如果没有这些毫无意义的集会和演讲，组织者可以完好保存孟加拉古代和现代诗人的故居，并且每年在这些地方举办宗教典礼，这样我们就可以向我们伟大的作家致敬，举办社区集会，同时为孟加拉文学的伟大事业致敬。托钵僧和游吟歌手就是这样把胜天（Jayadeva）、昌迪达斯（Chandidas）和维迪亚帕提（Vidyapati）等毗湿奴派信徒（Vaisnava）诗人的出生地变成了每年定期举办祭典的朝圣之所。但是我们却因为英国的文明与教育，抛弃了这个神圣且“土生土长”的传统，将我们的时间花费在毫无真情实感的可笑的追悼会上。（原书第208页）

事实上，他明确表示，马杜苏丹（Madhusudan）、迪那般度（Dinabandhu）、般吉姆等现代诗人的出生地也应该像外士那瓦古诗人的出生地一样，成为拥护者们每年定期聚会的朝圣之所。

纳宾钱德拉在自传中对般吉姆的追悼会也进行了极为尖刻的描写。

> 追悼会开始了。当拉比先生完成自己冗长而散漫的悼词，擦拭眼中的泪水并坐下的时候，我得知观众开始从四面八方喊叫，“拉比老爷给我们唱首歌！”正在主持追悼会的尊贵的古拉达斯先生（Gurudas Babu）非常生气，说拉比先生嗓子不好，没法唱歌……他们说英国人去教堂不是为了礼拜，而是去听音乐的。或

> 许我们可以说，他们去那里是自我炫耀的。在我们的追悼会上，人们嚼着烟草，哼着阿姆利塔（Amrita）先生最新的歌曲，叫嚷着要听拉比老爷一展他柔美的歌喉，满心期待今晚好好乐一场。（原书第253页）①

81 纳宾钱德拉似乎完全不愿意承认，公共追悼会就像其他现代欧洲社会生活中的正式场合（如去教堂）那样，除了单纯的表演，还有别的意义。事实上，他甚至不愿意接受伟人的人性化，而正如查尔斯·泰勒所指出的，这是向普通人生命致敬的一部分，而这种行为是西方现代性所带来的社会意识转变的核心。② 纳宾钱德拉宁愿将过世的伟人视为神话，将他们的出生地变成朝圣地，让他们的塑像“在鲜花和檀香膏中接受朝拜”。他会说，这是“我们”向伟人表达感激的方式。

这里我们看到的是严肃的分歧。现代性是否意味着全世界都要采取西方市民社会的形式呢？如果这些具体的形式事实上都是基于世俗化的西方基督教而建立的，那么现代化的非基督教世界是否一定要模仿呢？现代西方市民社会机构所赖以生存的规范性原则是否因为属于特定的文化，在现代性的非西方版本中可以抛弃呢？在最近的讨论中这些问题不断浮出水面，这

---

① 虽然带有自己的偏见，但所描述的事件并非完全是编造。泰戈尔最新传记的作者从其他地方引用的资料也做了类似的记录。见 Prasantakumar Pal, *Rabijībanī*, vol. 4（Calcutta：Ananda, 1988）, p. 3.

② Charles Taylor, *Sources of the Self: Making of the Modern Identity*（Cambridge：Cambridge University Press, 1992）.

里我只探讨其中的一个方面。

当今的哀悼

我在本章的开头引述这段过去，不是为了给 19 世纪孟加拉的殖民现代性历史提供又一则轶事。我认为，这个几乎被人们所遗忘的分歧对于今天的我们来说依然饶有意味，其意义没有为百年前的任何一方所领会。首先让我指出，在我看来，追悼会的问题在今天已不再是问题。今天追悼会的形式与西方几乎完全一样，无论是敬献花圈、默哀还是致悼词等具体环节。在印度，人们不再认为这是世俗化的西方基督教的仪式：这些意识已经内化到这个国家的市民社会机构的公共生活中了。当然，有时也会有些土生土长的形式，如在遗像周围摆上花环或焚香等，这不足为奇。音乐可以成为这种世俗仪式的一部分：在西孟加拉邦和孟加拉国，这种场合最可能出现的音乐就是由泰戈尔本人作词的作品。但是，现场气氛与公众娱乐绝对无关：纳宾钱德拉的这种担忧纯属杞人忧天。泰戈尔培养公众走向成熟的希望看来已经实现。 82

当然，这些只涉及市民生活的公共机制部分，其正式的活动一般认为是世俗性的。在其他集体性的机构语境下——将其称为“私人的”也是颇具误导性的，如杰出人物或者与机构紧密相关的人物的去世，在这种场合下人们认为相关的行为就是宗教性的。但是，在国家领域，“世俗化”的政治压力让国家领导人充满悖论地将各种宗教的活动聚集在一处。所有这些——如吟诵、祈祷、演讲和音乐等——在国家哀悼仪式中被表现为一种宗教；宗教之所以能成为“世俗的”国家典礼的一部分，是因为在这样一个活动中，各种各样的宗教行为同时出现了。当我们谈及当下市民社会与政治社会的关系时，我们会回到市民机构与国家机构之间在世俗的公共实践方面的差异上来。

市民社会与政治社会

让我先列出以下关键词：家庭、市民社会、政治社会和国家。这些是政治理论的经典概念，但是我们知道他们所传达的意思在不同语境下有所不同。我在谈论当下印度时也会使用这些概念，因此必须先做些澄清。

黑格尔在《法哲学原理》中将如下要素统称为“伦理生活”：家庭，市民社会和国家，但却没有提及政治生活。但是，为要理解 20 世纪民族国家中大众政治形态中的结构和动力，对我来说最好思考介入人民与国家、并且与市民社会相平行的制度领域。19 世纪对国家与市民社会的严格区分是沿着欧洲的反绝对主义传统发展而来的，但是却存在如下缺点：要么与国家的政治领域相对的市民领域视为去政治化的领域，要么因为宣称所有的市民机构都是政治性的，最终模糊了二者的差别。两者都无法帮助我们去认识当代大部分后殖民世界的政治现象的复杂性。

83

我认为有必要保留市民社会这个术语，用来描述源于西方社会的现代社团生活的制度，这些社团生活基于平等、自主、自由出入、契约、协商的决策程序、所有人同享权责等原则。很明显，这不是说非西方国家的现代性历史就没有出现可以被称为市民社会机构的萌芽，虽然这些机构并不完全符合前述原则。我们要说的是，正是要指认差别之处，指认它们的意义，去理解如何因为不断乞灵于“纯粹的”起源模式——现代性的制度，规范性的话语依然能够激活并塑造非西方世界不断演化的社会机构的形式。基于以上考虑，我认为应该保留市民社会的经典意义，而不是采纳新近的任何修正。[①]事实上，就理论目的来说，我认为坚持黑格尔和马克思将市民社会视为资产阶级社会（*bürgerliche gesellschaft*）的说法会更为有益。

在思考像印度等国家现代历史中市民社会与国家的关系时，一个重要考量是，虽然国家的法律－官僚机器能够在殖民后期和后殖民时期覆盖其领土内所有人口的活动，前面所述的市民社会的领域依然局限于“公民”中的一小部分。这种裂缝非常重要，因为这意味着非西方的现代性总是未完成的“现代化”筹划，而启蒙了的精英对社会其他群体负有教育的责任。

84

但是，如何从概念上去认识现代市民社会领域之外的人口呢？最为常见的方法就是使用传统与现代二分法。这种二分法的问题在于它难以避免地会落入将“传统”去历史化和本质化的陷阱。与此相关的困难在于，这个被归类为传统的另外的领域被否定了如下可能，那就是与现代相符合，但又不符合现代市民社会（西方资产阶级的、世俗化基督教的）原则。我认为与市民社会不同但又与之并列的政治社会概念，可以帮助我们看到这些历史可能。

---

① 关于某些修正版本见 Jean L. Cohen and Andrew Arato, *Civil Society and Political Theory*（Cambridge, Mass.: MIT Press, 1994）.

我所谓的政治社会，就是多种中介得到实现的制度和行动的领域。在经典理论中，家庭是社会组织的基本单元，到了19世纪，家庭普遍意味着现代资产阶级家长制的核心家庭。我们知道，黑格尔强烈反对家庭基于契约的观念，但是到了19世纪晚期，由契约形成的家庭成为西方大多数理论的规范性模式，同时也成为婚姻法、财产法、继承法、个人税收的规范性基础。在印度这样的国家，认为这种家庭观念普遍被接受是完全不现实的。事实上，甚至国家在制定必须覆盖人口绝大部分的政策和法律时，也不能做出这样预设。

这种看似已广为接受的概念的推导——虽然不易察觉——来源于这样的观念：原本认为社会由作为基本单位的同质化的家庭所构成，现在则认为社会由有所差异但可以归类、可以描述、可以计数的人口所构成。福柯比晚近的其他社会哲学家更加明确地认识到人口这个新概念对于现代治理技术的重要意义，也许我们也应该注意到殖民人类学和殖民管理理论在这方面的贡献。

85

于是，人口就构成了社会的异质性质料。与经典理论中的家庭不同，人口的概念是描述性和经验性的，并非规范性的。事实上，一般预设人口包含了“自然而然性”和“原生性”（primordiality）要素；既然人口并非理性的契约性联合的产物，而是前理性的，那么我们就不能指望特定人口构成的内在原则可以从理性上得到解释。但是人口概念可以为政府的职能（经济政策、官僚管理、法律、政治动员等）提供一系列从理性上可以操作的手段，从而影响国家居民中的绝大部分——他们是“政策”的对象。

另一方面，如果市民社会机构要遵循西方现代性所提出的规范性模式的话，就必须将人口的绝大部分排斥出去。与诸多激进理论家不同，我认为市民社会这一经典概念的“缺陷”无需纠正，即不需要修改市民社会的定义，从而将基于其他原则的社会机构也包纳进来。我认为，保留市民社会的原有概念可以帮助我们抓住现代性某些具有冲突的欲望，这些冲突的欲望激发了像印度这样的后殖民国家在当下的政治和文化争论。

这些国家的市民社会可以用来描述由殖民现代性时期的民族主义精英所确立的现代组织生活的机构，虽然这些机构通常是作为反殖民斗争的组成部分。我们可以看到，这种欲望非常清晰地体现在本章开头所引述的泰戈尔的论述中。这其实是在社会中追求新的伦理生活的欲望，这个欲望与启蒙运动和资产阶级自由的品质相符，其表现出来的文化形式源自于世俗化的西方基督教。所有这些在泰戈尔对新的世俗化的公共习俗的呼吁中表现得非常明显。在泰戈尔的论述中可以看出，这一市民社会的新领域在很长时间内都将是精英的排斥性活动领域，真正的“公众”还不能达到市民社会的标准，而市民社会机构对大众来说所起到的作用更多是教化性的，而不是自由结社。

殖民现代性和民族主义运动历史较长的国家通常都有比较广泛的市民社会机构网络。在印度，很多机构延续至今，它们不是殖民现代性的古怪残余，而是以严肃认真的态度在一向有待完成的文化现代性事业中扮演着主导角色。但是在近些年，这些机构似乎受到了攻击。 86

为了理解这种现象，我们需要对殖民与后殖民境况下的市民社会、政治社会和国家的概念进行更为细致的历史化。

现代性与民主

印度这个后殖民国家所表现出来的形式是自由民主政体。一般都认为——这种观点也不无道理——自由民主制度在印度的表现要好于其他前殖民地国家，其原因在于印度拥有独立于国家的政治领域的市民社会机构。但是我们对这里所涉及的关系要格外谨慎。

在20世纪初期大规模的民族主义运动之前，印度的民族主义政治主要限于精英的圈子，那时他们正忙于设立新的“国家的”市民社会机构。这些精英完全认同现代结社性公共生活的规范性原则，批判殖民政府没有能够达到自由宪政国家的标准。在谈及民族主义现代性历史的这一部分时，我们无需提及与市民社会相并列的政治社会概念。

但是与现代市民社会机构形成过程相关的还有其他事件。我在其他地方解释过，西方现代性的不同文化形式如何通过民族主义的筛选，并且得到有选择的移植，最后与所谓的本土传统中那些得到重构的要素结合起来。① 像精神与物质、内在与外在、外来与本土这些二元对立都用来对这些从民族主义文化政治立场出发的选择进行正当化。我们应该注意到，之前提及的两位诗人的争论很好地说明了这种政治。我在这里特别想指出的是，早在世俗化的资产阶级市民机构的结社性原则被民族主

87

① Partha Chatterjee, *The Nation and Its Fragments*: *Colonial and Postcolonial Histories* (Princeton: Princeton University Press, 1994).

义精英移植到他们所创立的新的市民社会时，人口与国家之间新的中介关系的可能性已初露端倪，这种中介关系不可能建基于现代化的市民社会之上。

这背后的动力就是政治性的。这与如下事实有关：殖民国家的治理技术已经开始努力将绝大多数人口作为其政策目标，纳入治下。民族主义政治如果不想为都市精英所“恰当构建”的市民社会所束缚，他们就必须找到有利的战略性应对方式。民族主义的文化政治给出了答案，通过这个答案它能够政治性地介入未来人口与民族国家之间的关系。在两位诗人的争论中，纳宾钱德拉的论点预见到了这个战略性答案。当然，这个答案在我其他地方所描述的甘地式的动员（Gandhian moment of manoeuvre）中得到了最为戏剧性且有效的说明。

国家与人口之间的中介发生于新的政治社会领域。它是奠基在现代政治结社的框架模型如政党之上的。但是，正如对甘地时代的民族主义政治动员的研究所反复表明的那样，精英和大众性的反殖民政治，甚至当它们共同进入像印度国大党这样的正式组织时，也会在某些情况下分裂并且逾越由该组织所设定的界限。① 也就是说，民族主义政治的舞台成为不同群体和阶级使用战略性动员、反抗和挪用的场所，其中很多问题在当下的后殖民国家依然没有解决。关键是在政治社会中，激发动员和参与的形式及方法的实践并不总是与市民社会的结社原则相一致。

那么，支配政治社会的原则到底是什么？这个问题在关于 88

① 明确应对“政治领域中的分裂”的印度民族主义政治的研究，见《庶民研究》（*Subaltern Studies*），历史学家在几本专著中也论及了这个问题。

大众动员、选举政治、族裔政治等相关文献中以多种方式提了出来。鉴于我之前对人口、市民社会、政治社会以及国家等概念所做的区分，我们需要更明确地一方面专注人口之间的中介，另一方面专注政治社会与国家的中介。后殖民时期最主要的工具形式出现在发展型国家，这种国家想要通过政府的福利功能，与人口的其他部分产生关联，尽管我们应该记住，这些福利权利并非像战后的西欧或北美那些福利国家一样，源自普遍的公民权。相应的，如果我们要概括动员——政治社会（政党、运动、非党派的政治团体）借此疏导和治理大众对发展型国家的要求——的主要形式的话，这个词应该是民主。这种新兴的政治社会的机构形式尚不明确。一直有人试图将这些机构放在自由主义市民社会的既定形式中，但很可能存在更为强大的趋势，通过打破制度性规范去争取人们心中的民主权利和权益。在本书的后面我会指出，政治社会中这种不确定的制度化可以追溯到如下原因，现代国家的理论概念中缺乏关于共同体的有所区分且又灵活的观念。无论如何，在后殖民国家中存在政治社会的影子——虽然并非所有的政治社会都值得提倡，它们可以视为寻找现代国家新的民主形式的尝试，虽然这些尝试不为后启蒙时期的世俗化的基督教世界的社会共识所知。

同时需要指出的是，两个相互冲突的轨道——一方面是自由主义的市民现代性，另一方面是社群或民粹主义式民主——可以轻易与我们在第一章讨论的卡维拉吉关于现代性的对称和序列轨迹的论述勾连起来。印度后殖民的谱系性历史强调了如下事实：民主的大众动员、成人普选以及发展型国家已经走在了市民社会机构的普及或者学校教育普及的前面。毫不意外的

89

是，由此产生的现代性和民主的实践与我们所熟知的现代西方民主的实践截然不同。

但是这种变化很难作为合法的创新而轻易得到承认。在结束本章的时候，我想要提出我在本书接下来章节将要谈论的三个论点。这些论点来自于我对非西方社会现代性的历史研究。

1．殖民时期最重要的转变发生在市民社会领域，后殖民时期发生的最为重要的转变发生在政治社会领域。

2．塑造殖民时期关于社会转变的问题是现代性问题。在后殖民时期的政治社会，最为关键的问题是民主问题。

3．在资本全球化的最新阶段，我们完全有可能正在见证现代性与民主之间逐渐形成的对立，即市民社会与政治社会的对立。

在结束本章之前，我应该对两位诗人与死亡的故事做总结性陈述。泰戈尔在1913年获得诺贝尔文学奖，并且成为孟加拉迄今最为伟大的文学人物。在其漫长且活跃的职业生涯中，泰戈尔坚持最初的承诺，积极支持公众德性的伦理生活，这种生活由理性、节制以及投身人文主义的现代精神所引导。但是当他于1941年逝世之后，他自己也被神化了。在他逝世当天，当他的遗体通过加尔各答街道时，人群中出现了骚乱：人们哄抢遗体。自那以后，他的出生地也变成了朝圣地，每年都会有纪念大会——并非宗教典礼，但精神大体一致。我们可以想象，如果年纪更大的诗人纳宾钱德拉在知道这个更为著名的晚辈所遭遇的窘境，该是如何幸灾乐祸。看来，关于“我们”悼念逝者的方式，争论还远没有得到解决。

90

比较市民社会与政治社会

在评论我对市民社会与政治社会所作出的区分时，耐维迪塔·梅农（Nivedita Menon）认为，这种区分应该维持在概念层面，不应该将其在经验层面上解释为中产阶级市民社会和底层阶级政治社会的区分。①当然她是正确的，但如果她的意思是这种概念区分永远不能应用于现实经验，那就是错误的了，不然，这些概念还有什么用处？问题是，这种概念区分如何才能在具体的经验案例中起到作用？我要说的是，在某些情况下（例如，我在接下来的章节中会提及中产阶级群体，他们诉诸法庭来保护纳税的、遵纪守法的公民的权利免受非法定居者、小贩、流浪汉、不买票的乘客、污染空气的三轮车司机等的侵犯）会存在中产阶级认同与政治社会对抗的市民社会现象。另一方面，还存在很多案例，证明有些案例并不能成为经验上的证明。梅农的观点是，市民社会和政治社会代表了“政治参与的两种风格”——前者一般适用于城市化的精英，后者适用于其他群体，这在方法论上是很好的区分。斯图尔特·考布里奇（Stuart Corbridge）和其他人在对比哈尔邦和西孟加拉邦的市民社会与政治社会进行详细的经验研究后提出，“可以将二者视为一系列彼此

① Nivedita Menon, “Introduction”, in Partha Chatterjee, *Empire and Nation: Selected Essays 1985 —2005* (Ranikhet: Permanent Black, 2010, and New York: Columbia University Press, 2010), pp. 1 –20.

交叉的政治实践"①。这些是通过翔实的经验研究，得出的更为优化的分析结果。它们在理论上让概念更具相关性，但仅限于用来阐述现实的政治，从而避免因为意识形态而变得僵化。

但是，有些学者质疑了分析性区分本身，其目的是为了维持一个强化和扩大市民社会结社生活的政治筹划。② 他们建议，与其将某些人负面地划归到政治社会的区域中，不如扩大市民社会的范畴，让其包纳社会生活的所有形式，甚至是部落－公社的形式。对他们来说，合法性"是一种戏法，是立法者或者法庭法官的笔而已"，而持续的政治压力通常可以带来法律或者法律解释的变化，从而更好地实施法治，并且更加平等地承认所有人的财产权。

91

这里的法治多元主义精神值得提倡。但是，仔细思考这个建议之后我们会发现，这个筹划的成功实现并不意味着平等，而是意味着有差异的（*differentiated*）公民权。这个问题在很多年前由马克思在《论犹太人问题》中提出，当下的政治理论家，如詹姆斯·塔利（James Tully），在论述加拿大或者罗杰斯·史

---

① Stuart Corbridge, Glyn Williams, Manoj Srivastava, and René Veron, *Seeing the State: Governance and Governmentality in India* (Cambridge: Cambridge University Press, 2005).

② 例如，见 Sanjeeb Mukherjee, "Civil Society in the East and the Prospects of Political Society", *Economic and Political Weekly*, 45, 5 (January 30, 2010), pp. 57－63; Amita Baviskar and Nandini Sundar, "Democracy versus Economic Transformation", *Economic and Political Weekly*, 43, 46, pp. 87－89.

密斯（Rogers Smith）在论述美国时有所认识。①这里的讨论会引出我在后面章节将要给出定义的术语，用来自于社会形式的异质性要素去规划出平等公民权的领域，这会导致与法律面前人人平等原则不符的例外的增多。在印度，有差异公民权的要素被吸纳进宪法本身，这都是考虑到种姓、部落和宗教少数群体的例外情况。这些将来要废除的暂时性条款今天依然有效，而差异性原则明确列在宪法的日程中。差异性的权利在国家各种各样的立法中不断增多，不仅是在与“其他落后阶级”范畴的关系中，而且也根据其他一些原则——如母语、住处、定居时间等——扩大了这些权利。宣布例外的技术已经从宪法和法律条款扩展到由政府官员所确立的所有行政规范中去，一直到扩大到地方的行政。在我看来，这种增长滋生了两种相反的趋势：一个是用立法或者法律解释在得到承认的权利领域内，进一步包纳多元群体的差异化要求。但是这种基于平等、通过援引已经得到承认的权利，去争取另外一种例外性权利的要求很容易被驳倒，因为反对意见也会基于平等指出，既然有人遵守普遍的规范，其他人就不能享受非法的例外。也就是说，这种法律工具对双方都适用。一方面，来自政治社会的力量试图用法律机构在确保更大程度的平等的道德基础上，去扩大例外的范畴。另一方面，其他人基于平等观念认为，作为平等公民权空间的

92

---

① James Tully, *Public Philosophy in a New Key, Vol. 1 : Public Philosophy and Civic Freedom* (Cambridge: Cambridge University Press, 2009); Rogers M. Smith, *Civic Ideals: Conflicting Visions of Citizenship in U. S. History* (New Haven: Yale University Press, 1997).

市民社会，其规范应该反对例外的扩张。考虑到印度法庭的司法审查的巨大权力——这在其他自由宪政体系中非常少见，法庭已经成为两种趋势相互对抗的主要场所。在我看来，优势并不在那些主张使用法院来扩大得到承认的多元权利空间的人一边。我认为，在政治社会所占据的治理空间内这种可能性更大。

这里有必要提及梅农所提出的建议，即我们不应该认为政治社会中的斗争是为了争取政治权益或福利，而应该将其视为反抗治理术的斗争。①她认为这个视角更适合去捕捉政治社会的激进潜能。我完全同情将民主激进化的做法，但是我并不确定20世纪90年代以来印度大众斗争中的主导性趋势是反抗治理术的运动，虽然梅农似乎相信这一点。如果说20世纪70年代早期以来我真正了解到关于印度乡村政治的最为关键的事实，那就是治理术网络的日益广泛和深化，这个网络不仅是技术同时也是农村人口的日常生活实践。有些人提出，国家因为最近的新自由主义的无情冷酷而抛弃尼赫鲁和英迪拉·甘地时期的福利国家角色，但我的看法有所不同，我认为国家现在的双手——既掌握强制的工具也照顾人口——跟印度历史上任何政府结构相比，所能够覆盖的角落越来越多，惠及的人口也越来越多。印度从没有像今天这样治理有方。我在后面会解释，如果我们在政治社会的斗争中看到暴动的要素，这也没什么新鲜的，因为暴动在印度历史上就是人们习以为常的反抗压迫性国家秩序的大众反抗的特征。但是那些想要在治理术的秩序中寻求例外位置的大众行动——哪怕是长期使用暴力的大众行动，在我看

① Menon, “Introduction”, in Chatterjee, *Empire and Nation*.

来，是印度民主政治的新特征。西孟加拉的兰迪格兰在2007年起义对抗由一个政党统治的治理政权之后，现在已经进入同样的治理政权，只不过政府现在由另外一个政党所主导。现在有很多关于印度中部诸多地区较长久的暴动的报道，这些反抗的群体会签订临时性的不稳定的协议，与地方的国家机构协商分配政府的利益。在早些时候，甚至是在20世纪中期，无疑存在着反抗治理术的强大力量，这种力量也激发了农民的反抗，但是今天这种力量已很少见到。

第五章

泰戈尔的非－民族

Tagore's Non-Nation

泰戈尔论民族

94

本章我们会遇到与之前的青年诗人泰戈尔有所不同、但更为复杂的泰戈尔。

泰戈尔（1860—1941），诗人、小说家、戏剧家、散文家、作曲家和画家，他是现代印度智识与文化生活中举足轻重的人物。他的作品对孟加拉现代民族文学与艺术文化所作出的贡献可能是最具影响力的。在获得1913年诺贝尔文学奖之后的一段时期内，泰戈尔在欧洲和美国文学圈内是引人注目的人物。他对孟加拉和印度的文化生活的影响要更为长久。例如，印度和孟加拉的国歌都是改编自泰戈尔作词作曲的歌曲。

虽然对祖国的现代民族文化建构作出了巨大贡献，但泰戈尔对民族主义一直持批判态度。[①]在其最早关于这一主题的作品中，泰戈尔对比了欧洲产生民族主义的前提和这些前提在印度的缺席。他论述说，印度既非一个民族，同时也没有必要成为一个民族。在1901年，泰戈尔在*Bangadarśan*杂志发表了一篇讨论厄内斯特·勒南（Ernest Renan）在19世纪晚期那篇著名的

---

① 我在拙著*Prajā o tantra*（Calcutta：Anustup，2005）的第四、五章探讨了泰戈尔关于民族问题的作品。本章大部分翻译自之前的内容。

95 文章，在这篇文章中，勒南试图概括构成民族的几个要素。① 泰戈尔在开头这样写道：

> 我们用 *jāti* 这个词来作为英语“种族”的同义词，并把民族称为 *neśan*。如果孟加拉语要收入“民族”和“民族的”这两个词，我们就可以避免诸多意义的混淆……我支持在其原初的意义上使用“民族”这个词。我们从英国人那里接受这个观念；我们应该在保留这个语言的同时，承认我们的欠债。②

然后泰戈尔引用了勒南的定义，并指出，种族、语言、物质利益、宗教统一或地理位置都不是创造民族的充分条件。民族是一个活的实体，是意识的对象。民族由两个部分构成，一个位于过去，一个位于当下。当下的要素由普通人对过去的记忆以及过去的英雄和高贵的成就所构成。当下的要素由普通人的如下欲望所构成：珍惜那些遗产，并且同意共同生活。

> 对于辉煌过去的回忆和对美好未来的憧憬，这些至关重要……共同承受过去的苦难与牺牲，并且准备

---

① Ernest Renan, *Qu'est-ce qu'une nation?: conference faite en Sorbonne, le 11 mars 1882* (Paris: Calmann Lévy, 1882).

② "Neśan kī" (1901—1902), in *RR*, vol. 12, p. 675. *RR* 指 *Rabīndra racanābalī*, 15 vols (Calcutta: Government of West Bengal, 1961—1968)。泰戈尔作品最初的出版时间可以从插入语中看出。

> 共同面对未来的苦难与牺牲，这种感受在人们心中产生了团结与亲近的情愫，而这就是民族。虽然其过去的形式形成了民族的背景，但我们可以在当下看出其特征。这其实就是普遍的同意，即共同面对同样生活的明确意愿。①

泰戈尔还补充说，民族并非永恒的实体；民族是人类历史的创造物。“民族并非永恒的。每个民族都有其开端，因此也会有终结。也许在诸多民族转变的过程中，有一天将会出现统一的欧洲共同体。但目前我们还没有看到任何迹象。”②

96

Bangadarśan 在 1901—1902 年的同期专题中发表了泰戈尔题为《印度本色》（Hindutva）的文章。在这篇文章中，他采纳了勒南的定义，来探索印度人的统一是否意味着构成一个民族。他的答案是，欧洲民族的统一与印度人的统一截然不同。“在长期的战乱和流血之后，欧洲文明统合成一个民族的人民成为同一个种族或种姓（*savarna*）。一旦他们使用共同的语言，遵守共同的穿衣法则，那么他们之间便不存在什么差别。”正如民族需要共同的记忆，它也需要集体遗忘。那些成为民族成员的人必须要忘记自己曾是这个民族的敌人，如果他们能抹去那些记忆，那共同生活的愿望就没有什么障碍了。“一旦双方说着同样的语言，成为同样的种姓，那么他们就会尽释前嫌：他们共同生活并组成共同的实体，这就成了自然而然的。”另一方面，“在战

---

① 同上，第 677－678 页。

② 同上，第 678 页。

乱之后，印度文明将曾经属于不同种姓的人统合到一起。他们天生并不相同。不可能让他们立即就忘记自己与雅利安 jati（根据泰戈尔的定义，也就是种族）的差异。"① 这里，对印度社会来说，以欧洲的方式将诸多种姓和种族统合起来并不困难，但它需要形成另外一种统一体，这种统一体不是围绕国家而是围绕社会（*samāj*）建立起来的。

> 在我们国家，*samāj* 高高在上。在其他地方，通过诸多革命，民族得以保存。在我们国家，*samāj* 在更为漫长的时间内排除万难并保存自己。虽然千百年来我们一直不断有革命、压迫和奴役，但我们并没有彻底沦落，其原因就在于我们古老的 *samāj* 的力量。②

泰戈尔因此论述说，民族的政治团结永远无法让不同种姓的人统一起来。当欧洲国家征服其他国家时，它们永远不会将被征服的民族纳入本民族的共同体内。恰恰相反，它们分而治之，在某些情况下——如在面对美洲人和澳大利亚土著的时候，还会消灭他们。但是印度文明在 *samāj* 内为这种 *jāti*——无论是非雅利安人种、混血人种还是外来人种——准备了一个具体的位置，并试图带来和谐与统一。我们在欧洲的历史中找不到这种社会和谐的类似案例。

97

因此，虽然借鉴了勒南的定义，但是泰戈尔认为民族的基

---

① "Bhāratbarsīya samāj"（1901—1902），*RR*，vol. 12，p. 679.

② 同上，第 680 -681 页。

础是（19 世纪意义上的）“种族”（race）的生物性观念，他将其翻译为孟加拉语的 *varna* 或 *jāti*。今天，我们用更为晚近的社会学语言，将其称为“族裔”或“族裔身份”（ethnic identity）。也就是说，泰戈尔认为族裔是民族的必要基础。他论述说，在很多情况下，欧洲的民族能变得如此强大是因为它所包含的种族并无差别。民族内的每个人都有着同样的肤色、同样的血液，在印度情况却恰好相反。因此想要借助国家的政治统一去构建民族，这无疑是徒劳的。我们得转向由印度文明所生产的社会和谐的古代理念，在这种理念中，种姓或者种族的差别并没有被否定，但大家可以和平相处。这种论述并没有出现在泰戈尔的作品中，只是在 1905—1911 年的抵制英国货运动之前的一段时间内，当他满怀激情地论述印度文明的时候才有所提及。早在 1898 年，他在 *Bhāratī* 杂志上发表了一篇文章：

> 印度的 *jāti* 是世界上绝无仅有的范例。它既可以成为一种特别的 *jāti*，也可能无法完成这个任务……在欧洲，形成民族的根本前提是政治统一。但是印度人从未有过政治统一的事实并不能成为我们没有任何形式的统一的原因……那些在印度 *samāj* 的伟大框架内找到自己位置的人并非有着共同的血统。从南方的达罗毗荼人到喜马拉雅的尼泊尔人，在历史的进程中，各种各样的 *jāti* 因为印度的 *samāj* 走到了一起。①

① “Hindur aikya”（1898—1899），*RR*，vol. 13，p. 29.

98 泰戈尔的解释是，印度人（Hindu）[1] 这个词并不意味着一个特殊的宗教团体；它是一个巨大的社会系统，由诸多种族和宗教群体所构成。“穆斯林（Musalman）意味着一个具体宗教的名字，而印度人并非一个特殊的宗教。印度人是印度历史上诸多种族的总和。”[2]很多天生是印度教徒的人后来成为了基督徒。“因为 *jāti* 他们依然是印度人，但因为宗教他们成了基督徒。”

> 在孟加拉有成千上万的穆斯林，印度人时刻会对他们说，“你们不是印度人。”他们也不断地告诉自己，“我们不是印度人。”但事实上他们都是印度人－穆斯林。绝不难想象的是，在一个印度家庭，一个兄弟是基督徒，另一个是穆斯林，还有一个是毗湿奴派信徒，他们由共同的父母所抚养；事实上，这么想是完全自然的，因为这完全代表了事实真相，并因而是吉祥美好的。[3]

几年之后，在一战时期所写的《民族主义》的讲稿中，虽然泰戈尔不再提及勒南所描述民族的任何美德，但我们依然可以看到，泰戈尔反复提及，欧洲民族表现为一个“同质的种族”。甚至对人们津津乐道的瑞士的“多民族”情况来说，泰戈

---

① Hindu 也有印度教徒的意思。——译注

② “Ātmaparicay”（1912—1913），*RR*，vol. 12，p. 175.

③ 同上，第 174－175 页。

尔也会认为这个国家的人们有着同样的血统。①另一方面，印度所面对的最大问题就是其“种族问题”：印度社会让诸多“种族”都有容身之处，而现在的问题是既要尊重每个种族的独特性，同时还得想办法维持统一性。“这个国家内属于不同人种的各个种族之间交往密切。在我们的历史中，这个事实无论是过去还是现在，都至关重要。”②通过种姓制度来寻求解决方案的尝试并不非常成功。“虽然困难重重，印度也有所成就。她试图对种族进行调节，承认不同种族间所存在的真实差异，然后为统一寻求基础。”③在这些发表于 1917 年的演讲中，泰戈尔明确指出，印度通向拯救之路不在于成为一个民族。“印度从没有真正的民族主义……我坚信，我的同胞们会在与这种教育观念——即国家比人性的理念更为重要——作斗争的过程中，而真正赢得自己的印度的。”④

99

共同体而非国家

不要民族，而要 *samāj*。不要政治的统一，而要 *samāj* 的统一。如果说有一条贯穿泰戈尔政治思想的红线的话，这种观念

---

① “……记住，在瑞士种族可以相互融合，他们可以通婚是因为有着共同的血统。”“Nationalism in India”（1917），in *The English Writings of Rabindranath Tagore*, ed. Sisir Kumar Das, vol. 2（New Delhi：Sahitya Akademi, 1996），p. 463.

② “Nationalism in the West”（1917），in *English Writings*, vol. 2, p. 419.

③ “Nationalism in India”（1917），in *English Writings*, vol. 2, p. 453.

④ 同上，第 456 页。

也包含在他的政治思想内。但是在不同种姓和种族之间维持和谐统一的，到底是印度文明中什么样的社会体制呢？泰戈尔在自己的作品中描述了这种体制。最为详尽的探讨出现于其著名文章“*Svadeśī samāj*”，写于1905年抵制英国货运动最开始的时候。泰戈尔在开头就做出了尖锐的区分：“让外国人满足他们在我们这里所创造的需求，并且为我们持续创造这些需求吧。寇松大人（Curzon Saheb）正积极在缺乏大米的印度人那里创造出对于茶的新的需求。很好，让安德鲁·尤尔合伙公司（Andrew Yule）斟满我们的茶杯……但是我们对于水的渴望却更加真实。”① 泰戈尔的论述是这样的：在英国人抵达印度之前，*samāj* 会主动从事那些能满足人们需求的活动，不需要国家来行使这些功能。国王可以发动战争、打猎，或者有些完全荒废政务，沉湎于享乐。但是 *samāj* 并不一定会受到影响。通过 *samāj* 本身，*samāj* 的职责在不同的人中间得到分配。安排的方式就叫达摩。

> 英语中所谓的“国家”现在在我们的现代语言中被称为 sarkār。sarkār 在印度一直以皇权或者主权的形式存在。但是在英国的国家权力和我国的国王权力之间，还是存在差别的。英国已将照顾国家福利的所有责任都委托给了国家。在印度，国家只有部分的权力……但在英国，从救济贫困到向普通人普及宗教和道德原则，所有事务都依靠国家。但在我国，这些行为都是建立在人民中的达摩体制上的。因此，当国家充

100

① “Svadeśī samāj”（1904—1905），*RR*，vol. 12，p. 683.

> 满活力的时候，英国人乐在其中；而当我们能够维持自己的达摩制度时，我们才感到踏实。①

但是即便我们在过去真的不曾拥有一个一视同仁的主权权力，难道现在我们也不能通过努力建立一个类似的国家吗？泰戈尔的回答是明确的：不，我们不能。他说："我们必须认识到，英国这样的国家是建立在全社会普遍同意的基础之上的；国家的出现是自然而然的，我们不能仅仅通过言语论述就建立这样的国家，无论这样的国家如何令人向往，我们也无法拥有。"②

为了下一部分的讨论起见，这里我们得注意到一个问题，那就是在泰戈尔讨论社会的作品中会频繁出现"自然原则""自然过程""自然规范或法则"等短语。这些词到底什么意思？我们知道，在19世纪晚期，孟加拉关于社会问题的讨论带有强烈的法国实证主义和由斯宾塞和赫胥黎所确立的英国社会达尔文主义的色彩。巴巴托什·达塔（Bhabatosh Datta）③说，泰戈尔的思想包含着普世的法律或者规范原则的观念，这些观念一旦被侵犯，就会带来动乱。达塔认为，这些是实证主义和斯宾塞思想在泰戈尔头脑中留下的阴影。④也许在那个意义上，泰戈尔频繁提及人类社会发展的"自然"进程，这种进程独立于个人

---

① 同上，第684－685页。

② 同上，第685－686页。

③ Bhabatosh Datta（1911—1997），印度经济学家、作家。——译注

④ Bhabatosh Datta, *Aitihya o rabīndranāth*（Santiniketan: Viswabharati, 1996）, pp. 135－136.

行动之外，或者独立于具体的文明或者民族的演变的过程之外。101 也可能是伯克关于每个民族的古代政体以及具体传统——这种传统用其道德原则和价值将一个民族的不同生活方式统一起来——的著名讨论对泰戈尔的思想产生了很大影响。更为普遍的是，我们知道，罗姆莫罕·罗易所提出的宗教观念以及《奥义书》和《薄伽梵歌》中所描述的统治着所有造物的普遍和谐的原则也影响了泰戈尔。在论及泰戈尔的哲学时，甘谷力（Sachin Ganguly）论述说，和谐是泰戈尔的思想中的核心观念，是他所有论述和理论的关键。① 在其英语作品中，泰戈尔将这种理念称为"和谐""根本的和谐"和"普遍的和谐"。② 因此，泰戈尔认为，维持和谐是印度社会组织中特别且根本的特征，这种观念与他总体的哲学思考是相一致的。

每一种文明都有其独有的特征，因此在历史的进程中也要遵循这种特征，无论其源头在何处，这种观念都扎根在泰戈尔的思想中。社会会变化，但是只有那些与其自然特征相一致的转变才会长久。那些没有自然融入主导生活形式的革新必然会变得不合时宜，并最终为 *samāj* 所拒绝。

欧洲文明通过控制差异或者消灭差异而带来同质性，并试图通过这种方式来确立统一。另一方面，印度并没有否定差异，

---

① Sachindranath Gangopadhyay, Pabitrakumar Ray, and Nripendranath Bandyopadhyay, *Rabīndradarśan* (Santiniketan: Centre of Advanced Study in Philosophy, 1969).

② 例如，在 *Sadhana* (1914), *Creative Unity* (1922) 以及 *The Religion of Man* (1913) 等英语作品中。见 *The English Writings* 第 2、3 卷。

在承认这些差异的同时试图让不同的群体各安其位。“将不同的群体汇聚一起，将陌生人变成自己人，与将一切都变成同质的整体不同，在我们的国家中，我们还需要强调这个道理吗?”①承认差异，但同时寻求社会统一，这种安排就是印度的种姓制度。在抵抗洋货运动时期，泰戈尔甚至宣称，如果古代经典(*śāstra*)的书写者知道这个国家还有穆斯林和基督徒，他们所制定的达摩就不会仅限于约束印度的诸种姓，同时“也会用印度samaj 来规定所有这些外来群体，这样彼此之间就不会存在频繁的冲突”②。到了1911—1912 年，当他对抵制英国货运动彻底幻灭时，泰戈尔依然在印度种姓冲突的历史语境中进行写作：“印度的本性不是分裂，印度寻求统一，这就是印度为何在统一的框架内试图包纳多样性的原因所在。”③ 在其随后的《民族主义》讲稿中，泰戈尔关于印度的种姓制度的论述基本类似，并且还提醒美国听众，与征服美洲的欧洲人不同，雅利安人并不试图去同化印度的非雅利安民族，而是在承认其他民族差异性的同时，将这些民族包纳在整个社会内。当然，到了1917 年，泰戈尔对印度种姓制度的僵化和不公正有了更为明确和清晰的看法：“在其种姓规范内，印度承认差异，但并不承认作为生活法则的易变性。为了避免冲突，印度设立了各种不可动摇的界限，因而给印度诸多的种族带来了和平与秩序这些消极性利益，但并

102

① Appendix to “Svadeśī samāj” (1904—1905), *RR*, vol. 12, p. 706.

② 同上，第704 -705 页。

③ “Bhāratbarśe itihāser dhārā” (1911—1912), *RR*, vol. 13, p. 164.

没有带来扩张和运动的积极机遇。”① 但是泰戈尔同时也坚持认为“印度最开始对种族的差异就采取宽容态度，这种宽容精神一直贯穿印度的历史，其种姓制度就是这种宽容精神的后果”②。这时他坚信印度的理念“既非世界主义那种不看肤色的含糊，也非自我偶像化的民族崇拜”③，而是通过对种族和共同体差异的双向承认，达成社会统一。

泰戈尔对印度种姓制度的意义和理念的理解，与欧洲的东方主义者和现代印度评论家的观念相一致。这种阐释最为成熟的版本出现在 20 世纪法国社会学家路易·杜蒙（Louis Dumont）的作品中。④这里需要强调的是：我们在 21 世纪所常见的批判——既针对种姓歧视实践的，也针对种姓制度造就社会和谐的理念——在泰戈尔时代的讨论中是完全缺席的。在抵制英国货运动时期，泰戈尔关于印度社会的和谐观念既广为人知也广为接受。

103

祖　国

让我们回到泰戈尔。不是民族，而是 *samāj*。不是国家的政

---

① “Nationalism in India”（1917），in *English Writings*，vol. 2，p. 460.

② 同上，第 2 卷，第 459 页。

③ “Nationalism in the West”（1917），in *English Writings*，vol. 2，p. 419.

④ 尤其见 Louis Dumont，*Homo Hierarchicus*：*The Caste System and Its Implications*，tr. Mark Sainsbury，Louis Dumont，and Basia Gulati（1970；rpntd Delhi：Oxford University Press，1998）.

治统一，而是 *samāj* 的社会和谐。如此说来，*svadeś*(祖国，字面意思是自己的国家）这个频繁出现在泰戈尔——抵制英国货运动以及之后时期——作品中的词的正确意义是什么？他写于1920—1921 年不合作运动时期的一篇文章中直接处理了这个问题，而这段时期是印度民族主义政治的关键转型期。

> 英国人在印度，这是个外在事实，存在着 *deś*，这是我们内心所知道的。我们内在的真理才是永恒真理，外在事实只是表象，即 *māyā*……英国在印度的崛起这个事实可以采取诸多形式。今天它是以英国人的形式表现出来的，明天它可以以另外一个更为恐怖的外国力量表现出来。如果我们试图用弓箭赶走让我们臣服的外来野兽，那只是改变野兽的颜色并消解我们的努力。但是我拥有自己的 *deś*，这是真理。一旦我们认识到这个真理，外在表象的就会自动消失。①

我拥有 *deś*，这是真理。这里是作为不证自明的真理提出来的，其意义是什么？我拥有 *deś*，是因为我出生在这个特别的领土之上吗？或者说，我拥有 *deś*，是因为我在一个特殊的地理 - 文化环境中成长所致吗？不，这些都不是原因。

104

> 我拥有 *deś*，这样的知识源自于探索。那些认为因为自己出生在这个国家，所以这个国家就属于他们的

① “Satyer ahvān”（1921—1922），*RR*, vol. 13, p. 293.

> 人肯定是受到了这个世界的外在事物的迷惑。但是，既然人类的真实品格在于他或她的浸染自我创造（*ātmaśakti*）的力量的内在本性，只有个人自己的知识、智力、爱和努力所创造的国家才能算是自己的*svadeś*。①

我认为理解泰戈尔关于民族的思想的核心就隐藏在上面的引文之中，我的*svadeś*并不只意味着地球表面上所占据的领土，它并非只由自己的地理或自然资源所构成，它甚至不是由千百年来在土地上定居的群体、共同体或民族所构成的。也就是说，我的*svadeś*并非只是我生来就继承的遗产。我的*svadeś*是我与其他人通过我们的知识、智力、爱和努力所共同创造出来的某种东西。我的*svadeś*是我们想象的产物，追求的对象——它是我们必须争取的对象。

这里，泰戈尔已经偏离了勒南的定义，即他的论述起点。在抵制英国货运动时期，他坚定地宣称，印度不存在民族，想要引入这个概念纯属徒劳，因为欧洲和印度的社会体制和历史境况截然不同。与其寻找民族，不如激活并重建*svadeśī samāj*，确立自我创造的集体性力量。国家中每个居民与*svadeś*的关系必须是个人性和日常性的。但是这种日常共同体生活的亲密的个人关系只有在小村庄内才可能，这些关系如何能在整个国家内成长？

---

① 同上，第293页。

> 我们只能让一个小村庄真正成为自己的，并且完全履行职责。但是我们一旦扩大半径，就不得不使用机械（machinery，*kal*）。我们永远不能像看待村庄那样看待国家。这就是我们不可能以非中介的方式去服务国家的原因，我们必须借助机械的力量，我们尚未拥有这种机械，为此我们必须从国外进口。除非我们准备好所有的工具和配套流程，不然这类机械不会自动运转。①

105

泰戈尔所谓的机械指的是现代国家的机构——政治组织、代表性团体、寻求参与权的运动、选举等。他没有否定这些机构形式对于 *svadeśī samāj* 的建构的必要性。这里有必要指出，泰戈尔在孟加拉 1905—1906 年抵制英国货运动时期，甚至为*svadeśī samāj* 准备了一部宪法。这里所谓的 *samāj* 并非传统印度某种共同体生活的形式，而是现代西方意义上具有结社性质的“社会”：“我们决定共同建立一个 *samāj*。”任何一个人都可以成为那个社会中的一员：“所有的孟加拉人都可以加入 *samāj*。”我们可以随意离开这个社会。这个 *svadeśī samāj* 应该有内阁大臣、委员会、选举和少数服从多数的原则。②这些就是机械。在论文“Svadeśī samāj”中，泰戈尔将这种另类民族称为 *samāj-rājtantra*，字面意思是“社治”（sociocracy）或者社会的统治。

---

① “Svadeśī samāj”（1904—1905），*RR*，vol. 12，p. 693.

② “Svadeśī samāj sambidhān”（1904—1905），*RR*，vol. 12，pp. 744 - 748.

> 我们必须安装这种机械。无论这些操作程序来自哪个国家，我们都必须接受，不然一切都只是空谈。然而，即便完全接受那些要求，我们必须同时强调，印度不能只依赖这些机械：除非直接体会到我们心底的个人感情，不然我们真正的自我就不会被引向这种机械。无论你接受还是拒绝，赞美还是诅咒，这就是事实。①

甚至在抵制英国货运动时期，泰戈尔也没有否定“机械”即政治组织的必要性，虽然他不断提醒自己的听众和读者，机械还远远不够。根本的缺陷在于这种机械是从别处进口而来的，它不是我们自己自然的产物。可以在我们的政治集会中发现这种例子，在这种集会中，闲话泛滥，言不及义，但这与我们的本性完全相符。

106

> 就好像我们参加新郎的婚礼一样：对于食物、旅行、休闲和娱乐的期望完全超出了组织者的承受能力。如果他们问：“你在这里是为国家而非为我们服务的；为何我们要给你们提供饮食、住所、饮料和马车呢?”——事实上这是一个很有道理的问题。但是难道我们的本性不就是宣称这些责任与我们无关，从而推卸掉吗？……我们不愿将自己的工作与自己心中的感情分开。②

---

① “Svadesī samāj” (1904—1905), *RR*, vol. 12, p. 693.

② 同上，第691页。

然而，随着时间的推移，确立政治组织这种机械的信念慢慢蒙上了阴影。在抵制英国货运动的历史中，萨卡尔描述了泰戈尔满怀激情的参与以及不久之后的退出所具有的意义。①在《庶民研究》的一篇文章内，古哈表明，泰戈尔认为抵制英国货运动的某些时期——如反对这场运动的社会抵制，尤其是穆斯林的抵制——预示了这场运动的根本失败。古哈论述说，这种失败反过来可以归因于印度民族主义运动无法取得社会领导权这个事实：强制的程度远远超过同意的程度。②

泰戈尔认识到这种失败是民族的政治组织产生的不可避免的结果，这一点可以从他后来的很多作品中明确看出。在其《民族主义》讲稿中，泰戈尔将民族定义为一群"为了某种机械目标而被组织起来"的人们。在其讲座的书面版本中，他将民族大写，并指出其两个缺点：其一，民族是一个组织或者机械；其二，民族目的是为了取得某种狭隘和自私的目标。在泰戈尔看来，真正的社会并没有任何不可告人的目标，它只是每个人通过自己与他人的关系对内在自我表达进行调节的"自然"安排。这种安排的一个相对次要的方面是安全，随后治国术就成为主要诉求。但是治国术涉及物质性力量的实践和技术，在那

107

---

① Sumit Sarkar, *The Swadeshi Movement in Bengal 1903—1908* (1973; rpntd Ranikhet: Permanent Black, 2010).

② Ranajit Guha, "Discipline and Mobilize", in Partha Chatterjee and Gyanendra Pandey, eds, *Subaltern Studies VII* (Delhi: Oxford University Press, 1992), pp. 69 –120.

里没有追求人类生命灵性目标的空间。不幸的是，欧洲在科学与组织的协助下，认识到它可以将物质性力量扩展到让全世界都任凭自己支配的地步，让它可以在全世界范围内对财富予取予求。这就导致不同民族为了争取更大武力和物质财富的竞争，其结果就是人类不得不面对帝国主义的恐怖以及世界大战。[1]单纯争取民族物质利益的政治组织或“机械”永远也无法实现所有人的福祉，事实上，它更可能会导致灾难。

> 即便全世界都认为物质满足是人类生活的终极目标，印度永远也不能接受：这是我从我们命运的主宰那里所追求的福祉。在此之后，如果我们获得政治自由，很好。如果没有，那让我们不要用被污染的政治垃圾来阻碍通向更高自由的大道。[2]
>
> 我们有些年轻人，醉心于外国酿酒厂所输送的政治酒精，现在已经起了内讧。他们让我时常想到，虽然我们已经有很多“土生土长”的犯罪，但是那些进口外来犯罪的人让我们的罪恶更加难以承受。[3]
>
> 我们向已然行将就木的西方去祈求自由。这个垂死挣扎的西方能给我们什么？取代旧有国家体制的新的国家体制？……我们永远也不会因为别人慈善的礼物而获得自由——不，永远也不会。自由属于我们内

① “Nationalism in the West”, in *English Writings*, vol. 2, p. 421.

② “Choto o bado”（1917—1918）, *RR*, vol. 13, p. 258.

③ “Bātāyaniker patra”（1919—1920）, *RR*, vol. 13, p. 281.

在的自我。①

毋庸多言，泰戈尔批判民族只是西方国家的组织，这种观念并非源于某种对于印度辉煌的本地主义（nativist）的骄傲。的确，他经常讨论达摩的理念，他认为这是印度雅利安文明的道德基础。他不断提及这个基础，认为这是印度文明的自然特征，或者印度必须走的独特的历史道路。但是他思想中占主导地位的还是这种理念的普世性，即化差异和新异——这又是一种向善之力——为己身之物。这种对普世性的渴望驱使他用最强烈的语言去谴责印度宗教中那些正统的宗教仪式或者种姓带有压迫性的歧视。同样的渴望让他宣称，他的 *svadeś* 的理念不应该限于任何特殊的民族，而应放之四海而皆准。另一方面，泰戈尔对现在现代西方社会组织所表现出的对自我利益这种机械追求的批判，不能与社会主义或者马克思主义的批判相混淆。那么评估泰戈尔政治思想的合理框架是什么呢？

108

有时人们会指出，泰戈尔关于 *svadeś* 的理念与甘地关于自治（*svarāj*）的理念接近。但事实上，两者似同实异。虽然二人互相尊重，彼此友好，但是他们之间著名的激烈争论，很多学者都探讨过。② 这里我只指出一个尚未得到充分讨论的分歧。

今天社会学家之间的一个普遍共识是，无论是诉诸过去的

---

① “Svādhikārpramattah”（1917—1918），*RR*，vol. 13，p. 269.

② 最近的讨论见 Sabyasachi Bhattacharya，ed.，*The Mahatma and the Poet*：*Letters and Debates between Gandhi and Tagore 1915 —1941*（New Delhi：National Book Trust，1997）.

悠久历史还是基于种族、语言或宗教的族裔身份，民族都是一个现代观念。事实上，民族是在过去两百年左右中所产生的想象的政治共同体。"想象的"并不意味"虚构的"或者"虚假的"，而是说，它意味着通过具体的物质性进程和社会机构，将一大群人归类为一个想象性的亲缘关系。民族不是自然的馈赠，它是建构出来的。本尼迪克特·安德森告诉我们，构建民族共

109

同体的真正中介是印刷技术与资本主义的结合。① 报纸、小说、教材、地图、人口调查，各种各样官方和非官方的通知和指南——印刷媒介让这些材料流通，从而创造了民族公共生活的巨大空间，并且让数以百万计的人参与其中。在 20 世纪，广播、电影、唱片和电视成为印刷品的补充。某个国家的角落所发生的政治事件、一场电影、一部电视剧、足球或板球队的胜败，都有可能成为数以百万计的男男女女的活生生的个人经验的一部分。虽然个人之间彼此分离，但是这种对民族事件的经验共享却可以创造出不可见然而又非常深刻的想象性亲缘关系，正是这种关系将他们结合在一起。这不仅与他们外在的公共生活有关。想到我们的个人甚至私密生活——我们的习惯和欲望——在多大程度上由民族这个想象的共同体内的文学、艺术、音乐和广告等所塑造，这的确令人吃惊。将它们斥为"机械的"或者"利益驱动的"似乎有些不合理。

那么问题来了：泰戈尔看待民族的视角不是非常狭隘和有限的吗？难道他创造 *svadeś* 的筹划不是与构建民族相类似吗？从

---

① Benedict Anderson, *Imagined Communities: Reflections on the Origins and Spread of Nationalism* (London: Verso, 1983).

其在抵制英国货运动时期所发表的评论来看，泰戈尔的确认同建构民族的某些过程：

> 文学在我们国家变得日益强大，正逐渐从社会的上层蔓延到社会的下层……如此一来，全国的思想、哀愁和期望都逐渐统一起来。那些原本在国外学校所学到的语词正在成为我们自己的 *svadeś* 的日常词汇，出现在我们自己的文学语言中。①

或者：

> 自治的权利就在我们面前——没有人夺走过，也没有人能夺走。我们可以自己改进村庄和邻里的教育、健康和路面——如果我们有此意愿并且团结起来的话。②

或者想想泰戈尔向大学生所发出的邀请，让他们在 Bangiya Sahitya Parishat（新成立的孟加拉民族文学院）的指导下在国内收集与方言、民间宗教、节日、仪式、故事、歌曲、摇篮曲等相关的材料。泰戈尔这里所提倡的也是我们所熟悉的民族筹划。③那么 110

① "Saphalatār sadupāy"（1904—1905），*RR*，vol. 12，p. 709.

② 同上，第 719 页。

③ "Chātrader prati sambhāsan"（1905—1906），*RR*，vol. 12，pp. 728－729.

我们是否要得出结论，尽管他拒绝民族，但是他关于创造 *svadeś* 的思考，起码是在抵制英国货运动时期，事实上与民族构建的观念并不遥远？*svadeś* 的观念作为一个独立连贯的观念只是出现在他后期的思想中吗？如果我们将泰戈尔与甘地运动之间的关系纳入考量，或许会找到答案。

泰戈尔与甘地

之前我曾提及泰戈尔写于 1921 年非暴力不合作运动期间的文章“Satyer āhvān”（《真理的召唤》）。在这篇文章中，他认为甘地在民族政治场景中的出现，代表了真理对抗技术操控的政治的斗争。

> 在这段时期，圣雄甘地出现在数以百万计的穷人面前——穿着他们的衣服，说着他们的语言。这个人掌握着真理，而这真理与书本无关。这就是为何别人赠给他的这个名字——圣雄的意思是伟大的灵魂——是真正的名字。还有谁会将如此多的印度人视为自己的亲人？……依赖狡计的政治是短命的政治：很久之前我们就应该明白这个道理。圣雄现在向我们昭示了真理的巨大力量。狡计是懦夫和弱者的自然达摩。为了摧毁狡计，我们要深入其中。这就是为何我们国家中还有那么多的聪明人将圣雄的努力视为隐蔽的掷骰子的政治游戏。他们的思想因为被谬误所腐蚀，无法承认那种席卷祖国心脏的爱有着巨大的相关性——事

实上这种爱就是自由，是找到了自己的 *deś*。无论英国人是否还在印度，这都不重要了。这种爱就是自我启示……这就是我所称之为的我的 *deś* 的解放。启示就意味着自由。①

我们应该注意到，在泰戈尔看来，甘地成为数以百万计的印度人的亲人，其方式与书本中的真理毫无关系，但是这是爱与心灵的真理，将这种爱和政治的策略性狡计相混淆就是玷污前者。但是，令他感到沮丧的是，在其试图维持抵制英国货运动的斗争中，甘地运动很快就走上了政治狡计和组织化规训（organizational discipline）的道路。 111

我看到这个国家的头脑正在承载重负。似乎有外在的压力在强迫人们都变得千人一面、众口一词……为什么会有这种强制？……全国人民得到保证，他们将得到自己梦寐以求的东西——时间很快，代价很低……这个国家的绝大多数人在没有争论的前提下——事实上是压制了所有的争论——都愉快地接受印度的自治（Swaraj）在不远的将来就会实现——也就是说，他们放弃了自己做判断的自由并且也剥夺了其他人同样的自由，这不是非常令人担忧的吗？不正是为了摆脱这种邪恶精神，我们才求助于萨满巫师的吗？但是当得知萨满巫师自己就是邪恶精神时，我们的麻

① "Satyer ahvan"（1921—1922），*RR*, vol. 13, pp. 297－298.

烦将无穷无尽。①

如果我们颠倒这个陈述的话，泰戈尔的后悔之情会更为明显。正是因为想要消灭国家狡计的政治，人们才选择甘地作为他们的萨满巫师。现在甘地自己却将策略性狡计和组织性规训的恶魔强加给了人们。不止于此，他还强迫人们接受狭隘的行动纲领，以至于人们的思维一方面会被不停转动的纺车的单调无聊所奴役，另一方面被抵制的狂热所麻醉。

> 强制的苦修并不能涤除我们的罪恶。之前我已说过多次，现在我再次重申，绝对不能让物质利益的诱惑毁灭我们的思想。如果圣雄想要对抗压迫全世界的机械，那我们支持他。但是我们不能再依赖愚蠢、盲目的服从的力量——这种力量正是我们国家苦难和悲愤的根源——去参与这场斗争。我们的斗争就是要对抗这种力量。只有将其驱逐之后，我们才会在我们的身心内外同时得到自治。②

112 差异的前提很明显。人民毫不犹豫地接受了甘地在他们面前所揭示的真理，因为那个真理处于政治之上——没有被组织的机械所束缚，没有被政治狡计的策略性欺骗所玷污。但在一年内获得独立的承诺或者纺纱和抵制运动又将组织性政治的策

① 同上，第298－299页。

② 同上，第303页。

略性欺骗带了回来。“追求独立是个简单的问题；沿着一两条窄路就可以达到目标。”①

> 我们的麻烦无穷无尽，因为我们总是混淆宗教的仪式和宗教的永恒真理。正是这种根深蒂固的古老习惯的力量让纺车和手织的印度土布有可能作为印度独立的最重要的宗教任务而上街游行……圣雄将拉姆莫汉·罗易称为侏儒——但在我看来，这个罗易却是现时代最伟大的人物，这反映了他的内在性情已经将圣雄的行为引向了我的达摩观所无法接受的方向。②

毫无疑问，正是泰戈尔经常提及的作为“机械”的组织性政治的强制为他提供了与甘地不同的原则基础。泰戈尔毫不犹豫地将圣雄视为国家的领袖，因为他代表了超越政治的造作和外在于书本的真理。在印度，人们渴望看到他们的独立通过一位领袖表现出来：这是泰戈尔早在抵制英国货运动时期就已指出的，“我们想要通过一个特定的人物来思考印度独立。我们需要一个能够完全代表我们的 *samāj* 的任务，通过他，我们就可以崇拜并服务伟大的 *svadeśī samāj*。通过与他的接触，我们可以接触 *samāj* 的所有成员……在这个时候，我们需要我们 *samāj* 的领袖……我们需要一个核心，可以为我们各自分散的努力提供指

① “Svarājsādhan”（1925—1926），*RR*，vol. 13，p. 336.

② “Carkā”（1925—1926），*RR*，vol. 13，pp. 335 -336.

导"①。泰戈尔支持这个提议并认为，这不仅是印度文化的一部

113 分，同时也是东方的品格。日本士兵让西方的将军彻夜无眠的原因是他们"超越了机械……他们每个人都与天皇相关联，并且通过天皇与整个国家相关联。他们完全投身于这种关系……日本正在昭示，机械可以与心相通"②。

泰戈尔"领袖"的概念依然有些含糊。虽然一方面他无法接受现代政治体制中的机械组织，但另一方面，他的确认识到人们有团结起来的必要，组成比村庄或者地方性群体更大的群体，这可以称之为现代意义上的 *svadeś*。但是个人性的亲缘关系如何在 *svadeś* 的大共同体内确立起来呢？我们了解到，泰戈尔并没有将众所周知的想象和构建民族的文化技术纳入考虑，如报纸、小说、学校课本、地图和官僚通告。我认为，纺纱机、印度土布、甘地式的无边白帽以及与这些物件相关联的各种仪式、纪念和情感，所有这些在想象印度民族的过程中起到了重要作用。但是泰戈尔认为，这些属于一个更大机械的规训性工具，应该尽量避免。因此，他似乎在寻找一位领袖，通过其性格和理想主义，赢得所有人的爱戴，并且为巨大的亲缘关系网络提供一个核心。国民之间亲密的团结关系会在这个人身上反映出来。

但是 *svadeś* 不只是想象亲缘关系的容器。想要成为 *samāj*，就得提供某些常规的日常服务。甘地说："转动纺车。这是服务祖国的最好方式。"泰戈尔不同意。有趣的是，分歧的主要原因是

---

① "Svadesī samāj"（1904—1905），*RR*，vol. 13，pp. 693 -694.

② 同上，第690，695页。

没有科学依据支持继续转动纺车。

> 我准备要焚毁外国产的布，这不是一句口号。让那些有专业知识的人收集足够的证据，给我们提供有效的解释，哪些经济政策能够纠正我们国家在布匹的问题方面所犯的错误……建立 swaraj 需要广泛的知识；建设的方式是艰难而漫长的。这些不仅需要愿望和激情，同时也需要对事实的调查和判断力。需要经济学家、技术专家、教育专家和政治理论家等的通力合作。①

114

问题是：泰戈尔所提及的这个基于信息和科学之上的真正独立的经济体制，不也是根据机械的逻辑运行的吗？我们还知道应用不一样逻辑的其他科学吗？那么用科学反对纺纱机的意义何在？无论答案为何我都认为，泰戈尔关于 *svadeś* 的观念和甘地的独立理念没有任何相似之处。阿希斯·南迪（Ashis Nandy）论述说，泰戈尔依赖印度文明的古典大传统去反抗民族观念，而甘地则相信民间文化的小传统可以在民族主义政治内部对民族进行批判。但是两人殊途同归——承认爱国主义但是拒绝民族主义的反－国家主义理念。② 对泰戈尔的解读告诉我，他批判甘地的运动是因为后者依赖组织和政治的人工造作，从而被国

---

① "Satyer āhvān"（1921—1922），*RR*，vol. 13，pp. 303，300.

② Ashis Nandy，*The Illegitimacy of Nationalism*：*Rabindranath Tagore and the Politics of Self*（Delhi：Oxford University Press，1994）.

家主义所玷污。另一方面，当他用信息和科学去批判手动纺纱时，他自己也陷入了同样的国家主义思维框架。说泰戈尔没有认识到国家的必要性，这并不正确。在论及很多关键议题时，他特别提及了现代国家的作用。例如，关于全民教育："如果国家没有（通过教育）打开（普通人的）思想和想象，那么慈善家们开设夜校的努力就是杯水车薪。这是因为，只有当读写能力在这个国家真正普及时，才是真正有用的。"① 因此，我认为，泰戈尔和甘地反对现代国家的程度和意义有所不同。

与甘地的计划有所不同，泰戈尔提倡建立合作社（coopera-115 tives）。合作社运动在欧洲社会主义和激进民主传统中有着漫长且复杂的传统。泰戈尔自己就直接受到爱尔兰的合作社的影响。这里无法讨论泰戈尔思想的这个重要方面，以及他在斯里尼克坦（Sriniketan）所亲自实践的合作社。但是有一点需要强调，泰戈尔反对甘地独立的计划是因为这个计划太狭隘：它没有将人类生活的方方面面都包纳其中的理念。

> 因为这个原因，我认为如果想激发全国人民去真正追求独立，我们必须将独立的图景直接呈现在所有人面前。这个图景目前可能还不够全面，但是我们必须坚持将其变得全面真实……在我看来，我们不能将独立的任务限于纺线，还要在全国一步一步地推广。全体人民的福利是诸多努力结合的结果……如果哪怕一个村庄的居民可以通过自我创造的努力让整个村庄

---

① "Lokahit"（1914—1915），*RR*, vol. 13, p. 228.

> 成为自己的，那么寻求独立的努力就可以在那里开始。①

我们又一次得出这个结论，构建独立的理想空间仅限于一个小村庄。不难推论，一个村庄的榜样可以为其他村庄所复制。但是全面（comprehensiveness）的理念如何能够在不使用“机械”的前提下进行复制，这一点泰戈尔并没有解释。② 甘地的独立计划的确提供了解决可复制性问题，这就是为何甘地运动虽有其限制和矛盾——我们不管甘地对这个问题的个人看法——已经成为印度民族、印度民主和大众政治文化的组成部分。甘地式的非暴力不合作运动的具体技术在美国、南非、巴勒斯坦等地方的诸多运动中都得到了大范围的使用。相比之下，泰戈尔关于合作社的思想则基本上被人遗忘了。 116

---

① “Svarajsadhan”(1925—1926), *RR*, vol. 13, pp. 341 –342.

② Pradyumna Bhattacharya 在其论文《走向马克思》(Markser dike) 中论述说，泰戈尔的自我能量（self-energy）包含了与后期马克思相类似的现代共同体观念。Pradyumna Bhattacharya, *Tīkā tippanī* (Calcutta: Papyrus, 1998), pp. 173 –202. 泰戈尔无疑有着共同体的观念，但是他所设想的共同体的范围非常有限，与马克思所想的俄国农民公社或者甘地关于独立的设想有很大不同。关于小说，我们可以看 Tarasankar Bandyopadhyay 的 *Ganadebatā* 或者 Satinath Bhaduri 的 *Dhorāi-carit-mānas*，关于农民公社的横向扩张在泰戈尔的 *Gorā* 和 *Ghare bāire* 中完全缺席。

一个小村庄中的祖国

但是，在建立农村合作社的努力过程中，泰戈尔也的确提出了现代社会和经济生活状况下的共同体这个中心问题，以及民族作为共同体所采取的具体形式。正如阿索科·森（Asok Sen）所指出的，泰戈尔完全注意到了民族形成所需要的物质材料，如印刷文学、教材、图像等的流通，他自己也大量使用这些技术。[①] 事实上，如果正如本尼迪克特·安德森所强调的，问题在于泰戈尔有效使用想象民族的文化技术，那么答案就很明显，无须论述。个人为数以百万计的人构建出如此多的民族文化资源——从语言到诗歌，从戏剧到音乐和绘画等——这在全世界范围内恐怕都绝无仅有。泰戈尔在过去的两个世纪中也许是全世界最为突出的民族文化构建者。

这个事实让我们惊叹，但是却没有提出任何有待解释的问题。然而，真正提出严肃问题的，是泰戈尔自己对现代民族观念清晰、有力且反复表达出来的反对态度。我们如何解释，民族文化的主要建构者同时又是民族主义最为强烈的批判者？森试图通过如下解释来消除这个悖论：泰戈尔并不反对民族本身，只是反对表现为竞争性、权力欲和追求自利的民族主义形式。但毫无疑问的是，泰戈尔在《民族主义》讲稿以及之后关于这个主题的所有写作中论证的全部要点，都在警告自己的国家和

117

① Asok Sen, "Rājnītir pāthakrame rabīndranāth", *Bangadarśan*, 11 (July-December 2006), p. 100.

全世界，西方世界的民族主义通过科学和资本主义的力量，已经取得了统治一切的全球霸权。他论述说，例如，日本的民族主义狂热地想要像西方那样具有侵略性，并且不可一世，甚至在印度，这种民族主义狂热似乎也在席卷全国。对泰戈尔来说，作为现代民族国家意识形态的民族主义代表了当下世界所有的谬误。说泰戈尔是一个民族主义者，想要一种非竞争性，没有侵略性的民族，这样权力意志就可以被协作所消解，也就是说，认为泰戈尔是一个温和、友好、非暴力的民族主义者，在我看来这是对他思想的嘲弄。我们必须认真对待泰戈尔对民族主义的严厉批判。

正如森自己所承认以及认真记录的那样，泰戈尔的确竭尽心力去思考与现代民族国家不同的一个大的共同体所应采取的政治形式。这种追求始于1905年的“Svadeśī samāj”。我们知道，虽然存在某种将传统达摩理想化的观念，认为可以将其作为联结着包含成千上万村庄的大共同体的道德纽带，但是泰戈尔对*samāj*的真正构成的描述遵循的却是自由主义原则，如自由参与、选举、协商会议、委员会等。但随着时间推移，以及对印度和其他地方宪政的观察，泰戈尔对选举式的代议制的观念发生了改变。他也许会勉强认同这代表形式作为现代政治生活必不可少的装置或“机械”所具备的工具性价值，但是他肯定不会同意那些自由主义理论家，后者认为民主的核心就在于确保代议制过程的公平正义，而不再预先断定结果的好坏。对泰戈尔来说，好的结果也许更为重要。随着甘地所领导的群众运动的出现，泰戈尔希望遵循*svadeśī samāj*路线的新的共同体形式可以浮现出来。他的希望破灭了。

于是泰戈尔开始尝试在“两三个村庄内”构建另类共同体。118 森非常准确地强调这些试验对我们评价泰戈尔的政治观念所具有的重要性，但我觉得，森并没有认识到泰戈尔从我们所熟悉的文化技术中所借鉴的方法与民族构建的故事之间所具有的重要区别。泰戈尔认为甘地的非暴力不合作运动狭隘、片面、没有灵活性甚至还带有强制性。他想要创造性地构建出一个能够包纳人类生活各个方面，并且尊重多样性的新型共同体。而这需要一位典范性的全身心投入的领导、共同体中的每位成员之间都建立起直接的个人亲缘联系、同情以及依靠合作社精神去解决当地问题的具体和有计划的活动。森回溯了 1940 年斯里尼克坦（Sriniketan）地区在对抗疟疾时所取得的成功。① 但这些方法虽然适合在地方进行共同体建设，但要建设数以百万计的人所构成的想象的民族共同体，绝不会采用这种方法。

这个结论无论对我们理解泰戈尔在思考另类于民族形式的政治形式的努力所具有的独特性，还是对我们理解 20 世纪在小型区域内建立大型政治共同体形式的诸多试验——无论是民族共同体、社会主义共同体还是其他什么共同体，都非常关键。地方试验所具有的鲜明特征就在于，它保存了面对面的共同体的直接性，使用强烈的个人记忆这个巨大资源去激发信任，并创造更为微妙的解决方式。不仅是泰戈尔，而且从甘地本人到甘地的追随者再到由共同体梦想所激发的不计其数的有志之士，很多人在过去的一个世纪的印度乡村中展开成百上千的地方共同体建设，有些可能是因为对逝去的田园世界的怀旧之情。虽

① 同上，第 80 页。

然没有很好的解释，但这依然是印度现代思想史上值得大书特书的事实，即大多数的乡村合作共同体的建设者都是城市中长大的中产阶级活动家，他们将发现现代印度村庄——而非城市——的新形式视为自己的志业，但这并非我们要讨论的问题。 119 在过去一个世纪内，在政治性地动员起来的群体间不断发生暴力和冲突，但无疑的是，在共享的信任与宽容的熟悉界限内，面对面的地方共同体为包容多元性，甚至是某些异常行为以及某种程度的暴力，提供了诸多文化资源。这是大多数活动家和思想家在关注地方共同体时所关注的方面。南迪在处理印度多元宗教之间的社区暴力时，就这个问题做出了有力的论述。①

关键的问题是：这种新的地方共同体如何扩大自己？它如何能成功地以自身为蓝本，生产出更大的政治共同体？关于这个问题有两个可能的解答。一个是认真对待地方性的差异，认识到每一个地方共同体都体现了社会关系的具体结构和地方记忆的独特传统，所以都是独一无二的。共同体的制度和实践在一个地方所表现出的形式有效，在其他地方就未必。因此，一个村庄所发展出的某种形式不能直接为其他村庄所照搬，每个村庄都必须发展出合适且独特的共同体形式。从这个立场出发，我们很难看出，像民族这样一个巨大的政治共同体形式如何被想象出来。显然，作为共同体的民族不是几千个村庄的简单叠加，其共同体感必须作为一个单独的构建物被想象性地生产出来，其组成部分必须在同一个平面上共同存在。这正是民族建

① Ashis Nandy *et al.*, *Creating a Nationality*: *The Ramjanmabhumi Movement and Fear of the Self* (Delhi: Oxford University Press, 1997).

设的文化技术所能处理的问题。然而地方共同体建设所采取的面对面方式永远不可能完成这个任务。日常生活中的熟悉、同情或者创造性地利用本地资源来解决本地问题的能力，这些品质在当地范围内非常关键，但对民族建设来说毫无用处。

我们可以通过一系列的中介来处理这个问题，如国家机关、政党或者志在成为国家的大型的组织化的政治运动，这就是甘地的议会以及在民族和地区范围内产生影响的其他运动所追求的理想。地方共同体也许会得到允许甚至鼓励，去拥有地区自主性，但这必须在“民族”机构所设定的范围内。地方与民族之间的中介机构因此起到了指导和控制的功能，同时还有确立行为规范和规训法则的职能。地方的自主性必然成为独立生产出来的“民族”的附属物。

泰戈尔沿着对甘地式运动的质疑，认为自己不必再认同国家或政党的机构。他认为这些机构将地方的创造性能量误导进了我们所熟悉的基于控制、规训以及竞争性的自我扩张的西方民族国家形式中。因此，泰戈尔后期思想的明确特征就是坚持建设新的充满多样性和创造性的地方共同体，同时期望这种共同体能够成为整个国家的榜样，并且不会将指导性角色让给任何高高在上的同质化国家或类似国家的政治机构。与这样的思维方式不同——这种思维方式在20世纪30年代晚期产生了诸如由尼赫鲁和苏巴斯·钱德拉·鲍斯（Subhas Chandra Bose）这样的国大党年轻左翼所领导的印度计划委员会等，泰戈尔认为应该推广地方的新鲜事物，同时维持面对面共同体的直接性。以对抗疟疾的斗争为例，民族主义的国家领导人也许想的是全国范围内的计划，利用各种科学手段、民族的文化技术以及国家的控制力量（这其实正是印度在20世纪五六十年代消灭疟疾的方式），但是作为政治思想家的泰戈尔并不认为这种方法是想象民族共同体的方式。

地方试验如何在更广大的范围内复制，还有另外一个答案。这里，地方的创新并不试图成为全面的和总体性的，它并不想要彻底去重塑共同体，它想要以合适的机构去展开具体的实践。当在地方取得成功时，这些机构可以形成一系列的技术形式，而这些形式就可以在摆脱地方的约束后，移植到其他地方。这些最初在地方共同体进行的试验成为了技术，在诸多不同语境中得到广泛普及，并且在民族甚至全球的范围内扩大，与之相关的有很多例子。我们且提及孟加拉的一个例子，想想吉大港（Chittagong）① 的一位大学青年讲师在孟加拉这个新的民族国家诞生之后所作出的创新吧。出于同情、热情以及消灭自己周围的贫穷的迫切心愿，他聚集了一些合作者，筹集了一小笔资金，开始了一项为农村妇女提供小额贷款的计划，试图增加她们的收入。这项试验的最为有趣的特征在于，它建立在面对面共同体所特有的相互信任和依赖的基础之上，但并不想要去拥抱或改造当地共同体本身。众所周知，穆罕默德·尤努斯（Mohammed Yunus）的小小创新最终产生了微额贷款的技术，而这种技术在全世界的很多地方展开。从其影响来看，这可能是20世纪孟加拉当地共同体的最具影响力的创新。作为技术，其实践已经被资本的流通以及政府权力所借用。但既然都是技术，这些实践在原则上也可以为反抗资本或政府权力的力量所借用。这

121

① 孟加拉国的第二大城市和繁忙的国际港口。——译注

些问题是我们当下政治生活的重要组成部分。

如果我们跟随泰戈尔批判甘地土布计划的思路——即这个计划只关注一个方面，忽略了影响社会生活的事物的多样性和复杂性——那么我们就只能得出这样的结论：泰戈尔不会认同那些旨在生产出作为地方创新的可复制的经济或政治技术。对他来说，这就意味着将社会生活的“机械”置于其真正精神之上，而这种精神只能在面对面的共同体生活的总体性和直接性中找到。除非我们想要抛弃泰戈尔作品中最具原创性和最富有感情的论述，否则我不知道我们还能得出什么其他结论。

在20世纪有过诸多尝试，想要确立能够在全国范围内推广的地方共同体模式。这些地方性的努力都积极介入面对面的共同体的错综复杂的情况中，并且依赖当地领导积极持续的介入。122 正如我们所见，泰戈尔是这种思考的卓越代表，但是他也只是诸多类似思想家和活动家的一员。我坚持认为，这种创生新的地方共同体的尝试，不可能提供另类于民族这个大的想象的共同体的模式，甚至不可能为新的另类模式提供任何启发。面对面共同体的道德德性与民族的政治世界没有任何关联，后者的伦理行为应该由完全不同的标准进行评判。因此，对于当下的后殖民政治来说，泰戈尔的政治思考基本不相干。

泰戈尔和道德的美学

目前为止我已经证明了，将泰戈尔解读为介于全盘西化和自我孤立的传统主义之间的温和的反殖民主义的民族主义者，这种看法是错误的。事实上，泰戈尔对现代民族的观念持强烈批判态度。在其成熟的作品中，这种批判涉及对现代民族国家的政治组织及其策略性和修辞性狡计实践的质疑。泰戈尔存疑的是，现代的政治组织强加了一系列的规训性约束和集体要求，这些约束和要求太过狭隘，太具强制性，无法满足人类生活多样性的需求。这也是他不同于甘地国大党的原因所在，后者是印度民族主义运动主要代表。作为另类实践，他试图在农村的一小片地方上建立新的共同体，这种共同体不仅可以消灭传统社会的非理性和非正义，而且也生产出现代的社会形式，同时可以维持面对面共同体的直接性。但难以解决的问题是，这种地方小共同体在不借助现代民族建设技术的前提下，无法在国家范围内复制推广。因此，泰戈尔取代现代民族国家的共同体的观念，无论在其生前还是身后都找不到政治支持。但是，泰戈尔的立场依然是批判民族国家及其政治代议过程的道德典范——这种道德主要是美学的。这一点在后期泰戈尔那里表现得最为明显。

那么，在泰戈尔生命最后的政治作品中，我们能得到什么新东西呢？让我们看看下面一段引文。 123

> 与欧洲的接触一方面让我们认识到了统治自然界的普遍的因果性法则，另一方面也让我们认识到了纯粹的道德观念，这种观念是不会受到经典或仪式传统的教导或者由任何种姓或阶级所强加的规范所约束的。因为我们的弱点，我们在最近的政治生活中一直试图基于这些理念来促进改变。……但是在我们的家庭和社区中，在我们的社会生活中，个人自主和尊严的理

> 念，或者无论何种种姓或阶级都有权得到平等对待的理念，还没有完全进入我们的内在。①

这些话可以用在任何相信西方自由主义原则的人身上。这里，关于自由权利的理念和实践是否可以在印度的土地上“自然地”生长出来，泰戈尔并没有表达任何质疑。但是在写作这篇文章的两年以前，他在论及印度的印度教徒社区和穆斯林社区的关系时做过如下评论：“我们要从根本上团结起来；不然不会有好的结果。在过去，我们的确相亲相近；即便认识到彼此的差异，我们还是互相亲近。”然后他加了如下一句令人吃惊的话：“我的大部分佃户都是穆斯林……（在我们的土地上）目前还没有任何麻烦。我认为，原因就在于我和穆斯林佃户之间的关系是自然的、没有障碍的。”②这里没有自由主义的平等权利或法治的空间。和平与正义依赖的是地主和佃户之间“自然的”个人关系。

我们注意到，在泰戈尔生命中的最后两年，他对于政治活动表现出了深深的失望。

> 反抗非正义的真正源泉已经枯竭了。我已丧失希望……曾经有过这样一段时期，人们能够凭借武力和勇气进行战斗。但现在有了不仅是基于有教养的智识而且还依赖金钱的巨大力量的科学。但是我们需要空

---

① “Kālāntar”（1933—1934），*RR*，vol. 13，pp. 212 –213.

② “Hindu musalmān”（1931—1932），*RR*，vol. 13，pp. 366 –367.

> 虚的保险柜和没有被集体行动的规范所规训的大众动员，来进行战斗。其力量要么尚未复苏，要么在盲目发展……我们看到这么多没有教养的大众。他们也许可以用来打破权力的伟大仪式，但是他们无法结出具有永恒价值的果实。事实上，一旦面对野蛮的力量，这些人就会逃之夭夭，如鸟兽散。①

124

当然，最后还有他绝望的呼喊：

> 同时，野蛮的恶魔放弃了一切矫饰，爪牙毕露，准备在毁灭的盛宴上将人类撕碎。从世界的一端到另一端，憎恨的毒气让一切都变得昏天暗地。潜伏在西方心灵中的暴力精神最终爆发出来并玷污了人类的精神……我曾经一度认为，文明的春天会肯定会激活欧洲的心灵。但今天我已准备离开这个信仰彻底破产的世界。当我举目四望，这个令人骄傲的文明坍塌成废墟，到处都是断壁颓垣。②

那我们是否可以说，人类生活中的善、和谐与自我创造的理念——正是这些理念引导着泰戈尔全部的社会和历史的思考——在其生命的最后阶段被抛弃了呢？通过充满活力的 *samāj*、

---

① "Kongres" (1939—1940), *RR*, vol. 13, pp. 384 -385.

② "Crisis in Civilization" (1941), in *English Writings*, vol. 3, pp. 722 -726.

伦理政治的动员和爱国主义，来实现永久的人类幸福的可能性，这种信念完全崩塌了吗？或者现代生活中无法避免的恶，这种更为可怕、更让人震惊的思想，这时已主导他的头脑？

几年之前，阿布·萨耶德·阿尤布（Abu Sayeed Ayub）试图去揭示，作为西方现代主义文学和艺术主要特征的恶的观念，在泰戈尔后期诗歌中已经明显地表现出来，所缺席的是对于这种恶的观念的臣服。① 阿尤布坚持认为，泰戈尔非常正确地拒绝了美学现代主义，因为用阿尤布的话来说，这是"我们当下最为流行的谬误"。我自己很难接受这个判断，或者说，我认为桑查·高希（Sankha Ghosh）的结论更有说服力。那就是，泰戈尔对一战之后文学与艺术中的现代主义的主要风格缺乏兴趣，并没有想要去理解其关注和努力。② 高希指出了泰戈尔在建设和创造这两个概念间所作出的区分，并且提醒我们，泰戈尔认为创造，而非建设，才是人类精神更为重要和真实的表达。当然，泰戈尔的区分并非什么独创。建设是制造某物，结果可以预知，它是功能性或者功利性的。创造则是制造某物，结果不可预知，创造只是出于创造的乐趣。这种区分对于浪漫主义美学来说是根本性的。泰戈尔使用这种区分来论述，西方的现代科学忙于建设，但是人类生活若没有创造便永远也无法找到持久的善。创造的任务必须由东方人民来完成。这与我们之前讨论的关于"机械"的论述遵循着同样的逻辑。当然高希论述说，在卷入关

125

---

① Abu Sayeed Ayub, *Ādhunikatā o rabīndranāth* (Calcutta: Dey's, 1968; enlarged edition 1971).

② Sankha Ghosh, *Nirmāṇ ār sṛṣṭi* (Santiniketan: Viswabharati, 1982).

于现代主义的争论之后，泰戈尔在他生命的最后几年中的确引入了诗歌和绘画的新元素，而这成为我们这些后来者走向现代主义的第一步。问题于是出现了：泰戈尔在他生命最后关于政治、社会与历史的写作中，是否也引入了类似的具有明确现代主义特征的要素？

让晚年泰戈尔最为困扰的现代国家的一个方面就是权力的“科学化”（scientization），也就是试图将人们之间多元的社会交往化约为某些技术规范的尝试，这就是他在早先时候反复批判的“机械”的主宰。在这两者的关系中，就产生了我之前提及的问题。那就是将相互依赖的关系不仅扩大或传播到村庄或社区之外，而且也要扩大到民族范围之外，囊括世界的诸多地区。我们可能还会对我们渴望茶这个笑话付之一笑，但是不可否认的事实是，如果汽油或者电力的供应因为某些原因被切断，那么绝大多数国家的绝大多数人口就会不知所措，自己制造的力量也无助于恢复供应。需要指出的第二个问题是，甚至“机器”也可以制造说服的力量，支持伦理行为并且承诺美好生活。泰戈尔不会承认这些。事实上，我要说的是，他对现代权力技术的复杂操作几乎毫无兴趣。对他来说，这些都是机械工具，他没有意愿和耐心去仔细研究。 126

尽管如此，他基于道德基础拒绝大众动员的政治、群众代议制和战略动员的姿态对我来说，依然有其吸引力。对泰戈尔来说，自由的人类生活的根本前提在于保障人们有美学自由去发挥创造力，而不必计较用途或者利益。被个人权利、集团利益以及大多数人的意志所主导的政治进程必然会阻碍创造性自由。无需多言，这样的道德姿态不可能在 20 世纪的印度找到很多民主支持者。但是在一个由技术理性和统计规范所主导的时代，这对现代性的智识批判来说，依然是富有吸引力的道德应对方式。就其远离政治的意义来说，泰戈尔对我们的时代依然意义深远。

例如，让我们回顾一下哈维尔（Vάclav Havel）在1975—1977年所作出的论述，议会政治的传统形式“不可能提供与技术文明的自动主义相对抗的东西”，只有那种具有典范性和启发意义的异见才是反抗极权主义国家的有效形式。这是为新的人权政治而呼吁普遍人性的早期阶段，这种政治动员了那些在过去三十年中对传统的政治组织形式感到幻灭的理想主义者。正如塞缪尔·莫伊（Samuel Moyn）所指出的，今天的人权运动基于这样的道德姿态：放弃政治但是强调个人良心行为。它也是基于对后殖民国家解放性承诺的拒绝。① 运动诉诸法律主义作为行动的模式，这与泰戈尔对“机械”的厌弃背道而驰，但是他基于美学对民族做出的批判，与最近呼吁普遍人性的趋势存在共鸣之处。我们再一次认识到，泰戈尔在其晚年预见到了我们当下全球文化的某种趋势。

---

① Samuel Moyn, *The Last Utopia*: *Human Rights in History* (Cambridge, Mass.: Cambridge University Press, 2010). 莫伊在第160－166页谈论了哈维尔。

第二部分

大众理性

Popular Reason

第六章

乌托邦时间与现实时间中的人民

The People in Utopian and Real Time

129

毫无疑问，《想象的共同体》（*Imagined Communities*）是20世纪后期最有影响力的著作之一。[①] 在其面市之后，民族主义出人意料地成为了世界事务中越来越麻烦、且经常是危险的“问题”。而在这一时期里本尼迪克特·安德森（Benedict Anderson）继续对此主题进行分析和思考，从而往他这本受到高度评价的书里又添加了两个精彩的章节，并撰写了数篇新的随笔和讲稿。[②] 1998年，其中的一些文章与关于东南亚历史和政治的一系列随笔以《比较的幽灵》（*The Spectre of Comparisons*）为名结集出版。[③]

民族与族裔

理论上说，安德森对《想象的共同体》所做出的最重要的增补是区分民族主义与族裔政治的尝试，他是通过对两种由现

---

① Benedict Anderson, *Imagined Communities: Reflections on the Origin and Spread of Nationalism* (London: Verso, 1983).（中译本为《想象的共同体——民族主义的起源与散布》，上海：上海人民出版社，2005。——译注）

② 收录于 *Imagined Communities*，修订版（London: Verso, 1991）。

③ *The Spectre of Comparisons: Nationalism, Southeast Asia and the World* (London: Verso, 1998).（中译本为《比较的幽灵——民族主义、东南亚与世界》，南京：译林出版社，2012。——译注）

代的共同体想象所产生的连续体的区分而做到这一点的。一种是现代社会思想的日常的一般共性的自由连续体（unbound seriality）——民族、公民、革命者、官僚、工人、知识分子，等等。另一种是治理术的强制连续体（bound seriality）——由现代的人口普查和选举体系所产生出来的可以列举的人口类别的总和。自由的连续体一般是由印刷资本主义的经典机制——也就是报纸和小说——所想象和叙述的。他们为个人提供机会，让其将自己假想为一个比面对面的小团体更大的团体的成员，可以决定站在这些团体的立场上采取行动，通过一种政治想象的行动来超越由传统实践所设下的限制。自由的连续体可能是解放性的。正如安德森所引用的小说家普拉姆迪亚·阿南达·杜尔（Pramodeya Ananta Toer）描述其笔下的一个人物角色所经历的解放时刻的文字所言：

130

> 现在，Is了解了她所进入的社会。她发现了一个比她兄弟、姐妹、双亲广阔得多的交际圈子。现在她在那个社会中有了一个确定的位置：一位女性、一位政府机关中的打字员、一个自由的个体。她已经成为了一个新的人类，有着新的认识、新的故事、新的观点、新的态度、新的利益——也就是她设法从她的交际范围中撷取、收集来的这些崭新之处。①

相比之下，强制的连续体只能以整体来起作用。这意味着，

① 转引自 *The Spectre of Comparisons*, p. 41.

一个个体对每个分类范畴来说都只能被算成1或是0，而不可能是一个分数，后者则意味着一切在部分意义上对某一类别的归属都被取消掉了。一个人只能要么是黑人，要么不是黑人；要么是穆斯林，要么不是穆斯林；要么属于部落民，要么不属于部落民，永远不能只是部分的或者随情境不同而属于某一类或不属于某一类。安德森认为强制的连续体是抑制性的，或许是有内在冲突性的。它们产生了族裔政治的工具。

我并不确定强制的与自由的连续体之间的差别就是描述安德森想要区分的政治形态差别的合适方式，尽管前者示人以数学上的精密性。为什么民族主义者想象的“自由的”连续体在特定的条件下不能产出有限的、可数的阶级仍然不是很清楚。在解释自由的连续体的时候，安德森说只有它才能“使联合国成为一个正常的、完全没有悖论的机构”。[①] 当然，联合国在任何一个特定的时间都只能有有限数量的成员。而这是因为在获得成员资格所需的明确程序和标准之下，对国家地位的想象在这里已经退化成了治理术的制度网络。此外，如果我们在提到革命者的时候指的是那些革命政党的成员的话，那么一个国家之中、甚至全世界范围中革命者的数量也是有限和可数的（当然，这里要假定这些政党的党员资格存在清楚而明确的规定）。通过同样的方法，人口普查号称能够给出——我们举个例子——印度国内印度教徒的人数。另外并不清楚的是，在何种意义上治理术的连续体是“强制的”。世界上基督徒或讲英语的人的数列在原则上是没有边界的，这是因为我们今天所数出的

131

① *The Spectre of Comparisons*, p. 29.

每一个总数在明天都会进一步增加。但是，这些类别当然跟正整数集一样是可数的，然而在任何一个给定的时点上，这种所有基督徒或讲英语的人的集合总会包含有限个数量的成员。

数年前，安德森曾问我对黑格尔“恶的无限性”（wrong infinity）的观点有什么看法。我必须说，一个去世已久的德国哲学家提出的一个多少有些古怪的观点从我这里得到某种道德回应，这种想法让我感到为难。在仔细地阅读了安德森的“连续体的逻辑”（logic of seriality）之后，我现在能明白他问我的到底是什么了。对于安德森来说，可数而无限的类别（比如治理体系在人口普查等场合下所使用的基础计数方法——正整数列）与恶的无限性对黑格尔一样，都处于暧昧的哲学状态之中。通过有限量的序列（a sequence of finite quantities）的方法来描述变化或“生成”，只是使一个有限量和其余的量取得平衡，而绝对不是超越该有限量，这是由治理术的统计学逻辑所规定的。一个有限量只不过是在另一个量中重新出现，“无限性的发展（progression of infinity）从来没有超越出对有限性之中矛盾的叙述，也就是说，它既是此物又是彼物（somewhat as well as somewhat else）。它不断重复地在这两个术语之间进行转换，一个词引用出另一个词”。这就叫做“恶的或者消极的无限性”。① 对于那些试图通过这种有限数量的无尽发展的方法来领会某些事物的无限特征（好比时间和空间）的人，黑格尔做出了一针见血的评价：

132

---

① G. W. F. Hegel, *Encyclopaedia of the Philosophical Sciences*, Part 1, tr. William Wallace (Oxford: Clarendon Press, 1975), p. 137.

> 在尝试思考这样一种无限性的时候，一般我们会被告知说，我们一定会耗尽心力。的确，我们必须抛弃无尽的沉思，但却不是因为这一工作过于艰深，而是因为它太过繁冗。要详述这种无限发展的思绪是很繁冗的，因为同一件事物总是在循环往复。我们设下一个限制——然后越过它——接下来我们又有了一个限制——然后永远这么循环下去。所有这些只是肤浅的转换而已，这种做法永远不会将有限的领域抛诸身后。①

相比之下，“真正的无限性”（genuine infinity）并不是简单地通过一个有限来否定另一个有限（its other），它还否定其他的有限（that other）。这样做，它就“回到了自己”，而成为了自身相关的。真正的无限性并不会在有限的此世与无限的彼世之间划出一条鸿沟。确切地说，它表达出了有限的实质，对于黑格尔来说，那就是其理念性。它将有限的无穷变化性压缩到其理念性当中去。

我并没有仅仅将这一晦涩的黑格尔主义观点拿来掩盖强制的和自由的连续体之间的区别，而安德森关于民族主义的残余精华与族裔政治毫无改善的邪恶（unrelieved nastiness）的论述就

① 同前，138 页。黑格尔详细地使用了他对真假无限性所做的区分来批判费希特对契约的法律正确性和道德正确性的论点。Hegel，*Philosophy of Right*，tr. T. M. Knox（London：Oxford University Press，1967），p. 61.

有赖于此。相反，我认为黑格尔关于真正无限性的思想是启蒙时代所特有的普遍主义批判思想的一个范例，而安德森希望维护的就是这种思想。这正标识出了他的作品中真正高尚（我出于诚挚的敬意而选用这个词）而又合乎道德的地方。

正如我所说的，黑格尔的真的无限性只是一个例子。我们可以在康德和马克思（至少在对其标准的解读中）那里找到类似的例子。在面对不可置疑的历史冲突与变革，我们在这里的目的是确定一种一般的伦理概念（ethical universal），这种一般概念不会否定人类需要和价值观的差异、也不会将这些差异贬斥为无价值的或转瞬即逝的东西，而是会将这些差异整合到该

133

一般伦理概念所建构其上的真实的历史立场中去。在19世纪当中，许多哲学家在这样一个问题上呕心沥血：上述目的是否存在一个唯心主义和一个唯物主义的版本？如果有，哪一个才是更加实在的？虽然现在已经没有多少人还认真地看待这一争论。但是随着治理术的科学技术在20世纪传遍人类世界，这一至关重要的哲学思想被伦理普遍论（ethical universalism）和文化相对论（cultural relativism）的问题所撕裂。在这一世纪中叶，反殖民主义的民族主义政治不断增长的力量对这一问题的认知做出了极大的贡献，尽管民族主义本身的成功也导向了一个荒唐的希望——文化冲突只是更加富裕、普遍的现代性的产生过程中出现的肤浅表象。然而紧跟着去殖民化脚步之后的是后殖民国家的危机，而文化战争与沙文主义、族裔仇恨和腐败且无耻操纵社会的政权画上了等号。从所有的方面来讲，民族主义都不可救药地被族裔政治所污染了。

安德森拒绝接受这份诊断书。他仍旧相信民族主义政治和

族裔政治出现在不同的场所，吸收不同的营养，经由不同的网络组织，动员不同的情绪，为不同的目的而斗争。但是同西方学术界的许多人不同，他拒绝用多元文化主义（multiculturalism）的油膏来治疗自由主义良心上的不适。他也仍旧直言不讳地批评那些冷酷的“现实主义”的发展主义者，这些人为第三世界国家开出明显带有“道德给我们，经济给他们”色彩的双重标准的犬儒主义药方。安德森在《比较的幽灵》一书的结尾列出了民族主义的一些理念和令人感动的瞬间并对此做出评论：“在这一切当中存在着一些有价值的东西——这看上去可能会很奇怪……其中每一个都以一种虽然彼此不同但又互相关联的方式告诉我们，为什么我的国家是最最优秀的（ultimately Good），而无论这个国家的政府犯下何种罪行、无论现有的公民有多少会支持它。在这有限的几千年里，这种优秀能否被有益地舍弃掉呢（profitably discarded）？”①

唯心主义吗？我认为这个问题没什么意义，尤其是我们知道在近年来安德森在文学和文化生产中的物质手段的研究领域有着比其他人更重要的影响，而正是这种生产使得在世界上的每个地区可能去设想现代的政治共同体。浪漫主义吗？也许吧，但是现代社会思潮中还有很多被浪漫主义所推动的优秀、高尚的事物。乌托邦吗？是的，而且我认为存在一个重要的理论和政治问题，这也是我对安德森持有异议的主要原因。 134

① *The Spectre of Comparisons*, p. 368.

乌托邦的与现实的时间

在现代主流历史思想的想象中，现代性的社会空间分布在空洞的、同质化的时间中。马克思主义者可能会将其称为资本的时间。安德森明确地接受了这一来自瓦尔特·本雅明的论述，在《想象的共同体》中巧妙地用它来昭示由于同时阅读报纸或关注著名虚拟人物私人生活的体验所形成的大规模的、无明显特征的社交的物质可能性。而正是这一空洞的、同质化时间中的同时性让我们可以去谈论政治经济学中诸如价格、工资、市场等范畴的现实性。空洞的、同质化的时间就是资本的时间。在其领域之内，资本能不受阻碍地自由流动。一旦资本遇到了某种阻碍，它就认为自己遭遇了另一种时间——有些是前资本的，有些属于前现代时间。这种对资本（或对现代性）的阻碍总被认为是人类过去的产物，一些人们应该已经抛诸脑后但是却并没有实际做到的东西。但是通过将资本（或现代性）本身想象成一种时间属性，这种观点就不仅成功地将其阻碍打上陈旧与落后的标记，还确保了资本与现代性取得最终的成功，而无论某些人的信仰或希望如何——因为毕竟正如我们每个人都知道的那样，时间不会停下脚步。

堆砌这类进化性的历史主义思想的例子会十分令人乏味的，因为这类思想散见于此前至少一个半世纪中的各类历史与社会学文献中。这里让我引用一位马克思主义历史学家的例子，他因为反还原主义的历史能动性观点而得到了无可非议的称赞，而且还曾经发动了对阿尔都塞写作“无主体的历史”的计划的

135

尖锐攻击。在关于工业资本主义时代中时间与工作纪律（time and work-discipline）的一篇著名论文中，E. P. 汤普森（E. P. Thompson）说到了所有工人都必须摆脱其前资本主义工作习惯的必然性："没有时间的纪律，我们就不能拥有产业工人的坚持不懈的精力，而无论这种纪律是以卫理宗（Methodism）、斯大林主义还是民族主义的形式出现的，它都会降临到发展中的世界。"①

我相信安德森对现代政治有着类似的观点，即将其看成是一种正好属于我们现在所生活的这个时代的特性。参与、同情甚至信任那些抵抗其势力的努力统统都是无用的。在《想象的共同体》中，他记述了美洲、欧洲和俄国发展出来的民族主义的模式形式，而俄国的民族主义后来成为亚非反殖民民族主义的摹本。在《比较的幽灵》中，他常常提到"部分地在日常实践中得到反映、根植于工业社会物质文明中的标准化的政治概念——并非仅仅是民族主义——在全世界的令人瞩目的传播已经改变了世界运行的秩序"②。这样的一个政治概念需要将世界视为**同一**来理解，因此被称为政治的大众活动可以在**任何地方**找到。从这个意义上讲，政治就栖息在现代性空洞的、同质化的时间当中。

---

① "Time, Work-discipline and Industrial Capitalism", in E. P. Thompson, *Customs in Common* (London: Penguin, 1991), pp. 352 –403.（中译本为《共有的习惯》，上海：上海人民出版社，2002，第 382 –443 页，篇名为"时间、工作纪律与工业资本主义"。——译注）

② *The Spectre of Comparisons*, p. 29.

然而我并不同意。我的理由在本书第一章已经解释过了，而我在这里将用不同的词句再次进行叙述。我相信这种对现代性的看法（或者实际上对资本的看法）由于其单面性而误入歧途。这种看法只看到了现代生活时空的一个维度，人民只能想象自己生活在空洞同质化的时间中，但他们并不生活在其中。空洞同质化的时间是资本的乌托邦时间（utopian time of capital）。它将过去、现在和未来线性地联系起来，并为所有那些关于身份、民族、进步等等的历史主义想象创造了可能性。安德森和其他人介绍给我们的就是这些想象，但是空洞同质化的时间在真实空间中并不存在——它是乌托邦的时间。现代生活的真实空间存在于异质性的时间中，这里的空间是不均匀而稠密的。在这里，甚至连产业工人也并不都会将资本主义的工作纪律内化于心，更令人感兴趣的是，即使他们这样做了，也并不会按照相同的方式行事。政治在这里对所有人来说并没有同样的意义。我相信，忽视这一点就是抛弃了乌托邦的真实性。

136

很明显，我可以通过选取后殖民世界的例子来让我这些话更有说服力。在现代世界中，那里要比其他任何地方都更能——几乎是一目了然地——显示出稠密的和异质性的时间。将这种情形称为数种时间的共存——现代时间和前现代时间——只是在重申西方现代性的乌托邦而已。我更喜欢将其称为现代性的异质时间。此外，为了进一步推进我这个会引发论辩的观点，我还要说明西欧与北美以外的后殖民世界实际上构成了人类居住的现代世界中的大多数。

请让我先简单地引用卡尔·马克思来澄清自己的观点。在《资本论》的第一卷中，马克思反复强调抽象的劳动或者劳动力是一个**平均值**，它的价值是由其再生产的**平均**社会必要劳动时间所衡量的。他还说："在一定的国家，在一定的时期，必要生活资料的平均范围是一定的**数值**。"① 我们现在知道，在那样一个时代——科学这个词仍然指的是一套关于一个决定论的世界中的各种定律，马克思做出了最早、最有洞察力的尝试，来阐明一种在社会现象中发现定律一样的一般规律的方法。他是通过在科学对照下的统计学方程之中导入社会事件的不确定性——他将其称为价值的偶然形式——来实现这一点的。另外，通过用抽象统计学概念（比如平均数、正态分布和大数定律）来分析下述事件，哲学家伊恩·哈金说明了由概率内在决定的事件——诸如死亡、犯罪、破产、自杀等——在 19 世纪是如何（通过警察、公共卫生官员、会计、保险公司等）由政策的客体所造就的。② 通过将抽象劳动的概念规定为一个与任何单一和具体的劳动行为无关，但是却存在确实影响的抽象的统计平均值，马克思对充斥着概率的商品世界做出了类似的分析。政治经济学批判能够对诸如工资、价格、储蓄率、增长率等抽象范畴起作用，就好像这些概念是立足于实际经济中存在的实体行为的基础上，而不去批判对以下事实的遗忘：这些范畴只不过是代表了社会平均水平的抽象统计范畴。正如马克思所说的那样：

---

① Karl Marx, *Capital*, vol. 1, tr. Ben Fowkes (London: Penguin, 1990), 第 6 章, p. 275.

② Ian Hacking, *The Taming of Chance* (Cambridge: Cambridge University Press, 1990). （中译本名为《驯服偶然》，北京：中央编译出版社，2000。——译注）

"在……劳动产品的偶然的不断变动的交换比例中，生产这些产品的社会必要劳动时间将作为起调节作用的自然规律并强制地为自己开辟道路。"①

马克思还说过，如果市场上的实际买者和卖者表现的就好像价值是物品的自然属性，而且其价值属性还排在其商品属性之前，那么他们就是在进行拜物教的实践。我不想在这里阐述虚假意识这一思想漫长而复杂的历史，但是我在阅读马克思的《资本论》时并未将其解读为他作出了以下的断言——关于商品价值所掩盖的实际社会关系的科学发现将会清除令人疑惑的拜物教意识形态，这种意识形态遮盖了普通人的感知。实际上，他说得很清楚："因为使用物品当作价值，正像语言一样，是人们的社会产物。后来科学发现，劳动产品作为价值，只是生产它们时所耗费的人类劳动的物的表现，这一发现在人类发展史上开辟了一个时代，但它决没有消除劳动的社会性质的物的外观。彼此独立的私人劳动的特殊的社会性质表现为它们作为人类劳动而彼此相等，并且采取劳动产品的价值性质的形式——商品生产这种特殊生产形式所独具的这种特点，在受商品生产关系束缚的人们看来，无论在上述发现以前或以后，都是永远不变的，正像空气形态在科学把空气分解为各种元素之后，仍然作为一种物理的物态继续存在一样。"② 对这一话题我还有两点要说。首先，考虑到统计推理在20世纪的所有科学学科和日

① Marx, *Capital*, vol. 1, ch. 1. 4, p. 168.（中文见《马克思恩格斯全集》第1版第23卷，第91页。——译注）

② 同上，第169页。

常生活的公共言论中都占据主导地位，我并不确定许多马克思主义者在意识形态的拜物性和科学真实性之间所做的清晰区分是否都站得住脚。经济学或者说资产阶级政治经济学越来越多地通过诸如反馈循环的半自动（cyborg）机制，来将数学期望的统计学估计、自我调节技术、经济主体的那些据说是由意识形态驱动的拜物行为吸收为政策制定所需要的**数据**。① 第二，我们从20世纪中央集权国家计划和市场调节的历史中可以知道，“好像”由经济主体所进行的行为并不是自然而然地从**大地**上冒出来的，即使在所谓的市场经济中，它也是由新的经济体制的（通常是强迫性的）力量创造出来的，而这种力量是由现代国家在管理和法律上的权力所支持的。这就是我在市民社会和政治社会之间所做的区分与经典的马克思主义范畴的相关之处。 138

只有当其可以在一些有意义的方面上与资产阶级领导权区分开来时，诸如消极革命这样的政治形式（我们在后面的章节会再讨论这一点）才有意义。举个例子，如果我们认为印度共和国在各种意义上与自由主义的资本主义民主国家都无甚区别，那么我们就不能把政治社会和市民社会区分开来。而由于我们并不这么认为，我们就必须要描述出印度的统治集团使用权力的方式与西方民主国家中资本家们所采用方式的区别。关键的差异就在于劳动的社会形态（social forms of labour）。尽管我们

---

① 这里的“数据”和前文中的“一定的数值”，原文都是datum/data。作者认为，马克思所说的一定的数值是一种带有决定论色彩的范畴；而现代经济学，或者说资产阶级政治经济学，则是将各种动态的因素纳入其考虑范围，从而使其在解释经济活动的过程中脱离了决定论。——译注

可以宣称印度社会的绝大部分已经被普遍的商品生产所统治，有洞察能力的观察家（无论是资本家、官僚还是政治家）都不能也不会去承认这样一点：所有经济主体的一举一动就好像按照抽象劳动的要求而进行各种行为的抽象主体那样，事实显而易见。在正规和非正规部门中生产相同商品或服务的经济主体在差异极其明显的条件下进行操作，以至于不可能说劳动力再生产所需要的社会必要劳动时间的平均值能适用于不同的劳动的社会形态。在所谓非正规部门中的主体可以在不纳税、违反安全或卫生规定、使用家庭劳动力的情况下进行自身的再生产。如果国家要对所有经济主体统一执行相同的生产条件的规章，许多或者说大多数非正式经济主体就会不复存在。但是正如人所共知的那样，印度的政府机构并没有对所有人执行相同的规章，其中一些被当成了一般规定的例外。我已经说过，被当作例外来处理是一个谈判的政治过程的结果。市民社会才是规范要起作用的领域。规范在例外的领域被悬置了，这里是按照政治社会来处理的。

139 说到这里，我要回到安德森对民族主义和族群政治所做的区分。他承认治理术的“强制的连续体”能创造一种共同体意识，而这正是族裔认同政治的食粮，但是这种共同体意识是虚幻的。在这些实际的和空想的人口调查中，“因为资本主义，国家机器、数学方法、统一的实体都成了同样的东西，并且连续地聚集成了幽灵般的共同体”①。与之相对，我们可以推论，民族主义的“自由连续体”不需要将民族共同体中的自由的个体

---

① *The Spectre of Comparisons*, p. 44.

成员变成一个整体。这种共同体意识可以设想民族从历史时代的黎明到现在为止一直以同一方式存在，而不需要对其一致性进行类似人口普查的验证。它也可以去经历一种假想的、同一时间上的民族集体生活，而不用去对其成员资格设置严格的、武断的条件。除了乌托邦以外，这种“自由连续体”还可能存在于哪里？

实际上，认同这种“自由的”连续体而拒绝那些“强制的”连续体就是在抛除现代治理术的情况下对民族主义进行的假想。如果与资本主义、国家机器和数学方法毫无牵涉，我们能得到怎样的现代政治？似乎安德森所希望保留的历史瞬间就是经典民族主义的瞬间。他（可能是看到了陀思妥耶夫斯基行文中深刻的道德矛盾）将当今美国和其他古老的民族国家的族群政治称为“经典民族主义的迪米特里·卡拉马佐夫的私生子斯乜尔加科夫”①。他严厉抨击爱尔兰裔美国人“远距离民族主义”，因为他们与“真正的”爱尔兰已经脱离关系，但是却忽视了这一事实：这个“爱尔兰”只是在乌托邦中才确实地存在着，因为这一政治现象的真实空间是当代美国社会生活的异质化空间。

所以，安德森关于民族主义和族裔之间对立（opposition）的论断可以追溯到人民主权（popular sovereignty）和治理术之间的差别，前者为经典民族主义的人民与民族的等式奉为圭臬，而后者在20世纪后半叶才真正开始大放异彩。但是我们应该如何理解这一对立呢？当成是好与坏的对立吗？还是当成应予保 140

---

① 同上，第71页。

留的东西与应予弃绝的东西？或者我们应该说，在20世纪资本主义现代性的轨迹之后，人民主权和治理术之间的对立展示出了资本主义秩序的新矛盾，而这种秩序是否还要在大众民主的大前提下维持阶级统治呢？

大众理性

这里我们又遭遇了现实时间中现代政治的另外一个概念，那就是民粹主义。民粹主义现在还没能进入政治理论的神圣殿堂，一般认为它只适合社会学的经验讨论。然而，当代民主政治的思考不能不将民粹主义纳入考虑范围，尤其是因为民粹主义实践构成了人们所知道的族裔政治，还因为其与民族主义政治有所重叠。所以，在此去研究厄内斯特·拉克劳（Ernesto Laclau）所提出的民粹主义分析是很有益的。①

拉克劳将其对民粹主义的讨论视为其——受葛兰西启发——对领导权分析的延续。② 他极为重视民主政治活动中所必需的纷繁复杂的修辞，但是他尤其拒绝简单地站在下述立场来反驳它，即称民粹主义是模糊而空洞的，或者对每个人来说都无所不包。相反，“与其以一种按照其所缺乏的元素——也就是其模糊性、意识形态的空洞性、反智主义、过渡性——的视角来看待民粹主义的政治合理性的模型来开头”，拉克劳进一步“以一种普遍

---

① Ernesto Laclau, *On Populist Reason* (London: Verso, 2005).

② Ernesto Laclau and Chantal Mouffe, *Hegemony and Socialist Strategy* (London: Verso, 1985).

化的修辞（……可以称其为‘领导权’）来扩充合理性的模型，这样民粹主义就以一种与众不同的、总是存在的政治生活结构化的可能性的面貌出现了”。[①] 事实上，我还要说，民粹主义就是当今世界民主政治的实际形式。毋庸多言，当代历史产生这一情况存在特定的原因，而这些原因与资本主义和治理术有着很大的关系。

拉克劳的关键分析就是认识到了现代民主政制中要求的纯粹异质性并且将其与差异需求和等效要求（differential and equivalent demands）做了区分。对于前者而言，每个要求都被认为与其他的要求相互独立，并以一种差异化的方式得到满足或压制，而后者则寻求在几种要求中间建立等效关系。拉克劳说，前者可以视为民主的要求，然而我们在后一种形式中看到**民粹**的要求。

在别处，我已经指出了基于不可分割的人民主权上的民族的同质概念与基于人群集合之上的社会的异质概念之间的区别。这两者的联系是通过治理术的手段而建立在当代政治体制之上的。[②] 现代治理技术的一个关键特征就是其在政策领域所提供的灵活性，即打破大规模的要求聚集体（large agglomerations of demands）的能力和将“要好处的人”（benefit-seeker）的特定群体同其他人孤立开来的能力。我们可以跟从拉克劳，说这是一种与民主要求不同的回应模式。但是被治理者的政治已经在当代民主制度中采取了其他的形式。它希图建立多样的民主诉求之间的等价关系，并使这些诉求结合起来成为大众诉求的形式。

---

① *On Populist Reason*, p. 13。

② Chatterjee, *The Politics of the Governed*, pp. 27 –41.

拉克劳认为，这是通过修辞上和述行上的政治行为（rhetorical and performative political acts）而实现的，这些行为在不同的要求之间建立了等价关系的链条。这些等价关系之间通常在实质上并不具备共同的内容，也就是说，对于不同的诉求来说，要主张其与另一诉求之间的等价关系并不需要两者之间具有实质上的重叠。相比之下，等价关系是由以下的消极事实所产生出来的：这些诉求都是针对一个回应迟钝的政府当局所提出的未得到满足的要求。

这种修辞－述行的行为反过来产生了实际的民粹主义的第二个条件，那就是造就了一条将“人民”和那些被认为属于权力机构的人互相区分开并具有内在对抗性的界线。随着等价关系的链条构建成一种人民共同需求的形态，其共性由这些需求都瞄准着一个共同的目标即权力的使用者这样一个事实所突出出来。另外，将这种权力的代表（agents of power）认定为人民的对立面也是这种共性的例证。在近期全世界范围内民粹主义政治（populist politics）的历史中，这种内在对立的分隔是沿着阶级、族群的界限或对某个政体、政党的认同而划分的。

142

拉克劳强调，等价关系的消极内容产生了一种对需求的模糊且不准确的表达，另外将“人民”当成是等价关系链条的成果实际上是一种空洞的能指（empty signifier）。但是那恰恰就是民粹主义作为一种民主政治形式的力量所在。“从这一意义上来看，‘人民’的范畴要小于共同体的成员：它是组成部分之一，然而却渴望被当成是唯一正当的总体。”① 不止如此，“人民”

---

① *On Populist Reason*, p. 81.

这一概念的部分性实际上即使在民粹主义运动中也可能产生这样一种有缺陷的共同体意识，其缺陷在于权力代表的缺失（failures），而这可能让“人民”看起来像是一个将在政治可能性而非其当下境界的范围内加以完成的完整体。而在多样的、不相配的、不完全的社会成分之间的明显暂时性的动员中经常产生出那种凝聚、推进了民粹主义运动的感情力量的就是这一点。而基本条件就是，尽管已经极其精密，现代治理术也永远不可能满足一个异质化社会空间中所产生的所有多种多样的需求。“如果一个社会能建立这样一种制度化的秩序，即所有需求都可以在其自身的内在机制中得到满足，那么也就不存在民粹主义了，但是很明显，政治也就不复存在了。”① 所以，民粹主义恰恰是当代民主政治的实际形式。

> 只有在一个政治完全被行政管理所取代了的、一个（在处理特殊的差异时所使用的）渐进的手法（piecemeal engineering）已经完全摆脱对立的二分法（antagonistic dichotomies）的不可思议的世界里，才能真正从公共空间中根除“不精确”与“简化”。然而那样的话，民粹主义的特征就只不过是对一种政治逻辑的特殊强调而已了，而这种逻辑本身简言之（*tout court*）也是政治的必需成分。②

143

① 同上，第116页。

② 同上，第18页。

那么，按照拉克劳的说法，民粹主义由以下几部分构成：(1) 一条等价链条上各种要求的统一；(2) 一条将社会划为两个阵营的内部边界的建立；(3) 一种某种程度上定性的、而非简单将等价连接进行加和的人民身份（popular identity）的建立。① 毋须多言，这样一种民粹主义的形成只能通过政治行为而发生——也就是说，通过修辞动员和述行行动，并非所有民粹主义动员的尝试都成功了。实际上，许多尝试都失败了，此外的大多数也不过是获得了暂时的成功。但是上面所描述的三个特征概括了安德森所批判的强制连续体政治的典型形态。

这些特征与公认的代议民主的标准价值观背道而驰。它们不尊重特定需求与其代表性接合（representative articulation）之间的一切对应原则。它们所产生的同盟的基石是模糊和随意的联合，它们在一个自以为是地建构出来的“人民”与其假想中的敌人之间，创造出深刻而有潜在危险性的对立。所以，政治理论家们通常对作为某种民主政治形式的民粹主义持有敌意也许就并不令人感到惊奇了；而同样的，安德森也对族群政治和治理术所产生出的政治抱有敌意。皮埃尔·罗桑瓦隆曾经观察了新型民主实践的兴起——诸如对政府绩效的公共监督、通过公众反抗来阻止有争议的政府项目、公务人员对公众的非司法“审判”的屈服，等等，他谴责民粹主义，称其为彻底的反民主。他说，民粹主义将公众的警醒这一民主功能发扬到极致，并“成为对统治当局的强迫性的、长期的诬蔑，以至于将这种当

① 同上，第77页。

局看成是彻底异己的敌对力量"①。事实上，对于罗桑瓦隆来说，民粹主义是一种病态，"民主进程在其中被反民主完全吞噬和占据了……民粹主义是当代政治无序的强烈表现，是我们无法克服这种无序的不幸表现"②。 144

民粹主义看上去是彻底的反民主的部分原因在于，在提出要求的人（demand-makers）和掌握政府权力的人所能够利用的治理术领域中，它并未被看成是一种政治策略。我已经提过，在面对建立需求的等价链条的尝试时，政府机关的一种反应是区别对待这些需求。通过这种部署，有可能形成与政府当局对抗的民众集团（popular bloc）的联合就会被破坏掉。然而，正如葛兰西对领导权的观点所提醒我们的那样，掌权者还是需要寻求人民支持的。在选举民主制度中，他们不得不每隔几年就确保其选民的支持。为此，政府当局也可以通过造就等价关系的链条、建立一种为某些假定中的敌人所反对的人民的联合来寻求民粹政治的支持。当代民族主义政治通常以这种方式来行使其功能——标画出一些外敌及其内部代理人以充当装扮成民族的人民的对立面。拉克劳所建立的一个关键论点在于：人民的"共同体"总是有缺陷的，这只是因为任何政府都永远不可能满足所有民主诉求。因此，在治理术政治的策略领域中，在差异化和均等化的模式之间总存在着斗争，这一斗争为民粹主义的适用范围设下了界限。如果不从民粹政治中消灭其危险的

---

① Pierre Rosanvallon, *Counter-democracy: Politics in an Age of Distrust* (Cambridge: Cambridge University Press, 2008), p. 268.

② 同上，第273页。

反民主可能性的话，合理的结论就是——治理术领域中本身就有着限制民粹主义不发展为彻底的反民主的动态资源（dynamic resources）。

治理术的常识

此时回到本书第一章所介绍的一个主题就很有用了。资本的乌托邦时间与真实的时间之间的关系，或者说自由的与强制的连续体之间的关系，很大程度上与规范的两种意义——规范性的和经验性的——及其之间所隐含的关系相重合。在现代民主政治领域中，如何阐述这一关系呢？当然，我们有关于公民教育的旧式自由主义准则，这些准则主张个人自由、法治和代议制政府在道德上有普遍的适用性，并认为那些还没有信奉这些价值观的人必须在被那个由自治的自由公民所组成的世界接纳之前接受这些价值观的教育。在葛兰西对领导权概念的马克思主义论述中，出现了一种不同的、更加具有策略性和政治性的观点，他认为现代资本主义国家并不仅是一套维持资产阶级统治地位的强制机器（apparatus of force），而实际上是一整套用以确保受统治阶级的支持的社会机构的组成成分。从那时起，尤其是在20世纪后半叶，人民主权和治理术技术的思想就被彻底地普遍化了，因此今天可以放心大胆地做出以下断言——无论政治体制和意识形态如何，这两种概念①的规范立场在上述的任何一种范式观之中都是不容置疑的。所以，就算军事独裁和

145

① 两种概念即人民主权和治理术的技术。——译注

一党专政的政权现在也必须声称他们是代表人民而执政的。与之类似，即使是无国籍的人，或者与现代世界生活方式最疏离的原始的社群都无法置身于治理术之外，这是因为总有政府当局必须负起为其提供人类生存基础需要的责任。因此，令人感到好奇的是，尽管市民社会因为某些人未满足真正的公民资格而总是存在原则上的例外，治理术的网络现在却延伸到了全人类的范围，虽然实际上它可能并不能在每个角落都同样有效。

有些人可能会声称，这种情况发生的原因是人权概念的普遍适用性。然而，人权绝没有被所有地区或所有人所接受，它经常被当成是一个西方或基督教的思想而受到质疑。相比之下，将“人民”规定为政治合法性的一个根本术语，实际上才是今天的普遍现象。它作为主权之所在、作为现代民族国家的基石而在人民主权这一观念的每一处都得到认同。但是这一规范化思想的影响已经远远超出了其在理论上站得住脚的范围，而为民主政治的经验领域中的过度需求和运动提供道德上的辩护。正如我前面提过的那样，这些需求并不仅仅局限在民族国家的范围中，而已经超出了其边界。[①] 这就为当代民粹主义提供了土壤。 146

根据葛兰西的“常识”的概念，在乌托邦时空之中的自由连续体的规范性领域与根植于真实时空之中的强制连续体的经验领域之间有着很有意思的关系。我们可以将常识描述为从经验上讲在普通人中所盛行的意识状态。对于葛兰西而言，常识与宗教不同，因为宗教只是片断化的常识，是部分的和片面的。我们可以发现，宣称自己信仰宗教的同样一批普通人在实践中

---

① 很显然，这里的边界指的是民族国家能力的边界。——译注

经常坚持并践行着一些与该宗教相反的信念。事实上，葛兰西对大众天主教的最有力量的见解就在于其底层觉悟的矛盾属性——他们一方面加入这一宗教，而同时又去批判教会的正统性。但是葛兰西说，常识和哲学也不是一回事，后者的目标是系统性和统一性。

但是葛兰西也说过这么一句有意思的话："人人都是哲学家。"① 你可以把这句话当成一句听上去没有任何严肃内涵的激进口号。但是在这一观点上可以建构出一个更加复杂的葛兰西式的观点，这一观点在对我们关于当代民主中民粹主义理性所处地位的讨论来说有着更加深远的影响。如果我们认可以下两点——现代国家的基础是人民主权、而每种政体都需要从其人民之中寻求某种对其统治的支持，那么就出现了这样一个问题：该如何验证这一种支持。在资产阶级取得领导权的资本主义民主制度之中，这种支持是通过选举代表的机制来实现的；在这种机制中，标准的规则是每个"人民"各有一票。在人民判断的这一民主空间中，哲学家的观点和农民的观点之间并没有价值上的差异，每人一票。如果情况确实如此，就完全有根据称人人都是哲学家了，因为这里必须假定每个人在政治事务中都有着相同的做出理性判断的能力。

147

我认为，这就是为治理术外围的政治提供生存位置的土壤，它能将规范性连接到经验性上。这种政治可以是策略性的，它使得政府可以以一种不同的方式来处理它所面对的要求，正如

---

① Antonio Gramsci, *Selections from the Prison Notebooks*, tr. Quintin Hoare and Geoffrey Nowell-Smith (New York: International Publishers, 1971), p. 330.

这种政治使得被治理者们可以建立等价关系的链条来号召“人民”一样。当治理术成功地以区别化方式应对需求的时候，它就近似于纯粹行政管理的模型。但是通过将高调门和道德热情加于己身，治理术也可以为民粹政治创造土壤。这就是当代民主政治在真实时空中的最大范围。现代民主制度无一例外，总是财产和专家的寡头统治（oligarchies of property and expertise）；充满了民众动员的政治社会领域不断提醒我们人民主权这一抽象的民主基石。

我们从这里也能得到一条用于解决后殖民政治的熟悉谜题的线索：在面临支配性的民族主义构成的时候，为什么对立政治（oppositional politics）的通常形式却是主张一种基于常常可以回溯到殖民时代政府分类的种族认同？民族主义孜孜不倦地否认所有于人民中现实存在的异质性，称之为殖民主义的幻想；与此类似，反对运动通过挖掘殖民时期的统计和种族资料、建立等价关系的链条以划出一个种族性的“人民”与其压迫者——后殖民时代民族国家的掌权者之间的断层线来将人口中的政府分类变成了政治范畴。将安德森的自由与强制的连续体当成“善”与“恶”来做道德上的对比只会让这一谜题陷入绝境。

作为反抗的政治社会

为了介绍在治理术政治中出现的新的动员形式，我在前面提出了政治社会的概念。对我使用政治社会持不同意见的论者认为，这种用法将贫困、受剥削的人民的一切针对腐败和压制

148

性的国家机器的、协调一致的或持久的、反抗性的政治行动空洞化了。看上去这种用法仅仅关注政府机关与目标人群之间对政府利益分配的协商交易。对我的批判质疑说，这只是在于对所谓福利的行政管理；这里面哪有政治可言呢？

政治社会确实无法提供一种能够威胁到资本主义发展轨迹的转型叙事，它并非一种革命政治的概念。相比之下，政治社会是一种对新的治理技术的回应，因为治理技术到了20世纪末已经发展出了其自身的灵活手段以瓦解大工业时代的以阶级为基础的政治团体，并建立了一套用于让人群提出诉求的纷繁多变的网络体系。政治社会代表了一种对变化后的治理术环境的应变反应，尽管它是新出现的，而且常常是不完善的。

因此，我们要注意，不要建立一种从革命政治的旧传统衍生出来的政治主体的单一概念。我完全没有否认暴力行动在印度民粹政治领域中的确实发生，而且还特别提到了这类事件，将其称为一种策略性的行动，这种行动经常被政治社会的参与者（agents in political society）用来和政府权力打交道。但是我们必须抵制将这类行为上升为典型政治行为中的唯一类别的归纳法。我并不知道在今天的印度有任何一种唯一的、可描述的政治主体。举个例子，我经常想起我曾经在西孟加拉邦一个村子里见过的穷苦女人，她的日常营生就是从当地的村务会，走到执政党的事务所，再到反对党事务所，然后是当地开发官员的办公室，四处寻求帮助。她每天都是如此，除非能得到一些东西（每隔几天就会这样）——比如说一份食物配给、一条纱丽、一条毛毯，有时甚至有一些现金，只要有人给她填好表格、让她在官方文件上按上手印，她就能得到这些东西。她就是这么凭借着每天操纵一台完全平庸无奇的政治机器的杠杆而谋生的，但是我却完全没有道理将她排除出政治主体性的领域。我会举双手赞成一道终结掉这种贫穷状态的命令，或者一道为像这位女性这样贫穷的不幸同胞安排确定的居所和关怀的政令，149 但是我不会因为这种命令出现的主体性在她身上的缺失而责备她，这是因为那些自称为政治主体的人现在还没有找到一种方法来实现这种主体性。

大多数学者都发现，日常政治是极其乏味的。这可能是我们习惯通过新闻头条来追踪政治的结果，只有不同寻常、引人入胜、耸人听闻的东西才能在头条里获得一席之地。进一步来说，只要定期关注头条消息，那些重视英雄主义街头政治中的政治主体的人永远不会一无所获。昨天，政治主体在曼尼普尔邦举行抗议军方暴行的绝食运动。今天他在兰迪格兰掘断道路以阻止警察进入。明天，兰迪格兰局势平静下来，她又在克什米尔向警察投掷石块。但是在以上的任意一个地方，难道在非常的反抗行为或是因为被军方镇压，或是因为力量耗尽，或是因为其短期要求得到满足（这种事偶尔会发生）而停止之后，政治主体就随着此后日常政治的继续而消失不见了吗？还是说她转而遵循一种不同的政治行动模式？我发现，正是这后一种行为分析起来才是不同寻常的，因为这种行为通常得不到什么关注。我并不否认重大事件在历史上经常扮演的转变性角色，恰恰是这些英勇的事件才引来了历史学家和政治分析家们的注意力。在将政治社会当成一种非英雄主义的日常政治的环境进行审视的时候，我试图找到日常事件中的新鲜事物。20 世纪 60 年代西孟加拉邦某个村子里的贫苦女人大半要坐在地主大宅的外面或者在市场乞讨，而今天她所去的是村务会或者政党的办公室。我认为这种差异不应该被人视而不见。

这一点在早先关于《庶民研究》的辩论中就已经提了出来。大家都知道，这一计划在20世纪80年代早期启动，希望能以此充当介绍农民意识的窗口，从而吸引人们对反抗瞬间的注意力。在从属关系的正常时代，农民看上去是顺从的、听天由命的，没有能力去反抗永远在压迫他们的环境。但是在暴动的瞬间，农民成为其自身权利的主体。这种珍贵的观点引发了对殖民主义和民族主义历史中农民运动的精英主义假说的批判，然而这种观点被放大成一种新的政治理论，底层在这种理论中仿佛取代了殖民主义或民族主义的统治主体而成为新的历史主体（new sovereign subject of history）。无论它作为浪漫主义的文学比喻具有多少优点，这都不是一种好的历史理论，因为它将底层农民为了谋生、维持社交环境、孕育一个有一定价值观和尊严的道德共同体的日常斗争消减为无关紧要的琐事。因此我们就可以有以下的认识：虽然暴动无疑是底层历史中重要而有揭示作用的时刻，但它却是一个非同寻常的时刻，这个时刻是不能被普遍存在的日常生活的阐述方式所完全解释清楚的。①

150

我认为政治社会这个观念至少一部分产生于这种认识。在政治社会中存在着反抗，有时甚至是极其惊人的反抗。但是通常情况下，这种反抗都是在试探常规政治实践的底线，而非公

---

① 我在另一篇文章“A Brief History of *Subaltern Studies*”里就评论过这种知识的转移（intellectual transition），该文章收录于 *Empire and Nation* 第289－301页。

然地突破它。有的时候这种做法可以从政府机构那里得到一些对常规政治的惯常形式的变化作为回应。

大众政治与资本的障碍

我认为，单纯地重复乌托邦的和革命的经典民族主义政治实践，无法再得到什么新东西。换句话说，我认为这不应该是一个后殖民时代世界中的理论家应该做的事。我将以简评安德森对比较的观点来做结尾。

安德森在《比较的幽灵》一书开头写下了他 1963 年担任苏加诺的即席翻译员翻译一次演讲的经历，这位总统在这次演讲中鼓吹希特勒“聪明地”用描绘民族主义理想来唤起德国人的爱国感受。安德森

> 感到一阵眩晕。年轻的我仿佛还是第一次用望远镜的另一头来审视欧洲。苏加诺……完全知道希特勒统治的恐怖后果。但似乎在他看来，这些惨痛后果与我的老师所提及的成吉思汗、宗教审判、尼禄或比萨罗是完全不同的东西。从那时开始我就很难再用老方法去回想“我的”那个希特勒了。（见该书第 2 页）

151

安德森从何塞·黎刹（José Rizal）① 那里引用了“双重视角”（doubled vision）这一说法（即“从望远镜的另一头”来观

---

① 何塞·黎刹（1861—1896），菲律宾国父。——译注

察），用来恰当地形容所谓“比较的幽灵”。这种视角迫使他通过苏加诺的眼睛和思维来审视“他的”欧洲以及“他的”希特勒，正如苏加诺本人曾经通过他的荷兰教师的眼睛和思维来审视欧洲一样。这是一种批判的人类学家视角，这种视角不会以妥协于相对主义的世界观为耻。安德森的作品是他通过其敏锐的分析技巧和卓越的治学与政治品格与这种双重视角斗争的绝好例证。

看上去安德森并没有认识到的是，当比较主义者审视 20 世纪世界的时候，印度尼西亚人的视角不可能与爱尔兰人的视角一样。一个人的比较视角并不是其他人视角的镜像。坦白地说，由于安德森的人类学实践所以才得到精炼和充实因此而对他适用的那种普遍主义不可能适用于苏加诺，无论后者作为一个重要的后殖民国家领导人能使用多少政治权力。安德森的这种普遍主义观念是他传统的一个组成部分，而这个传统让他说出，“我的欧洲”因为从旧的民族的僵化性转向新的世界主义生活方式，而包纳（*encompass*）其他者。对于那些说不出“我的欧洲”的人来说，他们可以在以下两者中做出选择：或是融入到世界主义的混杂性中（*be encompassed* within global cosmopolitan hybridities）；或是返回到充满仇恨的族裔特殊性中（relapse into hateful ethnic particularities）。对于安德森和与他相类似的人来说，支持经典民族主义的普遍性仍然是族裔上合法的特权。对于那些现在生活在由万隆一代所建立的后殖民国家的人们来说，走上一条既偏离世界主义又偏离种族沙文主义的道路，意味着必须要陷入治理术政治的繁杂事务之中。由经典民族主义所产生并由它所证明的这种不对称性并没有为任何在族裔问题上的简洁选择留下空间。甚至连安德森相当厌恶的离散共同体（diasporic communities）的爱国主义谬论，似乎也不那么像是不合常理的民族主义的例证，而更多地变成了一种失败了的世界主义。 152

在最近的一次印度研究机构的会议中，一组著名学者和决策者在为民族生活中普遍主义理想和道德观的降温而扼腕痛惜之后，听众中的一位达利特[①]（Dalit）活动家问了一个问题——为什么自由主义的和左派的学者们对21世纪早期的历史发展那么悲观？在他的视野里，20世纪后半叶是达利特所有历史中最光明的时期，因为达利特摆脱了不可接触者这一最坏的社会形式、对自身进行政治动员而形成一个共同体，并且正在与其他受压迫的人缔造策略上的同盟以分享治理权力。所有这一切都是因为大众民主的环境打开了种姓特权的堡垒，使得受压迫人群的代表可以组织起来，站在选举的多数一方发动进攻。专家们因为这一席富有激情的插言而哑口无声，只能听到一两个人在嘟囔着托克维尔所谓民主环境下庸才统治问题的必然重现。我则再一次相信，赞成民族主义的普适理想却不同时要求将由治理术所产生的政治平等地认可为真实时空中民族现代政治生活的合法部分是没有道德合理性的。不这样的话，治理技术就会继续扩散并充当全球资本主义秩序中阶级统治的可操作工具（manipulable instruments）。通过寻求其行动的真实道德空间（real ethical spaces），对该秩序的最初抵抗可能会创造政治正义（political justice）的新术语。作为安德森所持的关于资本主义现

① 达利特是印度种姓制度中最低的一级，也称为贱民或不可接触者。——译注

代性的片面观点的对应物，我仍然坚持马克思方法论的前提：

> 资本按照自己的这种趋势，既要克服民族界限和民族偏见，又要克服把自然神化的现象，克服流传下来的、在一定界限内闭关自守地满足于现有需要和重复旧生活方式的状况……
>
> 但是，决不能因为资本把每一个这样的界限都当作限制，因而在观念上超越它，所以就得出结论说，资本已在实际上克服了它，并且，因为每一个这样的限制都是同资本的使命相矛盾的，所以资本主义生产是在矛盾中运动的，这些矛盾不断地被克服，但又不断地产生出来。不仅如此，资本不可遏止地追求的普遍性，在资本本身的性质上遇到了界限，这些界限在资本发展到一定阶段时，会使人们认识到资本本身就是这种趋势的最大限制，因而驱使人们利用资本本身来消灭资本。①

153

在本书的剩余章节中，我会密切注意当代政治生活中两个领域里民粹理性造成的影响。其中一个领域是大众文化（popu-

---

① Karl Marx, *Grundrisse*, tr. Martin Nicolaus (Harmondsworth: Penguin, 1973), p. 410.（中文版出自《马克思恩格斯全集》第46卷上册，第393页。——译注）我要感谢 Dipesh Chakrabarty 的“Two Histories of Capital”让我注意到这段来自马克思和之前 E. P. Tompson 的文章的引文。见 Chakrabarty, *Provincializing Europe: Postcolonial Thought and Historical Difference* (Princeton: Princeton University Press, 2000).

lar culture），它是由文化共同体中的资本运作的不同形式所塑造的；另一个是后殖民时代民主中的资产阶级领导权。这两条叙述路线都会对自由与强制的连续体、资本与社群、市民社会与政治社会的主题进行进一步阐明。

第七章

民族形象的神圣传播

The Sacred Circulation of National Images

1962 年，印度因为喜马拉雅山脉的一块争议地区与中国开战。当时还在上中学的我很容易受爱国主义激情的影响，我们相信我们的理由是正当的，因为争议地区很明显是我们的：难道那条 1914 年由英属印度和"中华民国"政府代表所庄严签署的麦克马洪线不存在吗？难道还需要什么更有力的证据来支持我们的诉求吗？当然，对印度来说，军事行动的结果是灾难性的，并且和数百万同胞一样，我为这一民族耻辱而感到痛楚。后来，当我走出青春期之后，我发现我们并非为这一块土地而战——毕竟这块争议领土位于高山之巅、完全无人居住——而是为了其表征（representation）而战：我们是为地图而战。对于我们的想象和感情而言，这一形象（image）的力量要比事实大得多。 154

对于民族形象来说，到处都在发生这种事情。而有意思的是一种特定的民族文化是如何通过一种特殊的方式将一种形象转变成一种偶像，以及它是如何再生产、分配、展示（display）和神圣化（sacralize）的。苏马锡·拉马斯瓦米（Sumathi Ramaswamy）已经通过一段引人入胜的历史来告诉我们印度版图是如何通过其特征性的图案标志（iconographic marks）而被标志化为一种女性的、神圣的"印度母亲"（Bharat Mata or Mother India）形象的。①

---

① Sumathi Ramaswamy, *Goddess and the Nation*: *Mapping Mother India* (Durham, N. C.: Duke University Press, 2010).

一个形象是如何一方面完全保留其神圣性，又在另一方面被当155成民族标志而得到衍生和传播的呢？我将从孟加拉邦教科书里所展示的民族纪念物（national monuments）入手来探讨这一问题。我不敢说对印度其他地方的教科书有很深的了解，但如果彼此之间真的存在很大差异的话，那则是我始料不及的。

我对资料来源的选择是经过深思熟虑的。我将讨论官方的民族主义，它是作为处于民族国家政体的制度局限内（institutional ambit）的一种意识形态的汇总而生产出来的。这一汇总中大多数的元素可以追溯回早先的殖民时代，有些甚至可以追溯到殖民之前的历史时期。但是它们都被后殖民时代民族国家的官方民族主义重构进一种新的话语秩序。这种意识形态功能尽管被国家所监管和领导，但却并不必然地局限于官方国家机构。一旦获得了成功，这种官方意识形态就会扩散到非国家机构的实践中去，比如学校、社团、专业学会、文化组织、媒体机构等等。孟加拉邦的大多数中学是以私人信托的形式运作的，偶尔能得到政府拨款，但通常是没有的。私营出版社会为它们提供符合一个公共学校委员会所指定的教学大纲的教科书。

官方民族主义既有述行的功能，也有教化的（pedagogical）功能。[1] 在行动模式下，它必须展示出民族的团结和单一性，还有所有公民在该意识形态中的平等地位。然而在教化模式下，官方民族主义必须考虑到一个事实，即不可能平等对待所有的

---

① 这种区分是由霍米·巴巴（Homi Bhabha）在其“Dissemi Nation”一文中提出的，该文收录于 Bhabha ed.，*Nation and Narration*（New York：Routledge，1990），pp. 291 –322.

公民，因为所有人还不是“真正”的公民，他们必须被教育成民族公民“真实”机体中的完整成员。在官方民族主义里，学校对于两种功能都是一个至关重要的地点。在行动模式下，学童经常以同时、平等的方式参与到不同的印度人群体的民族空间中的活动：“多样中的统一”（unity in diversity）这一主题是国民行动（performing the national）中最常见的说法。在这里，学校很大程度上重复了那些在其他地方实际发生的实践，比如说共和国日游行，还有电影和电视上出现的实践。① 然而在另一种模式下，在学校里面，通过其课程、课本和教学与纪律制度就能发现官方民族主义教化功能的最纯粹的一种形式。在当代印度，学校教科书的内容屡次成为政治争论的焦点是毫不令人感到惊讶的。

156

民族主义之前

由博物学者拉真达拉·密特拉（Rajendralal Mitra）编纂的，创刊于1851年的《诸科知识丛书》（*Bibidhārtha saṃgraha*）是第一份有插图的、定期刊登关于有考古和历史学研究价值的地方的文章的孟加拉文期刊。密特拉不仅是孟加拉亚细亚学会的领军人物、当时最杰出的梵文手稿编辑家、优秀的艺术史与建筑

---

① 关于印度的共和日游行和官方新闻电影的资料，可进一步参见 Srirupa Roy, *Beyond Belief: India and the Politics of Postcolonial Nationalism* (Durham, N. C. and New Delhi: Duke University Press and Permanent Black, 2007).

史学家，还是孟加拉地区地图出版事业的先驱和印度摄影协会（Photographic Society of India）的创始人。《诸科知识丛书》上面的插图和历史学文章都是从当时同学科的英文出版物上摘来的。关于历史遗迹的插图非常别致美观，这是殖民时期插图艺术和殖民早期摄影艺术的标志性特征（见插图 1，2）。① 民族主义的年代那时还没有光临孟加拉地区。

1879 年，梵天、帝释天、那罗延、湿婆神坐着从萨哈兰普尔（Saharanpur）出发的火车到达德里，雨神伐楼拿带着它们经历了一次穿城而过的旅程。通过对旅行的叙述来判断，它可能还记得贝德克尔（Baedeker）或者托马斯·库克（Thomas Cook）的印度旅游手册（前者初版于 19 世纪 50 年代，后者初版于 19 世纪 60 年代）。② 举个例子，他知道德里的大清真寺有 201 英尺长、120 英尺宽，而红堡绵延 2.5 英里长。客观认识就是殖民地的认识，客观的凝望就是殖民地的凝望。在受英国新式教育的印度人中只有少数人对这种当时的公认事实提出质疑。

157

在 19 世纪，孟加拉学校里的历史教科书很少配有插图。金属雕版、石印术和半色调印刷（halftone printing）仍然价格昂贵，而教科书必须是廉价的。半色调印刷于 1857 年在法国被申

---

① Tapati Guha-Thakurta, *Monuments, Objects, Histories: Institutions of Art in Colonial and Postcolonial India* (New York: Columbia University Press, 2004). 该书的第一章中讨论了殖民早期有代表性的印度古代遗迹中科学性与别致性之间的关联。

② Durgacharan Ray, *Debganer martye āgaman* (1880; reprint Calcutta: Dey's, 1984), pp. 45 -57. 这是最早的一本孟加拉文旅游手册，描绘了热衷于寻找其造物在英国人治下出现了何种进步的诸神的旅行见闻。

请为专利，到19世纪80年代在欧洲和美国得到商业运用。加尔各答的第一家半色调印刷厂是在20世纪初建立的，但是一些出版商正在欧洲订购为其制作的半色调印版（halftone block）。当然，木质雕版既便宜又常用，但是在教科书中很少应用，这可能是因为这种印刷术与市场上的低俗文学关联紧密的原因。要在学童手里找到带有插图的历史书，我们要前进到20世纪20年代，当然，孟加拉的民族主义到那个时代已经坚定地走上了自己的道路。一方面，革命团体正在实施针对英国官员的大胆的袭击，一旦革命者被审讯、绞死，他们就成了民族烈士。另一方面，由达斯（C. R. Das）领导的国大党发动了一次十分成功的、针对殖民政府的不合作群众运动。民族主义议题在文学、戏剧、艺术和音乐领域都得到了迅猛的发展。

当然，学校的课程仍然在殖民当局的控制之下，在教科书的字里行间决不允许出现任何反叛的暗示。翻阅一本出版于1924年的应用广泛的印度史课本时，我们可以发现统治者和历史遗迹的雕版插图——就是那些我们在早先的殖民历史和游记书籍里发现的那些图片。① 这些历史遗迹的图片十分别致，某些网目凸版因为反复使用而显得破旧不堪（见插图3）。就算此时就已经产生了民族标志，那么它们在学校课本中的大规模传播也还没有开始。然而，正是这一本书却建立了此后被不断重复的历史插图模式：用印度教和佛教的宗教建筑来代表古代印度（称之为“印度教时期”），用城堡、祝捷塔（victory towers）和皇家陵墓来代表的中世纪印度（称为“穆斯林时期”）。古代印

158

① Bijaychandra Majumdar, *Bhāratbarṣer itihās* (Calcutta: Sen Brothers, 1924).

度的一个例外是贵霜国王迦腻色伽（Kanishka）的无头雕像，该雕像收藏于马图拉博物馆（Mathura museum），它给数代的学生带来了无尽的欢笑。有意思的是，近现代或者说“不列颠时期”并不是由历史遗迹的插画，而是由总督的肖像来代表的。

民族主义转型

1947 年印度独立后不久的某个瞬间貌似成为了这段历史的一个节点，那时我们无法确定局势会如何发展，官方的民族主义仍然在建构当中。当然，局势最后的确向着一个确定的方向发展。

如果考虑插图的话，20 世纪 50 年代早期的教科书显示出了一个重要的变化，雕版被锌质的半色调印版上面的照片所取代。在专门研究东南亚艺术与建筑的著名历史学家卡里达斯·纳格（Kalidas Nag）的一本 1950 年出版的教科书里面就有大量的照片插图①，这些图片都有一个很有意思的特征——别致性消失了。在水面上不再有反射出来的树影和形象，在近处也不再有游荡的人影（见插图 4）。历史遗迹的图片正在获得一种标志性的品质。我们对于那张明显是从一块金属板上印刷出来的、早已超越其本身的美学感染力的泰姬陵的摄影图片，还能说出些别的什么东西呢？

通过将这本教科书与另一本同时出版的儿童书籍（但是不是指定的教科书）做个对比，可以一针见血地发现这一反差。此书名为《我们的宇宙》，是由印度最大的儿童书籍出版社推出的高档书，它的纸页平滑、插图丰富，经常被人当作礼物或奖

---

① Kalidas Nag, *Svadeśo sabhyatā* (Calcutta: Modern Book Agency, 1950).

品馈赠出去。① 这本书里的照片有一种自发的（self-conscious）艺术性：它们并不服务于任何一种标志性的功能。比如说，我们注意到顾特卜塔（Qutb Tower）的照片就把该塔布置在一座废弃的大门之中，而泰姬陵的照片是在贾木纳河（River Jamuna）岸边拍摄的（见插图 3，5）。这些图片并未入选用于教育独立后第一代印度儿童的官方教科书里。

159

无论用哪一种现代化或发展的理论，都无法解释清楚接下来所发生的事情。从技术上讲，这是一种倒退、复古，但是这并不是由什么技术上的差距或缺陷所导致的。从 20 世纪 50 年代末期或 60 年代初期开始，照片从历史教科书中消失了，它被一种看上去貌似是版画的图画所取代了，但这种图画实际是用钢笔和墨水所画出来的类似版画风格的、通过金属印版印刷的图片。然而它们绝非艺术家的素描：这种图画之中绝无一丁点个性化审美眼光（individualized aesthetic gaze）的痕迹。这些图画是历史遗迹的表征（representation），并没有明显的指示功能——它们并不指代真实地存在于真实时空中的任何事物，它们就是标志。

我在这里就随意举出一些选段，因为近四十年来出版的几乎所有教科书都会包含这些内容。看一看坦焦尔神庙（插图 6）、顾特卜塔或者泰姬陵（插图 7）的图片吧。② 很明显，它们

---

① *Biśva paricay*（Calcutta：Deb Sahitya Kutir，1953）.

② 坦焦尔神庙（Tanjore）的图片选自 Dilip Kumar Ghosh，*Bhārat o bhāratbāsi*（Calcutta：New Book Stall，1974），p. 103；泰姬陵的图片来自 Dineschandra Sarkar，Kalipada Hore，*Bhārat-itihāser rūprekhā*（Calcutta：Vidyoday，1973），pp. 70，112.

其实就是从摄影图片上描下来的——视角、透视、构图都显示出这一点。但是它们并非照片，而是绘画。甚至连“无头国王”迦腻色伽也是根据其保存于博物馆的一尊雕像而画出的（见插图8）。这种对摄影复制法进步的奇特否定的原因会是什么呢？

我认为这一问题的答案就在于从民族偶像中生产神圣性的方法。这种标志性的简洁性要求这一形象必须清除一切关于自发艺术审美的痕迹。其中必须抹消一切别致性、绘画性的痕迹，一切摄影角度的技巧，一切预料之外的人、物或外来事物出现的证据。这种形象必须与任何冗余划清界限：任何元素，只要在这种民族标志性的简洁叙事里没有一席之地，都必须从上述形象中消失。因此，水面上不会出现多余的叶片或者是闪烁的反光；树荫里没有正在睡觉的犬只或者忙着做自己那些事情的路人。“艺术性”在圣物的视觉领域中身无立锥之地。

160

在历史的教化装置（the pedagogical apparatus of history）之中，民族标志的神圣性扮演了一个非同寻常的角色。比如说，众所周知，在历史叙事之中的常用比喻就是包含了一个过去时代的空想比喻，其意图就是要通过回溯到另一段时光中而拉近时间上的距离，并且在某种意义上参与到另一段时光和另一批人的经历之中。想象性的时代错乱（imaginative anachronism）在小说、民谣、戏剧等体裁的历史小说（historical romance）这种文学类别中体现得最明显。但是这同样也是历史教师所经常使用的教谕工具，还是一种强有力的感情冲动，正是这种冲动在很多情况下（至少我怀疑是这样）驱动着许多职业历史学家的工作。这种对历史对象的浪漫主义态度支持一种亲近性（proximity），它诱使读者去进入该对象所属的那个世界之中。这种态度同样推动着当今的旅游业，后者与传统的朝圣截然不同。毫不奇怪，它提倡一种视觉语言，这种语言不止重视生动性或逼真性，还重视异质性和别致性。

我所说的关于神圣性的态度恰恰是与浪漫主义态度相对立的。它建立在观察者对历史对象的一种不失恭敬的距离之上，但是这种距离不能是时间上的距离，因为那样的话历史对象就会不可避免地落入为其他人所居住的失落的时间之中。要想进入“我们”的民族财富的神圣领域之中，对象必须回到“我们”虔敬的视线内。我认为这一过程实际上是由遗迹的标志性形象所实现的。就我的理解来说，一个标志性的形象不单单是一个被人所认可或者约定俗成的标志，它其实是一个神圣对象的代表物，其中这种形象本身带有了其原型的神圣属性。要将其想象为一种民族纪念物的宝库，学生们就必须看到一系列关于标志性形象的图片，这些图片并不拍摄于某个特定的时间和空间点，而实际上位于全部的民族时间和空间之中。毕竟，正如民族主义者让我们记起的那样，民族难道不是自上古时期以来就存在的吗？与浪漫主义的、时代错乱的比喻相对，标志性的形象产生了一种视觉上的时代错乱，后者将真实的对象从位于特定时间、地点的情境中取出，放入一个抽象的、不受时间所影响的空间之中。现在，这种形象就成为纯粹的、神圣的原型，相比之下实际的对象只能以其堕落的、世俗的、位于真实生活中的情景示人（比如说，游客们看到的就是这样的样子）。标志性的形象并非指代性的（indexical）。 161

朱迪思・玛拉・古特曼（Judith Mara Gutman）认为印度的摄影艺术与西方现实主义美学不同，反映出了一种完全不同的印度式的现实概念。[①] 既然这样，在表示绘画在实际生活中是如何被用来掩盖（而非补救）其与真实客体之间由技术所产生的相似性的时候，套色照片（painted photograph）就成了最常用的例子。当然，已经有人正确地指出，古特曼关于一种根本上不同的印度美学的说法是极其夸张和过分简单的。[②] 但是她所提出的论点——在印度的摄影中，出现在视场中的一切事物都是立竿见影的，就仿佛它们都处于一个理想化的、不受时间所影响的空间当中——好像特别适用于我刚才所提及的民族纪念物的标志性形象。并且为了达到这一效果，故意避免去使用照片本身，只因为照片本身的生动性有着将一些展现出这种纪念物所实际存在的特定时间和场景的提示性元素赋予上述形象的危险。标志性的绘画则可以更好地进行控制，所以一切对于这种形象的神圣性来说算得上多余的要素都可以被精心地消除掉。

举个例子，我们来说一说在 1987 年出版的一本教科书里出现的德里红堡的图片（见插图 9）。[③] 这座莫卧儿时期的城堡（它曾经是皇帝的居所）从苏巴斯·钱德拉·鲍斯的印度国民军（Indian National Army）军官于英国统治时期末叶因犯下叛国罪和虐俘而被殖民政府在此审判的那一刻起就进入了印度民族主

---

① Judith Mara Gutman, *Through Indian Eyes: Nineteenth and Early Twentieth Century Photography from India* (New York: Oxford University Press, 1982).

② 比如说，Christopher Pinney, *Camera Indica: The Social Life of Indian Photographs* (Chicago: University of Chicago Press, 1997), pp. 95 –96.

③ Sobhakar Chattopadhyay, *Bhārater itihās* (Calcutta: Narmada Publication, 1987), p. 182.

义的神圣地图。这些被英国人控为叛国者的人却被印度人看成是民族英雄。从 1947 年印度独立开始，总理在红堡城墙上向全国发表独立日演讲就成了例行的年度仪式。那一天，国旗在城堡顶层的旗杆上高高飘扬。而红堡的这张图片将其冻结起来，并通过消除视场中一切除建筑物正面景观和在高到不现实的旗杆上飘扬的国旗以外的事物的方式而将其奉为一种抽象的理想物。这就是纪念物神圣的标志性（the sacred iconicity of the monument）所以产生的方式。在这种控制方式之下，任何一张照片都不能够达到这种效果。

162

我还应该加上另外两类，它们几乎无一例外地同样在历史教科书中以线条画格式复制图片：一类是地图，通常由艺术家从不公开的来源进行重绘；另一类是在“现代时期”部分出现的国家领导人肖像。这里也几乎从来不使用照片，尽管照片经常构成了艺术家们线条画的基础。

对于使用线条画而非照片的这种偏好而言，可以想到一些经济上或是技术上的理由。然而这些线条画印刷起来是否更廉价呢？并非如此，因为两种图片都是被由同样的印相法工艺（photographic process）所产出的锌块印刷出来的。有时认为线条凸版（line blocks）在纸张质量较差时可以印出比半色调印版更好的产品，这一观点的确有一点道理。但是如果摄影图片在指代性上有一种清楚的、更优越的教化或是美学效果，那么没有理由相信它会被教科书弃而不顾，即使在价格上稍微偏高一些也一样。事实上线条画的使用十分盛行，以至于制版商直接为历史教科书制造和贩卖历史遗迹的成品印版（见插图 10）。在我看来，人们认为这种理想化的绘画能比世俗、现实、值得怀疑的照片更有效地服务于民族主义教育的教化目的。

我应当强调，我们所讨论的是一个教化体制中的专业实践，这种实践已经得到了一种习惯的、合意的形式（the consensual form of a convention）。当我们试图解读这种意义下面潜藏的规律的时候，并不是说参与到这种实践中的艺术家、出版商或教师们已经意识到了、甚至会去关注这种潜在的构造，而这就是每种习惯的实践在常理中的显著性（commonsensical obviousness）。

如果我能证明即使经历了最新的技术革命——也就是二十年来照相排版法和平版印刷术的飞速发展——历史插图在孟加拉语教科书产业中仍然遵循着我前面描述过的模式，我所说的论点就能得到最好的证明。然而在这一方面的证据仍然在某种程度上模糊不清。事实上，近十年来我所见过的大多数已出版的历史教科书（即使其文本是照相排版法编辑的，书籍是由平版印刷法印刷的）仍然包含有相同的线条画。① 一个明显的新鲜之处就是封面上出现了纪念物的彩色照片。一版教科书中间出现了一批印在光滑美术纸上的彩色照片：就是那些我们在美术明信片上会看到的那些桑奇大塔（Sanchi stupa）或者泰姬陵的照片。

163

但是，我还发现了一本书。通过抛弃线条画、重新使用照

---

① 今天还使用线条画来代替照片的教科书有：Nisith Ranjan Ray, *Bhārat paricay*（Calcutta：Allied Book Agency，2001）；Jiban Mukhopadhyay, *Svadeśparicay*（Calcutta：Nababharati，2002）；Prabhatangshu Maiti，*Bhārater itihās*（Calcutta：Sridhar Prakashani，2001）.

片，在印度共和国的初期已经过去半个世纪的时候，这本书貌似已经抛弃了上面所说的习惯。[①] 这本书里面有一沓彩色照片（其品质和美术明信片——我们又提到它了——相当）和彩色地图，它的书页里也散布着黑白色的纪念物照片，其中许多的品质甚至都有些刻意的生动和别致，这种性质显示出了一种亲近感和带有指代性的熟悉感（proximity and indexical familiarity），而非抽象的疏远感和神圣的标志性（abstract remoteness and sacred iconicity，见插图 11）。这是否标志着一种新的趋势？现在回答还为时太早。很可能存在一种认知，即随着彩色杂志、电影和电视的扩散，即使在小镇和村庄里的学童现在也能接触到一种使标志性的绘画（iconic drawing）看上去落后而令人厌烦的视觉语言。也许从最新的机械复制技术能够涌现出由前者所衍生出来的新教化手段，以创造出神圣性的效果；这样，单独一个假想出来的、由不受时间影响的形象所点缀的民族空间就能够在其虚幻的纯粹（spectral purity）中以一种比现实存在的本体更加纯粹的形式而存在下去。

还是说，标志性的空间正在被去神圣化（desacralize）呢？或许空想的比喻终于占得了上风，使得那些历史重构的熟悉手法（这种手法使得某个对象可以同时在此时此地和过去的某个特定时间、场景中被人们所想象）得以取而代之？我看不到理由让自己相信情况确实如此。如果艺术照片在历史教科书里找到了一席之地，我会认为神圣的形象将通过其他手段进行生产和传播。这些手段会是什么样？我还不清楚。但现在，我发现

164

① Atulchandra Ray, *Bhārater itihās* (Calcutta: Prantik, 2001).

旧有的形象仍然盘踞在孟加拉邦学校教科书的书页上。而且不管怎样，我发现印度人和其他许多民族一样仍然时刻准备在地图上英勇奋战。

1. 德里要塞（图示为努尔·贾汗皇后的居所），雕版画（选自《诸科知识丛书》，1854 年）。

2. 贝拿勒斯①河畔，雕版画（选自《诸科知识丛书》，1852 年）。

---

① Benares 为印度东北部城市，1957 年后改名为瓦拉纳西（Varanasi），位于恒河河畔，是印度教圣地，据说还是释迦牟尼首次讲道之处。——译注

3．泰姬陵，雕版画（选自 Majumdar，*Bhāratbarṣer itihās*，1924 年）。

4．坦焦尔湿婆神庙，照片（选自 Kalidas Nag，*Svadeśo sabhyatā*，1950 年）。

5．顾特卜塔，照片（选自 *Biśva paricay*，1953 年）。

6. 坦焦尔神庙，线条画（选自 Dilip Kumar Ghosh，*Bhārat o bhāratbāsī*，1974 年）。

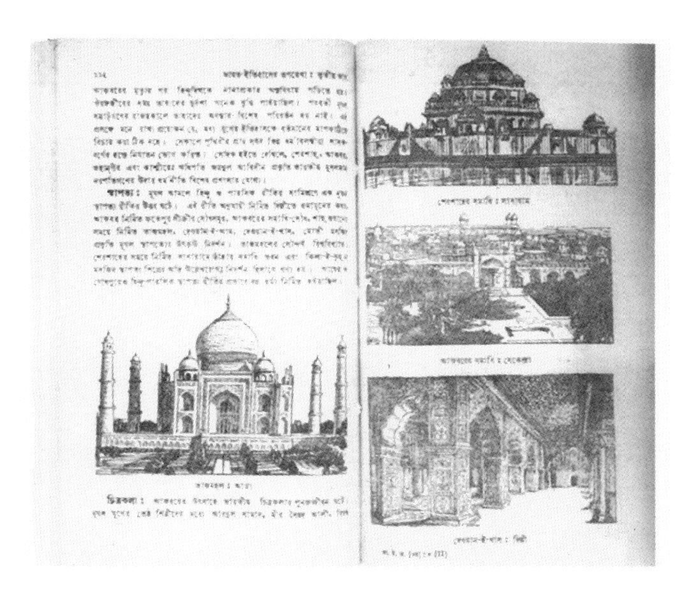

7. 泰姬陵，线条画（选自 Sarkar 与 Hore，*Bhārat-itihāser rūprekhā*，1973年）。

8. 迦腻色伽无头雕像，线条画（选自 Ghosh，*Bhārat o bhāratbāsi*，1974年）。

9. 德里红堡，线条画（选自 Sobhakar Chattopadhyay，*Bhārater itihās*，1987 年）。

10．德里红堡，金属印版（公开售卖），出自 Dass 兄弟公司 1960 年出版于加尔各答的目录广告中。

11．德里红堡，照片（选自 Atulchandra Ray，*Bhārater itihās*，2001 年）。

第八章

大众文化批判

Critique of Popular Culture

文化批评

165

在 1992 年的一场对伯明翰学派（Birmingham School）十年以来的文化研究进行总结的会议上，斯图尔特·霍尔（Stuart Hall）批判了“美国文化研究中的理论流畅性”（theoretical fluency）。他说，他并不要求美国的文化研究向英国的同类研究看齐。问题不在于美国的文化研究无法将文化领域的权力理论化，抑或是它拘泥于否认历史、政治与文化的关系。相反，他说，“在现在美国的文化研究中，已经不存在一个我们不能将权力——政治、种族、阶级、性别、镇压、支配、排除、边缘性、**他异性**（Otherness），等等——理论化的时刻了。在文化研究中，几乎没有什么东西不可以被这样理论化。”但是通过研究材料的“过度文本化”（overwhelming textualization）来实现这一目标的文化研究已经陷入了“将权力和政治建构成为单纯的语言与文本本身的问题”的危险之中，这使得文化研究无法成为“一直在设想如何介入到一个其本身可能对其有所影响、有所作为的世界之中的一种实践”。霍尔继续提出，葛兰西的“有机知识分子”（organic intellectual）和福柯的“具体的知识分子”（specific intellectual）是两种可以用来思考文化学者（student of culture）干预现实的文化世界的可选方式。总之，不论采用何种方法达成以上目的，霍尔的主张都是要“将文化研究从意义、文本性和理论的清新空气扳回到肮脏的社会底层中去”。我在这里引用霍尔的话是希望说明，文化研究不应该回避对其所研究的文化世界做出道德、美学或政治的评判。①

166

但是一个自称要通过在关系和实践两方面将文化和权力联结起来以调查文化的生产、消费和价值增殖（valorization）的研究领域，是如何发现其无法对文化的好与坏做出判断的呢？为什么文化学者不得不抑制自己，使其特定的文化行为局限于权力的复杂构造中，却不去做文化批评家呢？我将通过对这三四十年里印度大众视觉文化（popular visual culture）的研究进行简要评论来解读这一问题。

先拿电影业为例，在印度公众的观影文化（viewing culture）与电影业之间的关系上存在着争议，而这一争议最晚也可回溯到20世纪60年代早期。一方认为，印度电影业的大量受众沉浸于传统信仰和实践之中，世世代代都在前现代的观影文化中长大，他们完全无法理解或欣赏理性、现实主义的电影。因此，不仅严肃的艺术电影无法在印度的现代美学生活中立足，电影业本身也例行公事一般地制造出（在电影艺术上）幼稚的、（在意识形态上）落后的、情节如神话一般夸张的垃圾。这种观点最有影响力的一位支持者——齐达南达·达斯古普塔（Chidananda Das Gupta）认为，印度大众电影的受众是无法区分事实与

---

① Stuart Hall，“Cultural Studies and Its Theoretical Legacies”，in Lawrence Grossberg，Cary Nelson，and Paula Treichler，eds，*Cultural Studies*（London：Routledge，1992），pp. 277 –294.

虚构的。泰米尔纳德和安得拉两个邦中对电影明星的政治神化以及半个多世纪以来印地语大众电影中一直存在的印度教神话内容都能够充分地显示出这种现象。他还指出，与在社群中有机地产生出来的民间艺术不同，大众电影是以工业化方式由“巨大的操纵力量”所生产的。[1] 通过重申对社会价值观表示立场的重要性，达斯古普塔否定了那种不加批判地将大众电影承认为大众文化的潮流。看上去他要说的话就是，因为文化是大众的文化，所以它不能不加批判地放任自流。

167

另一方是阿希斯·南迪提出的具有煽动色彩的论点，他坚持认为印度大众电影及其受众的非现代性是恢复到传统观影实践的标志，后者现在仍然拒绝在肆虐全球的现代技术和商业的理性文化面前屈服。印度电影观众在欣赏现实主义电影叙事上的所谓失败实际上是对现代工业生活的文化价值观的拒绝，反之则是对传统、信仰、社群等传统美德的赞同。事实上，南迪甚至还坚称印度大众电影尽管是以工业化方式生产出来的，但是也具有“一种内在的多重性，这种多重性趋向于在即使看上去是被动接受大众文化的时候仍然能颠覆它”[2]。它既非经典的、也非民间的，而且“现在现代性已经成为印度公共生活中的主

---

① Chidananda Das Gupta, *The Painted Face: Studies in India's Popular Cinema* (New Delhi: Roli Books, 1991), pp. 256 -257.

② Ashis Nandy, "Introduction: Indian Popular Cinema as a Slum's Eye View of Politics", in Ashis Nandy, ed., *The Secret Politics of Our Desires: Innocence, Culpability and Indian Popular Cinema* (Delhi: Oxford University Press, 1998), p. 13.

导原则……反而是商业电影……对非现代范畴更具保护性”①。

这些观点之间仍然存在差异，至少对在印度的公共领域中一直存在的观念来说是这样。无论是高雅的还是大众的作品，在对电影做出美学、道德或是政治评判的时候并不存在疑虑。然而，情况在学术界却截然不同。正如拉维·瓦苏德万（Ravi Vasudevan）在对印度电影分析文献的调查中所提醒我们的那样，达斯古普塔与南迪之间辩论时所用的极端术语很大程度上被近十五年来印度电影研究领域出现的大量证据丰富、理论精密的研究所取代了。② 在这场古老的辩论中，双方都假定了一个所谓前现代印度观众观影实践的确定的、预设的、固定的架构。双方都假定，这一架构只能接受符合其自身那种不可更改的具有时间性的现代电影技术，这种架构不会发生改变以适应新事物。168 现在研究印度电影业的大多数学者和历史学家都会反对这种假定，并因此否定以达斯古普塔和南迪为代表的上述两种观点。他们会说，印度大众电影实际上已经与其受众一起，通过改进传统叙事方式和表现技法、并将前两者融入现代技术的媒介而完成了自身的现代化。在这一过程中，电影业与其受众都发生了变革，尽管这种变革是以一种复杂的、需要详细证明和理解的方式实现的，但是这可能就是现在印度电影学者们的普遍共识。

---

① Ashis Nandy, “The Intelligent Film Critic’s Guide to Indian Cinema”, in Ashis Nandy, *The Savage Freud and Other Essays on Possible and Retrievable Selves* (Delhi: Oxford University Press, 1995), p. 235.

② Ravi S. Vasudevan, “Introduction”, in Vasudevan, ed., *Making Meaning in Indian Cinema* (Delhi: Oxford University Press, 2000), pp. 1 –36.

我相信，辩论术语上的这一改变是文化学科近二十年来发生的更大改变的一部分，这些文化学科有人类学、文学理论，当然也有文化史研究。过去的辩论基本上是通过一种现代化的历史范例而讲述的，这种范例要么是韦伯式的，要么是马克思式的。其模型是关于一个现代区域①（modern sector）的，其现代的经济、政治和文化制度去侵入并转化传统区域。一群怀抱这一模型的学者对变革的缓慢步伐感到急躁，他们抱怨传统实践的刻板、缺乏主动精神，甚至有时缺乏真情实感，而后两者正是改变前现代的现代区域中所具备的。而同样的模型则惹得另一边的学者为传统美德的缺失而哀恸，为抵抗现代性的蛛丝马迹而欢庆。过去二十年里所发生的（一方面将人类学批判为殖民时期的科学，另一方面是后殖民文学与文化研究的兴起），正是现代性研究术语的重新组合（realignment）。

我将在下面列出与我接下来讨论相关的三个关于上述重新组合的要素。首先，必须为全世界人民所采用的只有唯一一种现代性模型或版本的说法不再被认为是理所当然的。在现代，对世界上不同国家制度与实践的实际变革的研究已经促使学者们去讨论不同的现代性、另类现代性，甚至是多元现代性。情况还不止如此，从这一观点出发，西方现代性的历史本身也在面临人们的审视。众所周知，在欧洲和北美存在着许多对于被人认为是不可阻挡的现代化洪流的逆流，但是殖民主义现代化的主流意识形态坚持认为西方现代化的形象是同质的、内在一

169

① 现代区域，指的是世界上一切现代化的国家和地区。后文中所说的传统区域，指的是其他前现代阶段的国家和地区。——译注

致的和普遍的。现在有人认为这些逆流并不是一些腐朽过往的残余物，而是西方现代性本身的内在方面（即使这种逆流有着精密复杂的架构也是如此）。另外，西方的现代性并不一定像所有后启蒙时代的思想家所认定的那样是从欧洲历史的环境中自动产生出来的，而是其与非欧洲文化发生冲突的产物，这一点尤其可见于欧洲诸帝国的历史中。这些论点使得已由欧洲的历史进程所形成的现代区域的早期叙事变得更加复杂，并通过教化项目来转变全世界前现代的传统架构。

其次，我们现在很清楚，变革即使在现代区域内部也不是以同一种方式、甚至不是向同一个方向发生的，而是在不同的制度空间（institutional spaces）内发生的。我再引用此前用过的例子，现代医药在印度的传播伴随着传统的阿育吠陀①（Ayurvedic）和优难尼②（Yunani）医疗实践手段的变革，后两者接受了专利药物、标准化教科书、大学考试和医师的公共注册制度，但是它们并未就此而寻求成为现代医学的特殊分支，而是自称为替代性的医疗实践。但是印度化学或数学没有走这条道路。③ 举一个

① 阿育吠陀是一种印度传统医学。——译注

② 优难尼是一种中东传统医学，在印度有一定的影响。——译注

③ Partha Chatterjee, "The Disciplines in Colonial Bengal", in Partha Chatterjee, ed., *Texts of Power: Emerging Disciplines in Colonial Bengal* (Minneapolis: University of Minnesota Press, 1995), pp. 1－29. 该课题的近期研究可以参见 Seema Alavi, *Islam and Healing: Loss and Recovery of an Indo-Muslim Medical Tradition 1600—1900* (Ranikhet: Permanent Black, 2008); Kavita Sivaramakrishnan, *Old Potions, New Bottles: Recasting Indigenous Medicine in Colonial Punjab 1850—1940* (New Delhi: Orient Longman, 2006); Guy Attewell, *Refiguring Unani Tibb: Plural Healing in Late Colonial India* (New Delhi: Orient Longman, 2007).

文化领域的例子，在印度文学、戏剧、美术吸收了诸如小说、舞台剧、油画等的现代西方艺术形式而发生了重大变革的同时，印度音乐界虽然接受了西方乐器（如风琴和小提琴）、技法（如记谱法）、技术（如唱片、广播、电影）、体制（如音乐学院），仍然无疑保留了印度音乐的特征，与西方音乐存在系统的差别。[①] 这样看来，现代性的驱动力（dynamics）在不同的机制下会写下不同的历史，即使它们处于相同的历史时期、都服务于同一批人民。不能用发展的不均一性来理解这一现象，因为问题不仅仅是不同的时滞（time-lag）或空间上的不均一传播。相比之下，有必要停止对现代和前现代的结构差异进行统计，而应该专注于实践中发生的那些局部的、因情境而异的、通常比较短暂的变化。 170

第三，在使用权力——通常是国家的强制力量——来对前现代制度和实践进行变革的族裔－政治问题上也出现了变化。现在，如果不是在所有社会科学里至少也在文化学科内，对于大规模、集中的、国家推动的现代化项目对社会、文化的破坏性后果的感知变得越来越灵敏。甚至在政府机构里也越来越多地注重人群的异质性和对安全、福利政策进行微观管理以适应

---

① Janaki Bakhle, *Two Men and Music: Nationalism in the Making of an Indian Classical Tradition* (New York: Oxford University Press, and New Delhi: Permanent Black, 2005); Lakshmi Subramanian, *From the Tanjore Court to the Madras Music Academy: A Social History of Music in South India* (Delhi: Oxford University Press, 2006); Amanda J. Weidman, *Singing the Classical, Voicing the Modern: The Postcolonial Politics of Music in South India* (Durham, N. C.: Duke University Press, 2006).

当地的情况。如果全球变革的首要作用力从国家转向了市场，这也并没有引起全球范围内的文化同质化；新生的局部空间正在被创造出来以生产出文化差异、认同政治的动员。这些并不构成权力体制的行为，或者对前者的反抗；然而其所引发的伦理问题不再能够被普遍适用的方法所解答。现在对社会变化的政治伦理的评价倾向于在由语境与受到偶然和战略因素所影响的条件下进行。

这使我在回到印度视觉文化的主题之前得出我最终的理论观点。于20世纪80年代早期出现于英国的关于新文化研究的重要理论世系回溯了葛兰西关于文化政治的重要著作，霍尔在演讲中特意提及了这一点。[①] 也许并非巧合的是，几乎在同一时间，与前者并无直接联系的那些在《庶民研究》旗下集结起来的作者们从葛兰西的理论见解出发，开始了他们对殖民主义和民族主义的印度历史编纂学的批判。我认为，如果说近年来这两条学术研究的脉络在重新组合关于现代性的辩论术语这一方面（包括文化研究领域）具有一定的影响力的话，应该是没有问题的。而且由于葛兰西的作品是这两条研究脉络的共同源头，我想引用葛兰西《狱中札记》的一句令人着迷的话，他是这么说的："实践哲学"是"对'常识'的一种批判，尽管，在最初它把自身建立在常识的基础上"。他后面还说——"问题不在于从一开始就把科学的思维方式引进到每个人的个人生活中来，而在于对已经存在的活动加以革新，并且使之成为'批

171

① Hall, "Cultural Studies and Its Theoretical Legacies".

判的'"①。我认为，这一句以警句名言的形式阐明了一项新的文化学科——它们是通过对现代化理论进行批判而萌芽的——正在努力表述的事业。这一学科的任务已经不再是用一种科学的世界观的完全成型的运作方式来审视大众文化。相比之下，它们先从大众文化的实践入手，将自己沉浸于其实践形式中，从而发展出对其的批判。这种批判的方法仍然难以捉摸，这就是那些阐明了文化生产不仅仅是大众文化形式的栖身地，还是对大众文化进行变革的自觉手段的作品仍然值得研究的原因。

大众摄影实践

为了说明方法上的一些问题，我将转而讨论印度大众文化的另一个领域，它只是在从前才一度从电影业中分离出去，那就是——摄影。朱迪思·玛拉·古特曼提出了最初的论点，认为尽管印度摄影是西方现代技术的产物，但是它完全没有追随西方现实主义美学的道路，而是反映出了一个完全不同、独有特色的印度现实观。② 在西方摄影中，观看者被人小心翼翼地以一套熟悉的现实主义叙事惯例（realist-narrative conventions）从图像的一个部分引导到另一个部分，与之不同，印度摄影中图像场中的一切

172

① Antonio Gramsci, *Selections from the Prison Notebooks*, tr. Quintin Hoare and Geoffrey Nowell-Smith (New York: International Publishers, 1971), pp. 330 -331.

② Judith Mara Gutman, *Through Indian Eyes: Nineteenth and Early Twentieth Century Photography from India* (New York: Oxford University Press, 1982).

事物看上去都是同时发生的，仿佛它们处于一个理想的、无时间属性的空间（idealized and timeless space）之中。以套色照片为例，她认为早期印度摄影艺术家的套色并不是为了补足由技术所产生的摄影与真实事物之间的相似性，而实际上是为了掩盖这一点。

古特曼这种差异明显的印度美学的观点因其过分简化和夸大而被人批判。[①] 然而更晚近的学者，例如，更认真和细腻地研究大众摄影的克里斯托弗·皮尼（Christopher Pinney），也尝试去定义那些支配了印度大众视觉文化的美学概念的元素。譬如，在印度的所有地方都存在着“达圣”（darshan）的实践，也就是信徒看到了圣人，并且通过对视而得到了圣人的庇佑。这种行为从圣人扩散到具有特殊神圣属性的人乃至于政治领域中去：从皇帝到一方酋长，不论印度教徒或是穆斯林，也包括甘地等现代政治领袖，他们都允许那些因为希望通过与圣人和显达对视而获取功德而来参观他们的人进行“达圣”。一些学者认为这一“达圣”的概念塑造了一种惯例，它指导着印度大众视觉意象中对神圣或强大人物的表现。皮尼引用了一个关于一幅随处可见的影印石版画（photolithograph）的例子，这幅画画的是在孟加拉地区广为崇敬的圣人罗摩克里希那（Ramakrishna）与妻子沙拉达（Sarada）和门徒斯瓦米·维韦卡南达（Swami Vivekananda）一起坐在加尔各答达克希涅斯瓦神庙（Dakshineswar temple）的时母女神（Kali）像前面（见插图12）。[②] 这幅合成画

---

① 例如 Christopher Pinney, *Camera Indica*: *The Social Life of Indian Photographs* (Chicago: University of Chicago Press, 1997), pp. 95 -96.

② Pinney 在 *Camera Indica* 的 105 页复制了这幅大约 1920 年印刷出来的石版画。

把三个人像拼接到一幅来自于套色照片的时母神像的前面，它完全地颠覆了叙事现实主义和历史拟真性（这是因为这三个人从来没有以这种扮相出现在照相机前）的标准。然而令人好奇的是，达克希涅斯瓦的时母像与两件明显现实主义风格的装饰物一起出现：墙壁的一边是一块装在相框里、外边有花环装饰的罗摩克里希那的照片，而另一边是指向九点钟的一块时钟。看上去，这幅石版画是为了让观者以一份的代价而能够同时与图上的四个大人物——有人也有神——达圣而拼接出来的。

还有另外一个例子，阿希什·拉贾德雅克萨（Ashish Rajadhyaksha）在一篇论述早期印度电影业先驱巴尔吉（D. G. Phalke）的经典论文里告诉我们，巴尔吉如何通过改进诸如正面布景（frontal staging）和摄影机直接拍摄等手法，并将电影的新技术建构于大众对观影的流行观念——如达圣——之中，从而形成了与西方电影相对立的美学风格。[1] 阿尔温德·拉贾戈帕尔（Arvind Rajagopal）将这一论证延伸到了更晚近的事件，认为观看电视连续剧《罗摩衍那》（*Ramayana*）被百万计的观众认为是每周对众神的达圣。[2] 与此类似，皮尼对终身虔信一神（bhakti）或向湿婆献身（这位神祇的力量通常是以阴茎像的形式来表征

---

① Ashish Rajadhyaksha, "The Phalke Era: Conflict of Traditional Form and Modern Technology", in Tejaswini Niranjana, P. Sudhir, and Vivek Dhareshwar, eds, *Interrogating Modernity: Culture and Colonialism in India* (Calcutta: Seagull, 1993), pp. 47 –82.

② Arvind Rajagopal, *Politics after Television: Religious Nationalism and the Reshaping of the Indian Public* (Cambridge: Cambridge University Press, 2001).

的）的视觉表征（visual representation）做了极好的分析。皮尼是这么描述一份广为流传的年历照片的："湿婆将雪山神女（Parvati）确实地包含在**林伽**（*ling*）之中，其高下关系以空间方式得以表示。在这张图片中我们可以看出这样一个概念——神祇的**生活**（*pran*）存在于每一幅**神像**（consecrated image or *murti*）之中：图片的外在形式就包含了女神蕴含于男神之中的形式。"①（见插图 13）皮尼在后面说，同样的这张图片后来被印度中部一座小镇的某个摄影棚机智地重塑成了一张蒙太奇照片（photographic montage）。（见插图 14）通过复杂的印刷手法，这张"结婚"照片将新娘的正面肖像插入到了新郎的侧面像中，并用一张尺寸更大的新郎侧影像包围了上述的两张照片。"这张蒙太奇明显地复制了那张关于**林伽**的日历照片……"

174

很明显，印刷与摄影的现代技术即使深深地渗入普通人的日常文化生活中，也不意味着现实主义视觉美学就会在大众领域被人所接受。相比之下，皮尼在提到自 19 世纪末开始出现的数量庞大的石版画图片时认为，西方现实主义艺术的力量被人模仿并被颠覆为"外来现实"（xeno-real）——"已传播到其发源时所具备的框架之外的、殖民当局所认可的一种现实主义形式：它被投放到殖民地里，并在那里（主要地）表现出其自身"②。（见插图 15）一些近期对所谓集市印刷品（bazaar prints）和年历艺术的研究和展览已经表明，西方现实主义艺术的许多元素被这些主

① Christopher Pinney, *Camera Indica*, pp. 116 –118.

② Christopher Pinney, *Photos of the Gods: The Printed Image and Political Struggle in India* (Delhi: Oxford University Press, 2004), p. 31.

题关于神话、历史和社会的大众印刷品自由地接纳，但是与此同时去除了它们的本来意义；没有迹象表明这些印刷品从属于任何一种关于“现实主义”的、有较大影响的哲学或美学概念。（见插图16）对此，皮尼是这么解释的：“古典主义和神话为其理想化的行为方式提供了一个参考系，这种行为方式的可译性（translatability）依赖于其空洞性（vacuity）。在外来现实中存在着一种双重的（在生产性上也是双重的）空洞性（double emptiness）。”①

皮尼论证了另一个关于大众视觉印刷品的政治意义的值得思考的观点。他说，一大批民族主义形象的传播显示出一种与印度民族主义标准说法的描述（前者几乎完全出自文字来源）有相当差异的历史。首先，抽象的民族概念所唤起的感情貌似通过将民族作为一个实在景观（actualized landscape）进行视觉表征才能最有力地传达。② 第二，在大众想象中，民族主义政治斗争的最有力形象是对武装革命者（英国人称其为“恐怖分子”）的刻画，而不是非暴力群众运动的领袖（见插图17）。③对皮尼的这一假设的正确性下定论还为时尚早，但是在我看来，他提出了一个非常重要的关于大众政治研究材料的恰当来源的

175

---

① 同上，第32页。

② 这一点在苏马锡·拉马斯瓦米对于假想中的逝去的泰米尔故乡在地图学中的表征进行的研究中也有所体现。见 Ramaswamy, *Lost Land of Lemuria: Fabulous Geographies, Catastrophic Histories* (Berkeley: University of California Press, 2004).

③ Pinney, *Photos of the Gods.*

问题，这个问题在一个大多数人民不识字的国家里尤为重要。视觉材料是否应该单纯地被当成是基于文字或口述而建构的历史的补充性图片来源，还是说可以用它们来改写那段历史？

但是回到我在本章开头提出的那个问题：这些摄影作品和印刷品可以被归为艺术吗？我们能评判其美学素质吗？在什么立场上以什么标准做出这种评判？

尽管这种极端的差别——比如说现代高雅品味与非现代的大众品味之间的差别，或是西方与印度观赏方式之间的差别——被当今的学术圈认为是不可接受的，还是应该注意到，甚至是最谨慎的学者在解释印度大众观影实践的特征属性时也倾向于回到一些概念的区别上，而这些区别被人认为是造成实践之间差异的原因，因而也可以解释这种差异。比如说，皮尼提出在印度肖像摄影实践中，西方那种可视的外在躯体扎根于不可视的人物内在背景的美学观念并未进入印度大众的视野。相比之下，“外在躯体得以从在西方肖像画中所受的桎梏中解放出来”①。与此相似，一大批关于印度大众电影的有影响力的文献认为塑造了印度电影美学模式的决定性概念框架是虚构－标志性的（mythic-iconic），这与好莱坞电影的现实主义美学正相反。② 卡姬丽·珍（Kajri Jain）在其对年历艺术与集市印刷品生

① Pinney, *Camera Indica*, p. 200.

② 比如 Ashish Rajadhyaksha, “The Phalke Era: Conflict of Traditional Form and Modern Technology”; Geeta Kapur, “Revelation and Doubt in *Sant Tukaram* and *Devi*”, in Geeta Kapur, *When Was Modernism: Essays on Contemporary Cultural Practice in India* (New Delhi: Tulika, 2000), pp. 233－264.

产的重要研究中发现了为市场设计这些神祇的标志性形象的艺术家自己也将这些形象视为低等艺术。但是珍试图通过主张年历艺术是在与西方资产阶级艺术不同的价值概念领域中传播的主张来为前者的美学诉求正名。① 176

这种解释方式的问题在于，大众观影实践正在根据一些特定的、必要的概念结构而为人所理解，而这些概念结构最后一定是根据文本来源而定义的，无论是达圣，还是标志的意义，或者是栖息于一具躯壳（或是天赋的社会价值等东西）里的生活观念都是一样。假设实践是观念和信仰的外在表现，而这些观念和信仰构成了定义所谓文化的意义系统（system of meanings）。对文化的这种视角在人文科学尤其是人类学中有着悠久的传承，而克利福德·格尔茨（Clifford Geertz）可能是这一领域近年来最杰出的传人。但是我相信这种方法与其说是促进，不如说是抑制了对当代大众文化的批判性理解。

近期的学者是否曾经认真地去尝试对他们所研究的大众文化产品做美学或伦理－政治的评判呢？我们来看一看皮尼，我们在这一章终于开始研究他的工作。在提及外来背景物过剩时——这种过剩是由摄影棚为拍照的顾客提供的彩色背景或是巧妙的冲印技法所产生的，皮尼说这是“一个探索的空间”（a space of exploration）。另外还有“别出心裁的造型，这种造型涉

① Kajri Jain, “More than Meets the Eye: The Circulation of Images and the Embodiment of Value”, in Sumathi Ramaswamy, ed., *Beyond Appearances? Visual Practices and Ideologies in Modern India* (New Delhi: Sage, 2003), pp. 33 – 70.

及了对社会角色的超越和滑稽模仿。摄影棚并未变成社会的礼仪场所，而是成为一个个人探索一些尚不存在于社会环境中的东西的空间"[①]。（见插图 18）此外，在谈及摄影和印刷品中"结婚拼贴画"的构成的时候，他说——"当地的摄影技术造就出了一个密实的、被建构出来的梦想世界，它不受任何成见框架的约束。这些摄影图片从其惯常的时空体（chronotopic）的约束中得到了解放，它们合并了时间和空间，因而数个离散的时间点可以在同一个虚构的空间中共存。"（见插图 19）[②] 在这177里出现最多的词语就是"自由"——探索的自由、创作的自由、颠覆的自由、梦想的自由，这与如同监狱一般的、与西方摄影技术配套存在的、现实主义惯例的约束形成了对比。这个以与西方绘画和摄影的美学规范相对为特征的自由创作空间成为了评判印度大众石版画和摄影艺术的基础。于是，它们[③]最近在这一空间里获得了"大众艺术"的地位，越来越多这类迄今为止为人所忽视的图片开始进入收藏和展览界的事实揭示了这一点。[④]

问题是：因为我们能够让自己认为它们是在"自由"的环境下进行创作的就将艺术品质加于这些大众消费产品之上的行

---

① Pinney, *Camera Indica*, p. 178.

② 同上，第 134 页。

③ 这里的"它们"，即印度的石版画和摄影艺术。——译注

④ Tapati Guha-Thakurta 在 *The Aesthetics of the Popular Print: Lithographs and Oleographs from 19th and 20th Century India* (Calcutta: Birla Academy of Art and Culture, 2006) 中证明了这一点。

为是否有道理？我们是否滥用了一些从差异很大的历史和哲学流派中发展出来的关于艺术创造性的概念，而实际上我们将这些流派视为与大众美学领域无关、相对立的东西？在我们眼中，宣称其为大众艺术家的自由创作产物是否就是断言大众文化生产领域值得进行美学鉴赏的唯一方式呢？在这里我想起了研究非洲大众文化的人类学家约翰内斯·费边（Johannes Fabian），他写下了以下关于当代扎伊尔（现名为刚果民主共和国）的大众绘画与音乐的文字："准逻辑（quasi-logically）、先验地使用自由这一概念来区分文化的高雅和低俗、精英和大众是没有什么道理可言的……在大众文化作为对殖民时期和后殖民时期统治的反抗力量而初生时，它们不只要面对权力和压迫，还要将经验转化为可以传达给他人的表达方式……我相信，这份对于文化创作所必需的自由，是一种需要得到维护的状况。尽管在大多数后殖民非洲国家，当然也包括扎伊尔，实际情况看上去使得解放大众文化困难重重……"① 这一状况的问题可以明显地从其形成的曲折性上看出来。它开始时秉承着一种拒绝将创作自由这一概念局限于精英的高雅文化的令人钦佩的姿态，而以断言一种对大众艺术家所享有自由的教条化的、形而上的信仰——即使"实际情况"显示出了不同的状况——而告终。 178

我希望揭示一种研究大众文化生产中艺术品质问题的新方法。这就要从生产和消费的实践中移除概念和观点。我并不坚持认为实践是构成了定义所谓文化的意义结构的那些概念的外

---

① Johannes Fabian, *Moments of Freedom: Anthropology and Popular Culture* (Charlottesville: University Press of Virginia, 1998), p. 18.

在表现；实际上，大众文化是由实践所构成的。当然，实践是由制度规范所塑造的。“创作自由”的空间可能存在于一个确定的规范架构中，而“自由”也可能存在于这些规范的对立面。无论如何，“自由”的问题在这里都不可能出现普遍适用的答案，这种答案的意义与影响取决于特定的、处于某种制度之中的实践的组合。

我提出的看法是，实践可以在一个规训的主要框架里得到描述和理解。所谓律规是指制造文化产品的一组由权威认可的实践。福柯对此作了解释，它是一个由谱系关系集结起来的（genealogically assembled）实践组合，而组合中的元素可能出自不同的来源。但是在文化生产与消费的可辨认的制度空间中，律规就会指定权威及其所认可的实践、技法与技术、训练模式、关于优良品质的规范、文化产品的应用方式以及对品味的判断。律规通常会援引一种传统，通过纪念历史或神话中的源头，后者能够证明文化生产和运用的特定实践行为的正当性。此外，和塔拉尔·阿萨德（Talal Asad）在宗教戒律问题中所指出的一样，这种产品的美学或道德品质并不一定就是从业者所行使的“创作自由”程度的函数，正相反，遵守戒律越严格、严谨，其成果就越有价值。①

从这种意义上来讲，对律规的研究无论是在人类学领域还是在艺术与工艺的专门研究中都并非无人知晓。然而，在涉及当代大众艺术生产时，律规研究中的一些特征出现了差异。首

179

① Talal Asad, *Genealogies of Religion: Discipline and Power in Christianity and Islam* (Baltimore: Johns Hopkins Press, 1993).

12. 影印石版画，大约摄于1920年（选自Pinney，*Camera Indica*）。

13. 年历照片，1983 年（选自 Pinney，*Camera Indica*）。

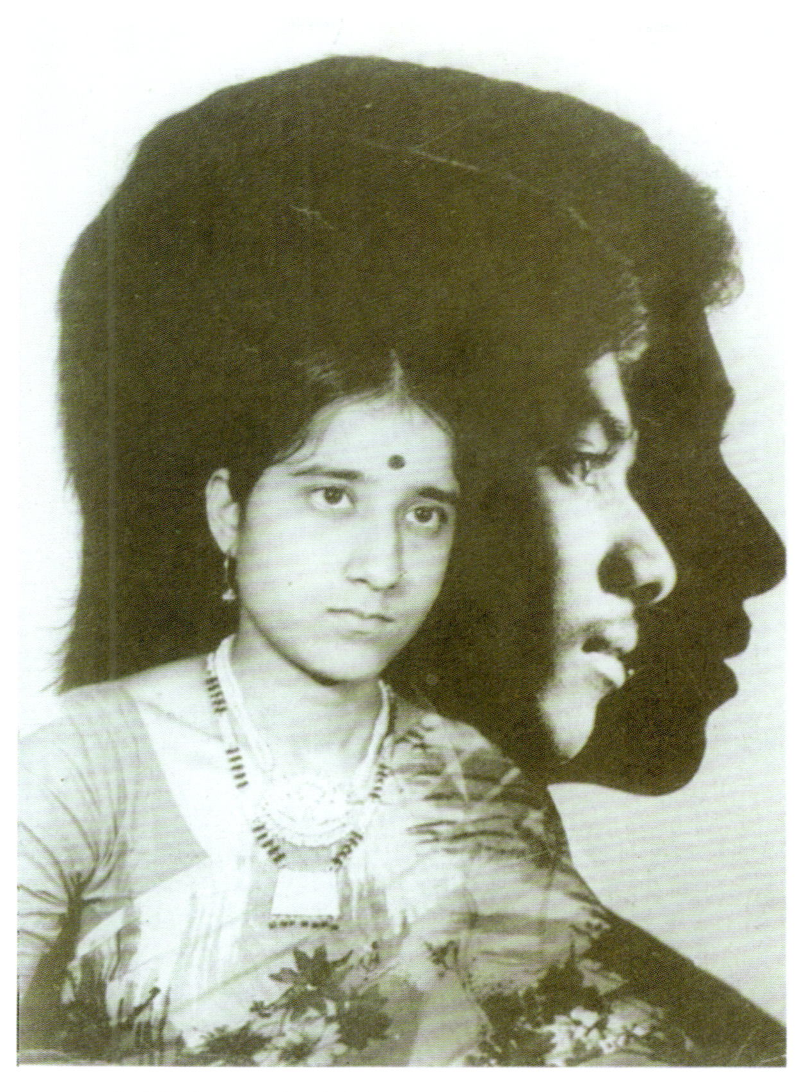

14. 合成照片，1980 年（选自 Pinney，*Camera Indica*）。

15. 伽摩被焚[①]，石印油画，加尔各答 Chorebagan 艺术工作室，约绘于1890年（来自CSSSC[②]档案）。

---

① *Madan bhasma*，画的是湿婆将伽摩焚毁的印度教神话故事。——译注

② CSSSC，即加尔各答社会科学研究中心。——译注

16．希瓦吉，石版画，普纳印度印刷厂，约绘于1890年（来自CSSSC档案）。

17. 印度之狮，约绘于 1950 年，石版画（选自 Pinney，*Photos of the Gods*）。

18．摩托车上的人，约摄于1983年（选自Pinney，*Camera Indica*）。

19. Vijay Vyas，彩色拼贴画，摄于1996年，素材有照片、水彩画和水墨画（选自 Pinney，*Camera Indica*）。

20．College Square 上的金色驳船，2002 年（来自 CSSSC 档案）。

21．用坏掉的唱片做成的神庙正面，2002 年（来自 CSSSC 档案）。

22. 马杜巴尼风格的棚舍，2002 年（来自 CSSSC 档案）。

23. 马杜巴尼风格的杜加神像，2002 年（来自 CSSSC 档案）。

24. 提图米尔的要塞，2002 年（来自 CSSSC 档案）。

25．莫卧儿微缩迷画风格的杜加神像，2002 年（来自 CSSSC 档案）。

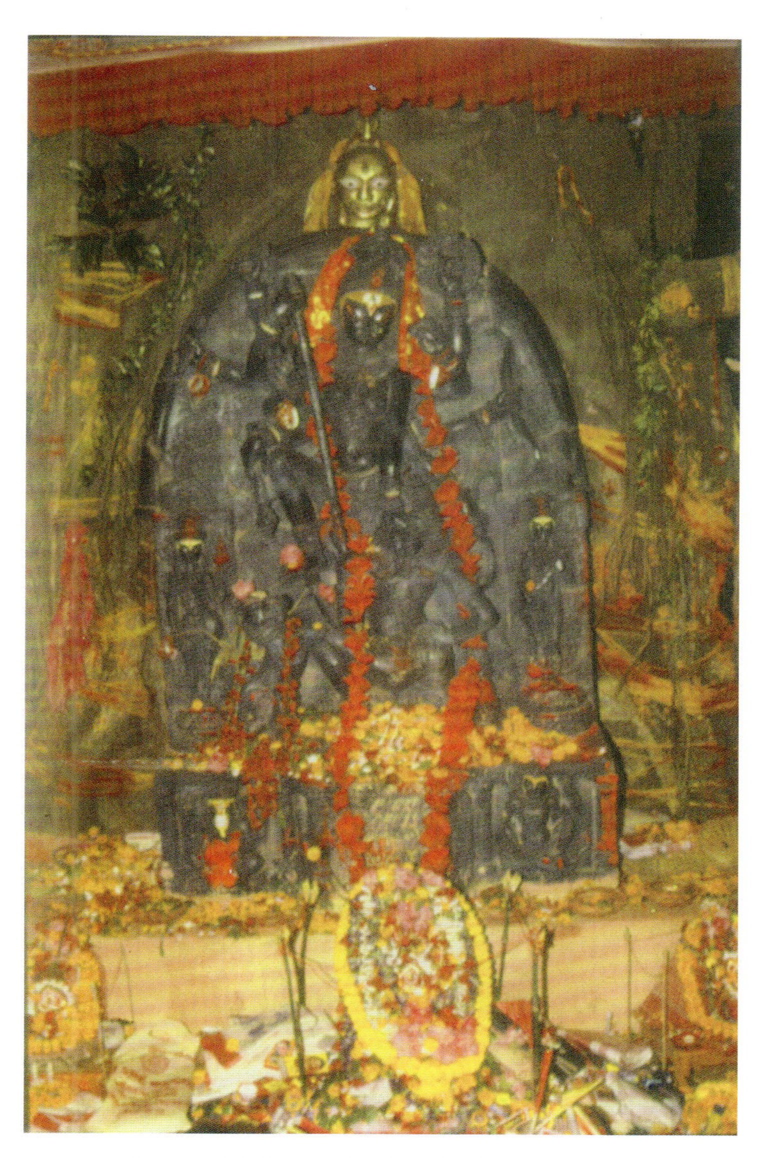

26. 萨那坦·丁达制作的石像风格杜加神像，2002 年（来自 CSSSC 档案）。

27. 巴巴托什·苏塔尔用赤陶制作的杜加神像，2002 年（来自 CSSSC 档案）。

先，必须摒弃文化生产的律规与文化用户共同体之间存在有机统一的常用假设。我们必须做好只能找到这种共同体的稀薄存在，甚至完全不存在的心理准备。大众文化的生产者与用户之间的关系可能是通过如媒体或市场等机构来中介的。第二，我相信我们必须与那种保护“濒死艺术与工艺”的保守主义本能保持距离。虽然这种努力是有容身之地的，甚至可能对工匠和手艺人们的现实生活产生一定影响，但是我认为它并不符合研究传统艺术生产的律规在改造其应对大众文化不断变化的情况的实践时如何成功或失败的方法。第三，一定有一种针对变化进程中传统律规的研究。在这里，旧式的人类学或大众文化的研究方法可能不再适宜。相比之下，我们必须更加注重谱系的研究，来鉴别律规实践的特定元素是如何以及为什么得到了改进或摒弃，而新的实践是如何以及为什么得到采纳的。任何传统与现代对立的一般框架在这里都失去了效用。旧制度、权威的衰退和新制度、权威的萌生这一问题——比如说传统律规对自己的创新和改造——将会是这些研究的主要、热门的话题。第四，做出美学评判的标准应该在律规当中寻觅。尽管在大众文化的新情况下这种传统的记忆可能仍然能在品质和品味的重新定义过程中有一定的影响力，但是这不太可能单纯地只涉及对传统律规中定义了品质或品味的规范和标准的确定。争论将出现在权威和规范的问题上、传统的手法与技术上所附着价值在程度上的差异、传统训练方法的不确定性、对能力和精巧技法（virtuosity）的新的评价、对新的赞助者的寻求、对新的“公众”的吸引以及对新颖性概念的积极参与。以上所有问题都将使得对大众文化生产的任何一个特定现场做出美学评判的领域富有争议，但是这并不是说无法评判和区分这些现场，或者是说（即使是新的那些）律规的实践不会一并对生产者和用户生效。通过更仔细地审视这些律规，而非其潜藏的美学概念，我认为我们也许能找到一种对大众文化产品进行区分，因而可以对大众品味的判断力进行批判的方法。①

180

大众文化中的艺术

我将用一系列取自加尔各答市的一次大众节庆活动中的文化生产过程来充当最后的例子。这个节日就是每年秋天为礼拜女神杜加（Durga）而举行的仪式——杜加礼拜②（Durga Puja）。在20世纪里，杜加礼拜成为加尔各答最为重要的一个文化节庆。其形式主要是在9或10月中的某五天内于全城各不同街区所举行的近千场社区礼拜（community pujas）。簇拥在社区礼拜周围的是数百万人参加的涉及服装、时尚、美食、观光、音乐、戏剧的庆祝活动，而在这里对于我们所要说明的目的而言最重要的就是，在每个街区特别为此而建造的棚舍里进行的对

---

① 基本不需说明，我在这里援引了皮埃尔·布迪厄（Pierre Bourdieu）在 *Distinction: A Social Critique of the Judgment of Taste*（tr. Richard Nice, Cambridge, Mass.: Harvard University Press, 1984）中对大众品味所做的调查。很明显，必须开发新的方法才能揭示印度这种国家的大众品味评判的律规来源。

② 这里用“礼拜”来翻译 puja 一词，但有必要指出该词意思的复杂性。——译注

杜加神像的大规模观览。① 这里，我要引用由加尔各答社会科学研究中心艺术史学家塔帕提·古哈－裟库塔所领衔的研究团队近期对这一节庆所做的研究。② 与杜加礼拜相关的文化生产中极大的差异性使我们有机会重新审视我前面提到过的关于传统律规、创新、社群的消失和恢复、宗教与艺术、市场与媒体的角色、工匠和艺术家间的区别以及最重要的一点——在大众文化领域做出美学评判等问题。

我没有篇幅来阐述杜加礼拜在孟加拉所拥有的宗教意义及其社会历史，而只提一点，即现在加尔各答城市社区的杜加礼拜形式是在近一百年左右的时间里发展出来的。杜加礼拜的资金最初来自于同一街区的居民的小额捐献，但近年来主要的资金来源是企业的广告。尽管崇拜杜加女神的宗教意义与这一女神消灭牛面魔的神话故事紧密相关，但它在大众的视野里却是与下述观念紧密联系在一起的——已婚的女儿每年偕其子女回娘家小住一段时间。传统的杜加神像是在竹子或稻草的骨架外敷黏土制成的，身上还披着衣服以及蚕丝和金属丝制成的服饰。神像每年都要重新制作，并在四天的礼拜期最后的仪式中投入水里。此外，有许多关于表演和工艺的、在传统上与杜加礼拜及其附属庆祝活动的不同方面密不可分的特殊律规，正是这些东西在近年来经受了最大的变革。

181

---

① Anjan Ghosh ，“Durga Puja：A Consuming Passion”，*Seminar*，559（March 2006）.

② Tapati Guha-Thakurta，“From Spectacle to ‘Art’”，*Art India Magazine*，vol. 9，no. 3， pp. 34 －56.

那些塑造了上述变化的最晚近动态就是近四五十年来加尔各答各街区的礼拜之间出现的一种明确的竞赛精神。至少数百万由加尔各答居民和游客组成的群众在四五天的时间里不分昼夜地从一座棚舍（pandal）走到另一座，他们就是这种竞赛性行为的目标。人群的规模是哪座棚舍最受欢迎最直观的衡量方法。但是还有许多由名流进行评判、由赞助人颁奖的正式竞赛。聚集人群、赢取奖项是十分值得骄傲的。毫不意外，街区礼拜的组委会在遴选艺术家和设计师时的行动是由这些动机所引导的。

从一种层面上讲，竞赛精神造成了景观的特权（privileging of the spectacle）。虽然只持续几天，但熟悉的街角和公园突然变成了著名的历史或考古遗迹，或是最近在新闻上出现过的建筑。就这样，人们可以发现一些礼拜棚舍其实是美索不达米亚的亚述王宫、罗马圣彼得大教堂、克里姆林宫、倾覆的"泰坦尼克号"（出现于该电影上映当年）、哈利·波特所上的魔法学校或是熊熊燃烧的世贸中心双子塔（为何不能用这个呢?）的复制品。社会学家普拉迪普·伯士（Pradip Bose）将加尔各答的杜加礼拜空间描述为福柯"异托邦"（heterotopia）的十分恰当的例子，在这一异托邦中真实的事物与完全不可能出现的非真实事物混杂在一起，而一些互不相容的元素可以同时存在（见插图20）。[①] 吸引人们来到这里的其实是景观而非虔诚。当然，古哈-裟库塔指出，景观可能会创造出属于其自身的神圣光环，后者会引起与宗教情怀一样强烈的信仰。但是恰恰因为景观通

182

---

① Pradip Kumar Bose, "Pujor kalkātār bikalpalok", *Bāromās* (1997).

过新颖和离奇的元素而产生效果，我们就很难将这一点与我们关于传统律规的转变的问题联系到一起。频繁地使用花招（gimmicks）——即使用不同寻常的素材来建造容纳杜加神像的巨大棚舍——使得情况进一步复杂化。因此人们可以看到一些棚舍是由茶杯或者坏掉的唱片、饼干、药瓶、甘蔗纤维造出来的（见插图 21）。使用这类古怪的材料来建造一些既有实际功能又易于辨认的设施是否算得上技术高超仍然存在争议。如果如此的话，在使用这些花招的时候调动了哪种规训技能就成了一个有趣的研究课题。但是据我所知，目前为止还没有人试图回答这一问题。

古哈 - 裟库塔工作中最重要的一部分就是她对所谓“艺术”或“主题”的礼拜的研究。这些神像和棚舍试图自觉地达成一种更加庄严的美学效果。这里有几种类型。一方面，有一些中产阶级背景的设计师，他们通常受过正规的艺术学校训练，他们将一个定义了这种展示的形式统一性、指导各类工匠来执行各自不同项目的主题概念化了。另一方面，有一批手工业者出身的新艺术家，他们通常在传统行当中接受训练，但是也会接触现代艺术领域，有时甚至还有一个艺术学院的学位；他们有时会与一位艺术总监合作，而有时会带着自己的那一批工匠设计和推进整场展览。当然，对这两种形式而言，都有许多具有专业技能的、在主设计团队指导下工作的人。这些工匠们在其行业范围内享受独立自主的程度各自不同。

我们来看一下古哈 - 裟库塔所描述的一些特定案例。有一个棚舍是用比哈尔著名的马杜巴尼壁画（Madhubani frescoes）的风格设计的，其中的杜加神像仍然是传统的黏土材质，但它

183

也符合马杜巴尼的风格（见插图 22 和 23）。为了保证逼真，整整一队来自马杜巴尼、来自不同种姓、具有不同风格的男女画师从比哈尔来加尔各答粉刷棚舍，在礼拜过程中向公众展示他们的工作方式。这座棚舍的设计团队是由一位提出概念的艺术教师和一位负责监督设计方案的执行以及杜加神像建造的、有工匠背景同时也拿到了艺术学校学位的艺术家组成的。传统工艺的主题近年来变得颇受欢迎。

但是，构成了礼拜棚舍新“主题”的并不仅仅是从外地来的、表现出一种对本真性的诉求（a claim of authenticity）的传统艺术和工艺。大众的历史记忆也可能被召唤出来为当前政治利益的主题站台。数年前，有一个特别有意思的主题，是关于宗教间的共生和谐关系的，而正在那一年发生了对古吉拉特邦穆斯林的大屠杀。一座棚舍是按照提图米尔（Titu Mir）的竹质要塞进行设计的，此人是一位 19 世纪早期的孟加拉反英农民起义的领袖（见插图 24）。这一选题十分具有冲击性，因为提图米尔是一位激进的穆斯林圣战分子，他受到了当时从汉志（Hejaz）[①] 经德里而新传到孟加拉地区的瓦哈比（Wahabi）教义的影响。他是印度教地主和被控不够正统的穆斯林教士的噩梦。没有人知道他的竹子要塞到底是什么样子，因为除了在一份英国官方报告中提过一次以外，从来没有人目睹过它。但是选择提图米尔作为印度教徒 - 穆斯林和谐的象征并用这座臆想出来的竹质要塞充当膜拜一位印度教女神的场所，这两种做法反映出了一种大众的历史神话艺术（historical mythography），我们这

① 沙特阿拉伯西部沿海地区。——译注

时可以想起皮尼的观点——这座要塞比其他所有地方的反殖民抗争提供了更完善的庇护。当年的另一座棚舍将杜加神像摆设于莫卧儿微缩壁画风格中（见插图 25），而还有一座棚舍的原型是被毁不久的阿富汗巴米扬大佛（Bamiyan Buddhas），其中杜加女神的手里所持的不是武器而是花朵。在前面的一章里我们讨论过，我们可以说在那种特定的政治形势（political conjuncture）之下，这些棚舍是一些可以用代表了宗教间和谐的流行内容的等价链条来填充的空洞能指。

184

那么宗教在这里又起到了什么作用呢？传统杜加礼拜的许多熟悉的服装都已经被简化了，而全新元素则在商业或政治动机驱动下取而代之。然而总是有一套核心的、遵循规定的宗教仪式的实践，这涉及杜加的偶像及对其的崇拜。这种方法看上去划出了一套特定的实践来充当宗教权威排他性指令的主体，而将其他实践留给其他权威来决定。因此，在向女神进行礼拜的时候或者观看阿尔提（arati）仪式的时候就给强烈的宗教虔诚留下了空间，后者涉及由受过训练的专业人士（practitioner）表演的诵经、击鼓和舞蹈。然而其他空间对表演和艺术来说还是开放的。

对杜加神像的崇拜状况是一个宗教和艺术背道而驰的空间。宗教规则要求神像在礼拜结束时通过仪式而投入水中，但是现在有一些神像已经足以激发出将其当作艺术品收藏在博物馆中的要求。出身于传统的神像制作业但是后来攻读了艺术学院学位的萨那坦·丁达（Sanatan Dinda），是一位独立自主的专业现代艺术家。他以一种明显现代主义的风格来制作杜加神像，尽管有买家提出了诱人的价格，他还是没有同意将神像出售，他坚持将受到礼拜的神像浸入水中（见插图26）。而另一方面，巴巴托什·苏塔尔（Bhabatosh Sutar）也有工匠背景并在艺术学校受训，他几年前制作的一尊引人注目的陶质杜加神像现在就被加尔各答的一座高级酒店永久保存在草坪上（见插图27）。现在有人提议在该城的某个地方建立一座展示能够被称为“艺术”的杜加神像的公园。这种博物馆化还将需要对宗教权威对大众文化实践的管辖权这一问题进行另一个系列的论争。

古哈-裟库塔对一家传统制陶像家族的两代人做的研究提供了一个有趣的例子以帮助我们回到传统律规及其适应与创新能力这一问题上来。父亲莫罕班西·鲁德拉帕尔（Mohanbanshi Rudrapal）仍然在加尔各答最古老也是规模最大的陶匠社区库玛托利（Kumartuli）使用传统设计和方法进行工作，而他的幼子普拉迪普（Pradip）与父亲一起工作，但是他手握一份素有声望的巴罗达（Baroda）学院颁发的美术学位证书，并准备加入“艺术的”礼拜巡游。而长子萨那坦（Sanatan）与父亲分家，搬出了库玛托利，并建立了自己的工作室和字号。与这种律规在一个代代相传的技能和训练的结构内发生的创新有关的可能有两个因素：首先，上一代与下一代之间发生的变化；第二，与一种不同的律规模式的接触（在这一例中说的就是艺术学校的培训）。

185

一个重要问题是，是否可能用取自不同的、可能相互冲突的律规传统的范畴对品味做出美学的区分和评判。现代主义艺术的评判通常会与传统制像者使用的所谓优秀的范畴相冲突。然而，就像杜加礼拜的例子所展示出来的那样，这种冲突的评判实际上正在大众文化实践领域中发生。这里要强调近三十年来大众文化研究所反复指出的一点，那就是解决这种对文化生产的论争的并非公平的哲学分析，而是权威和专业人员在制度权力领域内的行为。传统律规存在辩论和变革的空间，尽管其程度各有不同；它们是会适应新的环境还是会停滞不前直至消亡，要取决于不同权威决定律规实践的行动。我认为，杜加礼拜的例子显示出了一个我从葛兰西那里得到的观点：这里有一套已经具有自我批判性质（self-critical）的传统大众实践。它们并不是独立自主地变成这样的。相反，它们是通过响应新机遇和寻求从不同的律规中产生出的新权威而实现创新的。

关于这一方面需要指出的是，大众文化学者的工作已经是那些所谓新的律规权威之一了，这些新权威正在被人用来为大众文化的这些创新进行认证和认可（authenticate and authorize）。今天没有人能够否认学术界对大众视觉文化或者大众表演艺术的其他分支所做的新工作在印度这样的国家里逐渐提升的影响力，这些工作正在被用来开拓展示和表现的新制度空间、并为新实践做辩护。在西方学术语境中很难对附属于大众艺术生产的地方小圈子的学术观点的重要性和意义加以重视。而这类观点一旦与素有声望的国家级或国际机构的学者联系起来，它就能够将局地的大众艺术家及其作品投射到媒体和市场这类能够培育当代大众文化的关键的媒介机构的注意范围之中。并不鲜见的是，这些学者突然发现（通常这令他们很苦恼）他们发表在一份不受瞩目的学术期刊上的关于一些地方的大众节日、产品或艺术家所写下的文章被人引用（这种引用并不总是如实的）以宣传这一产品或招揽游客。无论他们自己是否喜欢，大众文

186

化学者都正在被、以后也会被动员到变革的美学实践的派系斗争中。从这种意义上来说，回到我在本章开头所介绍的话题上来，大众文化研究实际上已经对实际的文化世界的至少一部分造成了影响，尽管这种作用并不总是有意为之。我希望这类研究能够注意到它们身上的这一角色，并自觉地在接触人民正在变革的文化的时候变得更加具有批判性和责任感。

第三部分

民　主

Democracy

第九章

社群与资本

Community and Capital

西方的社群

189

我必须承认，在大约三十年前自由主义的个人主义者与社群主义者们（communitarian）在英美学术圈中进行辩论的时候，我没有发现什么能够维持我兴趣的东西。对于我来说，这种辩论看上去完全是狭隘的、重复的，而且在很大程度上是可以预测的，结果留下的只不过还是一系列冲突而已，而这些冲突对于一百年以前在世界上（英美以外的）其他地区学习西方政治哲学的学生来说都谈得上耳熟能详。现在，我认为我可能有些过于急躁了。如果不是我过于轻视这次辩论对于政治理论的未来发展的重要性，那时的我就会和现在一样注意到，通过再一次的重复西方政治理论的基础矛盾，这一辩论事实上表明了一些非西方国家的现代政治实践方式，而这些方式是可能被理论化、甚至是可能被制度化的。

在这里，我不会花时间来重温这次辩论中的各种论点和抗辩，已经有许多著作来介绍这些观点。[①] 我就直接讲一讲对于我

---

① 两本选集对这些争论进行了公平的辑录：Michael Sandel, ed., *Liberalism and Its Critics* (New York: New York University Press, 1984); Shlomo Avineri and Avner de-Shalit, eds, *Communitarianism and Individualism* (Oxford: Oxford University Press, 1992).

的讨论意义最大的观点吧。社群主义者从两个方向对自由主义的个人主义进行攻击，其中一个是方法论的角度，另一个是规范性的角度。从方法论角度出发，社群主义者认为自由主义理论家们建构的个体形象其本身就是虚假的。个体并不像自由主义者们认为的那样，是独立的、不受无意识的义务所束缚的、能够根据其各自的偏好在可用选项中进行自由选择的主权主体。而反过来说，上述的偏好也是由一个人们生来就陷于其中的社会纽带（social attachments）的网络所塑造的，并非所有纽带都是能够自由选择的。个体本身的建构如果从实际的社会情况中剥离出来，就变成了一个虚假的抽象物，而这种实际的社会情况提供了个体意愿（individual wills）形成所需要的文化与道德资源。

190

从规范性角度出发，社群主义者认为，通过将个体本身建构成一个不受早先的（即不能自由选择的）社会纽带束缚的概念，自由主义理论家架空了一个概念——一切真正的道德内容的政治义务。如果一个人与其生来所处的社群之间的关系并不带有任何固有的道德价值，自由的个人主义者们要怎么解释为什么人们通常都会愿意为其家庭、亲属、种族或国家做出牺牲呢？社群主义者们说，更普遍地来说，个体需要群体赋予他们以人生的道德意义；即使是个人的独立自主，在社群内也比在社群外能够更令人满意地达成。除此以外更重要的是，社群主义者们并不准备接受自由主义的前提——对权利的考量必须比公共善更加优先这一点，对于个人自由的保护是必要的。他们坚持认为，公共善是现代参与式政治的中心，而自由主义束缚公共利益并将其贬斥为一种可能被分裂的、危险的事物的尝试只能为两件事情奠定基础：一个是公民之中广泛蔓延的冷漠，另一个就是西方多数自由主义民主国家政治受有力、有组织的利益集团操纵的现象。

自由的个人主义者们是这样对社群主义者们提出的方法论上的批评做出回应的：后者认为个人是由其在一个社群中的生活经历所塑造的印象可能是没错的，但是这种批评只是一个特殊的理论见解，这种见解是被设计出来的关于公共利益的特例。另外还有几种互相竞争的关于公共利益的见解，这些见解之间的分歧很大，这使得这些见解在社会上对于以上问题不能达成任何一般的共识。自由主义观点认为，如果要让所有这些互相竞争的观点获得公平而平等地表达自己的机会，唯一的要求就是这些过程[①]在不同个体之间是中立的。这是自由主义的个人主义方法论的基础。

在道德层面上，自由的个人主义者也不会完全拒绝承认社群对个人生活的重要性。有些人认为社群是一种需求，其他人认为即使在一个自由主义社会中也应该实现社群的目标。他们主要关切的就是，社群主义者会破坏自由主义的权利体系以及自由主义关于公共善的中立政策，从而为多数人的不宽容、保守主义信仰和实践的永存，以及强制盲从的做法打开大门。

191

这次争辩的一个特别触动我的特征就是：辩论双方都在使用社群这样一个狭隘而没有新意的概念。一些社群主义理论家——特别是阿拉斯代尔·查莫斯·麦金泰尔（Alasdair MacIn-

---

① 作者在前后文中均未阐明“这些过程”是什么过程，译者认为可能是这些观点表达自己的过程。——译注

tyre）和迈克尔·桑德尔（Michael Sandel）——提到，在个体自身定位于社群之中的过程里，家庭和邻里是主要的纽带。[①] 但是其他人（包括自由主义者和社群主义者在内）则强烈反对这种认为飘扬着印有“传统”字样的旗帜的小群体纽带具有如此重要价值的观点，他们说，这种团体通常不过是将保守的、家长制的、不自由的社会实践持续下去并向外传播的手段而已。在欧洲和北美洲的许多国家也出现了基于社群的以参与政治为目的的运动，这种运动既有政治论辩的内容，也有行动的内容；既出现在城市，也出现在农村。这些运动同时受到了左翼和右翼的民粹主义或无政府主义思想派别的影响。然而，他们的一个主要特征，就是他们相对于这些国家政治生活的主要机构与实践活动的边缘性。

回顾自由主义和社群主义的辩论，唯一能得到广泛认同的社群形式可能就是民族的政治共同体[②]（political community）。迈克尔·沃尔泽（Michael Walzer）主张，民族国家（nation-state）是唯一一个能够在确定的领域内给予每个人相同公民地

---

① Alasdair MacIntyre, *After Virtue: A Study in Moral Theory* (Notre Dame, Indiana: University of Notre Dame Press, 1984)（中译本为《追寻美德：道德理论研究》，南京：译林出版社，2011。——译注）；Michael J. Sandel, *Liberalism and the Limits of Justice* (Cambridge: Cambridge University Press, 1982)（中译本为《自由主义与正义的局限》，南京：译林出版社，2001。——译注）.

② 本文中政治共同体的“共同体”与社群主义的“社群”的词根均为community，但出于习惯用法的考虑，这里并未统一翻译用法，请读者们注意。——译注

位，并满足每个人对产品的社会分配的参与需求的社群。[1] 这就引出了一点反对意见，即沃尔泽通过强调一致的公民权来隐晦地反对民族内部的迁移和文化多样性。大卫·米勒（David Miller）与沃尔泽一样，主张对社群的渴求最可能在一个国家的公民身份中得到满足。[2] 他也曾经试图在先进的西方工业化民主国家里建构社会主义政治理论。

192

所以说，西方的政治理论看上去并没有否认以下经验事实——大多数个体是在一个社会纽带的一脉相承的网络里生活的，甚至在工业化的、自由民主的发达国家里也是这样，我们将这种社会纽带的网络称为社群。下述观点得到了较大程度的认同：社群满足了一个特定的道德条件，从而使一个社会集体中的人们能够获得实在和令人满足的参与感。然而，存在一种强烈的情绪，这种情绪认为在现代政治生活中，并非所有社群都是值得支持的。特别是那种看起来强调继承性、原生性（primordial）、家长制和传统性的社会纽带，大多数理论家认为这些纽带带有保守的、非包容性的实践的气息，因此将其看作是现代公民价值的对立面。不考虑生物学和文化差异，为所有公民提供平等和自由的现代国家貌似是能够得到最多支持的政治共同体。但是在这一方面上，最近也有大量的批评意见，这些意见对民族的概念展开抨击，认为这一概念在本质上是不宽容的、

---

① Michael Walzer, *Spheres of Justice* (New York: Basic Books, 1983).（中译本为《正义诸领域》，南京：译林出版社，2009。——译注）

② David Miller, *Market*, *State and Community* (Oxford: Oxford University Press, 1989).

家长制的，其多样性值得怀疑，并认为开创一种后民族的（post-national）政治团结（political solidarity）形式的时代已经到来了。这是一种很有趣的发展，我将会在后面的章节里再进行讨论。

东方的社群

当我们将目光投向非西方的世界的社群思想时，我们就会注意到，在不同社群中的大多数理论著作里存在着一种彼此类似的反对意见，这种意见是前现代传统和大规模、普遍性的，不带个人好恶的政治认同的遗留物，这种政治认同则充当了现代性的特征。在这种现代化倾向的引导下，许多非西方社会的现代史都被写成了一种从小规模、局部的、原生性的社会纽带向大型的、世俗的（民族）团结（就如同民族国家的特征一样）发展的进步叙事。殖民统治时期的文字作品通常将这种社会描述成一群落后的礼俗社会（*gemeinschaften*）的集合，这种社会缺乏将自身转化成现代工业化国家的内在动力。民族主义思想家们怀疑这种缺乏历史动力的假定，但是他们也认为他们自身的计划就是克服这无数的社会纽带而建立一个民族国家，来充当政治忠诚的最有力、最合法的声索人（claimant）。①

193

然而，在这一民族主义者的现代化计划被阐述为一种与西方的现代性不同的事物的过程中，存在着一处很有意思的扭

① 即建立一个民族国家，使民族成员的政治忠诚的目标从旧式的社会纽带转向这一新的民族国家。——译注

曲。当非西方的民族主义者赞同其社会中的许多传统机构和实践需要彻底地现代化改造的时候，他们还坚称——与西方文化不同，他们的传统中的一些元素具有特别的民族性，但是却可以完全与现代性相容。假借了东方主义思想或者殖民地思想这一名目的这些人经常将这种差异伪装成以下两者之间的差异：一方是西方式的物质主义、个人主义和对传统价值观的漠视，而另一方是东方式的灵性论（spiritualism）、社团团结和对传统的尊重。民族主义作家通过这种行为在现代社会理论中挑出了自由主义的个人主义者这一派，将其视为西方的首要特征，并将这些特征夸大。但是通过捏造出西方的个人主义与东方的社群主义价值观的对比，并坚称后者代表着非西方国家的更优秀的现代化方式（至少也是更适合这些国家的），民族主义思想实际上是在重复我们在自由主义 - 社群主义辩论中所遇到的场景。实际上，我们仍然可以看见这种观点存在于许多亚洲和非洲国家的官方意识形态中——这种观点有的时候被犬儒地用来为其专制政体和政策辩护。所以很明显，作为一个出生在每天的话题全都是这类观点的学术气氛中的人，我并没有在 20 世纪 80 年代的这次辩论中发现多少能够让我注意的东西。

考虑到社群在现代政治生活中的地位，民族主义者假装提出的西方个人主义与东方社群主义之间的问题并没有产生任何新的理论回答。恰恰相反，在非西方的民族主义者中，既然存在一些将社会纽带鼓吹成社会团结、道德价值观和民族传统源泉的人，也就会有一些批评家将这些纽带批为区域落后性、封建和家长式的束缚、民族国家未能达到现代政治组织的真正高峰的表现。理论术语已经为西方社会理论的范畴所设立；很明

194 显，非西方思想家能做的不过就是用完全不同的文化内容来填充这些范畴，然后在完全不同的民族舞台上上演同样的争论。

我可以从印度的现代政治思想史中给出许多例子。西方个人主义和东方社群主义之间对比的提出和现代印度民族主义有着一样古老的历史。当印度旅行家在19世纪末访问英格兰的时候，他们为西方科技的成就感到震惊，热心地要在自己的国家里仿效西方人。但是他们也为工业城市中穷人的生活条件而惊骇，并下定决心不让这一幕在印度重演。在印度，社群的纽带能够确保即使是最穷困的人也不会沦落到如此潦倒的境地。对比就存在于西方式的物质主义和东方式的灵性论之间的更加基础的两分法中，而这种两分法是非西方的民族主义意识形态建构过程的中心。西方式的物质主义很容易就可以联想到更加个体化的生活方式，并且由于缺乏对社会义务、互相依赖和全社会团结的考量而受到批判。西方现代性的这一局限可以通过被称为是精神方面的文化的东西而得到弥补，据说东方式的社群生活传统可以在这一方面为现代社会提供许多教诲。在我们讨论泰戈尔对现代印度与“社会”的相关性的时候也遇到了以上的一些观点。

在印度政治史中，甘地在20世纪20年代的实践得出了一个在政治思想和活动领域都算是最重要的思想，这一思想开阔了以上争论的可能界限。近年来，阿希斯·南迪精心地重新整理了甘地主义的立场。他的主要论点是，一百多年以来，随着民族主义和现代国家机构的发展，在印度这样的国家里发生了现代的个人主义力量与传统的原始力量（traditional primordialities）之间的激烈斗争。自由主义的经济和政治理论中的突出一点就是，现代的个人主义的光明一面在于其着重于快速创造财富、带来普遍繁荣和个体个性的自由发展。而现代个人主义的阴暗一面则被忽视了：市场驱动的社会一体化（massification）与麻木不仁摧毁了旧时代的社交与社群生活的机构，但是却又不产生任何东西来填补它们留下的空白。与现代化分子的信念恰好相反，传统社群结构并不是单纯而顽固的：所谓原始性是多层面的，自我是开放的，调整和妥协都是伦理规范。南迪认为，如果不考虑外部因素，相比现代国家机构而言，这些传统社群架构有更有效的文化资源来调解争端、容忍差异，并为更加合宜的人格发展提供条件。在这里至关重要的体制就是那些被归于“小传统”（little tradition）的区域性社群生活，这种生活是许多个世纪以来地方社群应对社会变化的产物。而困难在于，非西方国家的统治精英越来越多地受到现代国家的思想和行为方法的影响，这些人用现代国家的权力破坏了这些被认为是倒退和狭隘的传统社群生活体制。南迪认为，这样做之后问题就完全压到了小传统上，然而现代国家继续在“个人文明意义上的自我的废墟”上进行建设，“社群”就算还没有破灭，“也毫无疑问衰落了”。①

195

---

① 被引用的短语来自于 Ashis Nandy *et al.*, *Creating a Nationality*: *The Ramjanmabhumi Movement and Fear of the Self* (Delhi: Oxford University Press, 1995), pp. xi, 203. 我在这里给出了南迪观点中与我们现在的讨论相关的那些观点的概述。南迪的作品，从“改良的甘地主义立场”出发，涵盖了很大的范围。参见下述作品：*The Intimate Enemy*: *Loss and Recovery of Self under Colonialism* (Delhi: Oxford University Press, 1983); *Traditions*, *Tyranny and Utopias*: *Essays in the Politics of Awareness* (Delhi: Oxford University Press, 1987);

对于边缘、弱势人群由于感受到威胁而反抗现代化推进的运动来说，甘地主义思想中对社群机构的辩护有着相当程度的影响力。特别是甘地主义思想对本土文化的集体行动模式的重视激发了许多具有创新性的活动和动员方式，这些活动和动员甚至出现在了现代政治组织的舞台上。最有名的例子就是在英国殖民统治的最后三十年中，由甘地领导的印度国大党的群众运动。①但是，由本土文化形式所塑造的类似政治运动的例子与西方世界现代政治史所铭刻的类似例子有较大差异，这种新政治运动的例子可以在许多殖民时期和后殖民时期的亚非国家中找到。这些例子构成了非西方社会中现代国家本土化（domestication）历史过程的必要材料。

196

然而在理论方面，我并不认为甘地主义式的论点（包括南迪所提出的、经过改良的最近的那些论点）能够为将个人主义对社群主义的辩论带出目前其在西方政治理论领域所陷入的僵局而做出任何贡献。用西方个人主义的意识形态及其与东方传统社群的冲突来对关于国家与政治的所有现代制度进行鉴别的做法，再一次使这种对立崩塌成为现代性与传统主义对立的熟悉领域，只不过这一回传统和原始性的地位要在现代性之上。诚

The Savage Freud and Other Essays on Possible and Retrievable Selves（Delhi：Oxford University Press, 1995）；"The Political Culture of the Indian State", *Daedalus*, 118, 4（Fall 1989）, pp. 1 –26.

① Lloyd D. Rudolph and Susanne H. Rudolph 在 *The Modernity of Tradition：Political Development in India*（Chicago：University of Chicago Press, 1967）中较早地试图将甘地把"传统政治"融入现代政治制度史的诉求初步理论化。

然，在反抗现代化国家的掠夺的斗争中，甘地主义的立场通过将其自身置于现代性的学术和制度领域之外，能够获得对斗争策略的相当影响力。但是由于甘地主义不愿意承认自己是非西方社会中存在的、现代国家所产生和约束的政治生活的组成部分，它选择以一种顽固而彻底地拒绝现代国家的姿态来终止一切争论。通过这种做法，甘地主义同样拒绝将非西方世界的现代政治生活的独特经验视为反思现代政治理论本身这一目标的一个组成部分。

资本与社群

我认为，以下就是非西方的政治理论家所面对的目标：寻找一套恰当的概念语言来描述非西方世界的现代国家事业，并非将其描述为一种扭曲或缺陷（而扭曲或缺陷在现代化叙事中是不可避免要发生的），而是将其描述为关于现代性的另类历史序列，它所产生的结果与西方政治理论所鼓吹的规范性的实践和制度是不同的。但是在我探讨这一目标之前，我要稍微讲讲另外一个缺陷——现代政治理论的不完全的普适性。

我在早先的一部著作中，试图陈述我认为需要为现代社会思想中对社群概念的理论化的贫乏所负责的主要原因。① 启蒙运动之后的西方政治理论是围绕着下述的思想而组织起来的——现 197

① Partha Chatterjee, "A Response to Taylor's Modes of Civil Society", *Public Culture* 3, 1 (Fall 1990), pp. 119 –132; *The Nation and Its Fragments: Colonial and Postcolonial Histories* (Princeton: Princeton University Press, 1993), ch. 11.

代社会中的生产性力量（productive energy）、主体权利（subjective rights）和文化创造性就体现在自由而平等的个体身上。与这一抽象概念的力量共同出现的，还有同样强有力的废除西欧封建制度和专制体制的历史进程以及生产性资本和劳动力前所未有的释放。这种塑造了公民普遍权利的抽象的自由和平等的概念武器的作用，不仅仅在于破坏前资本主义的实践——这种社会实践通过出身和社会地位将个体的社会地位和选择范围限定于传统的边界之内，还在于将权利的抽象领域与市民社会实际生活的领域分隔开，青年马克思在150年前就注意到了这一点。① 在法律－政治理论中，公民权利并不受到种族、宗教、族群或阶级的限制（而到了20世纪早期，女性也获得了同等的权利），但这并不意味着市民社会中男人（以及女人）之间的实际差别得以废除。然而，权利理论的普适性预设并确保了社会中权力关系的新秩序，这种权力秩序恰恰是以这些阶级、种族、宗教、性别等的差别为基础的。同时，由普遍平等的权利所做出的解放承诺在过去两个世纪中一直充当了现实市民社会的理论批判的源头，并推动了旨在改变种族、宗教、族群、阶级和性别之间不平等、不公正社会差异的不计其数的斗争。

在理论与现实的相互影响中，社群的纽带被认为属于现实市民社会日常生活的一部分——它们或是其前资本主义过往的

---

① 参见 Karl Marx，"On the Jewish Question"（1843），in Karl Marx and Frederick Engels，*Collected Works*，vol. 3（Moscow：Progress Publishers，1975），pp. 146－174.

顽固残余，或是管理现实存在的社会差异的实践手段。经验主义社会学家们认为其是调查的对象，政治学理论家却不将其看作是哲学思辨的客体。在理论的镜子里，社群的纽带总是充当普遍公民权和资本普适性的限制因素。国家的普适性已经受到民族的存在的限制（也就是说，国家和资本的普适性必须在许多民族国家和民族经济的存在中体现），从这个方面来说，民族是唯一能够不时在政治义务的高深理论里找到一席之地（即使是这样，民族在理论中的位置也是相当边缘化的）的社群。 198

事实上，20 世纪西方先进工业国家所出现的大众民主（mass democracy）在以公民概念为基础所建构的理论领域与人民（而非公民）所生活的政策领域之间创造了新的差别。与我在前面某一章所解释过的公民概念不同，人口的概念完全是描述性的、经验性的：这一概念并没有规范性的负担。人民是可以通过经验或行为标准来鉴别、分类和描述的，人民也是可以通过人口普查或抽样调查等统计技术来验证的。与带有参与国家主权的伦理内涵的公民不同，人口的概念使得政府官员能够使用一系列可操纵的手段来影响国家内部的大批居民，即其“政策”的目标人群——有经济政策、行政政策、法律，甚至是政治动员。的确，正如福柯所指出的那样，当代权力体制的一个主要特征无疑就是“国家的治理化”（governmentalization of the state）。① 这种政体确保其合法性的方式并不是让公民参与国家事务，而是宣称自己用行动为人民谋福利。其论证模式并非

① 参见 Michel Foucault，“Governmentality”，in Foucault，*Power*，ed. James D. Faubion（New York：New Press，2000），pp. 201 -222.

审慎开放的讨论，而是工具性的投入与产出概念。其装置并非共和主义的议会，而是一张复杂的监控网络，通过这张网络来收集关于那些需要被照看的人口的信息，具体涉及其生活的方方面面。在当下的21世纪中，我们毫不惊讶地发现参与性公民权的概念（这是启蒙时代的政治学概念的一个相当重要的部分）在发生了极大进步的、许诺为更多人民以更低成本提供更多福祉的治理技术（governmental technologies）面前迅速衰退了。事实上人们可能会说，实际发生的资本的政治史早已超越了自由主义政治理论的条条框框，而用它自身的治理技术来征服世界。

199 在那些建设现代国家的事业还未竟全功的亚非国家中，共和主义的公民权概念有的时候还伴随着民族解放的政治活动。但是它们都将无一例外地为发展型国家（developmental state）所取代，这种发展型国家承诺通过采取促进经济增长和社会改革的适当政策来终结贫穷与落后。在不同程度上获得成功的这些后殖民国家（有些则遭遇了灾难性的失败）采用了最新的治理手段来提升其人口的福祉，这一过程通常受到国际组织和非政府组织的鼓励与援助。通过采用这些旨在推动现代化和发展的技术策略，社群大都已经进入了人口的知识领域——便捷的描述性分类可以把人口按照其（倾向的）行政、法律、经济和选举政策分成合适的目标人群。在许多场合下，殖民政府所采用的分类标准也延续到了后殖民时代，从而塑造了政治需要和发展策略的模式。因而，当在人民中对充当政策目标人群的社群进行分别时，印度的种姓和宗教、东南亚的民族和非洲的部落仍然是根本性的分类标准。这种情况十分普遍，以至于印度的一家政府机构进行的大规模人种学调查实际上鉴定并描述了整整 4635 个社群，并认定这些社群构成了该国的人口。①

我深信将人口归类为确凿的、可识别的社群的现代治理技术的尝试意味着现代社会理论惊人的贫乏。在非西方世界描述性的人种学中，总能发现社群是由周围情境所决定的，其边界是模糊的，而对一个特定社群的鉴定并不能彻底弄明白一个人自身人格的诸多层面，并且，向一个社群的成员询问世界上有多少他们的同胞是没有意义的。② 然而，为了让人口能够享受到政府的治理政策，法律－行政的分类法和统计技术必须抹去这种情境决定性和边界的模糊性。我们假设一下，如果一项政策的意图是让印度某个落后种姓的穷人获益，那么政府就必须通过调查来对贫困和落后种姓的标准做出明白的定义并公开表述出来。在这种过程中，由处理文化差异的人们的文化体系（cultural repertoire）所提供的（社群）含义的丰富性和策略上的灵活性就消失了。诸如南迪之类的作家们为这种损失而扼腕叹息。正如我前文所说，当代的治理技术将社群视为人口统计资料，因而可以被当作工具来操纵，而不是道德或哲学研究的客体。简言之，从理论上来说，资本和社群是对立的。

200

这一矛盾以一种很有意思的方式在 20 世纪 90 年代的一次讨

① K. Suresh Singh, ed. , *People of India*, 43 vols (Calcutta: Anthropological Survey of India, 1995—).

② 这一点在苏迪普塔·卡维拉吉（Sudipta Kaviraj）的“The Imaginary Institution of India”一文中得以很好地体现出来，该文收录于 Partha Chatterjee and Gyanendra Pandey, eds, *Subaltern Studies VII* (Delhi: Oxford University Press, 1992), pp. 1 –39.

论中被突出出来，这次讨论是关于罗伯特·普特南（Robert Putnam）与他的一些同事研究意大利北部和南部的政府行为的著作的。[①] 普特南提出了两个概念来解释为什么政府的政绩在意大利北部的一些地区看上去更好。这两个概念是公民社群（civic community）和社会资本。普特南认为，公民们在公民社群中有同样的权利和义务，他们积极地参与公共事务和一系列公民团体中去，并对其公民同胞们抱有尊重、信任和包容的情感。民主政府在公民社群根深蒂固的地方一般都能够有更好的政绩。为什么呢？因为公民社群促成了社会资本。普特南在詹姆斯·科尔曼（James Coleman）的启发下提出的社会资本概念，包含了诸如信赖、互惠规范（norms of reciprocity）、公民参与网络等等的组织特征，正是这些组织特征促成了协调统一的社会行动。[②] 与通常为私人物品的常规资本不同，社会资本是公共物品。它并非其受益者的私有财产。与其他资本形式不同，社会资本主要是作为其他社会活动的副产品而生产出来的。因而，参与到多种集体活动中的公民团体网络越紧密、这些团体的成员间的互惠原则越牢固，社会资本的存量就越大。事实上，一切社交活动、公民教育和群体认同（collective sanctions）都在加强对社会资本的认识。

---

① Robert D. Putnam, Robert Leonardi, and Raffaella Y. Nanetti, *Making Democracy Work: Civic Traditions in Modern Italy* (Princeton: Princeton University Press, 1993).

② James S. Coleman, *Foundations of Social Theory* (Cambridge, Mass.: Harvard University Press, 1990).

然而，普特南所引用的关于社会资本的活动的来源是对印度尼西亚、尼日利亚和墨西哥的农民、城市工人的互助信用安排制度（rotating credit arrangement）的研究。这些制度的主要特征是，它们能够在以资本主义计算方式为基础的常规信用市场所不能起作用的地方创建信用机制。普特南说，这是通过抵押社会资本而实现的，也就是抵押通过其他社会行为和网络所建立起来的相互信用。这样，爪哇的农民就能够以传统而实在的互相依赖的实践为基础，通过当地的互助机制在多种多样的社会活动中进行劳动力、资本和货物的交易。墨西哥城的城市贫民在互助和互信的基础上发展出了一整套信用制度。这些体制远不止是经济上的，它们还能够加强社群的团结。 201

在我看来，这里所引用的社群的概念能够补足那些不能恰当地被归入资本概念的事物。信用团体的例子特别能说明问题。任何一个对非西方的农耕或游牧社会的人种学著作有所熟悉的人都会马上看出，这些交换实践能够在多深的层次上展示出这些社会的整个物质交流的构造和象征意义（这种象征意义正是这种社会的特征）。这些实践是这些社群“传统”生活必不可少的元素，它们通常会被资本主义生产与交换的“现代”体制的推进所摧毁。当它们在还没有被资本的网络彻底吸收的人群和活动中幸存下来时，它们就在现代化区域的边缘践行上述实践。① 为什么这里要引用这些属于非西方社会的古老社群主义历史的例子来论述现代西方的民主政治制度呢？

我的回答是，通过将“社会”加到资本之中，并使其成为

① 即普特南的例证所展示的与社会资本相关的实践。——译注

"公民"社群的推动力，资本可以被拿来做一些它总也做不成的事情，换句话说就是将社会体制扎根于社群内的现代资本主义经济中。由普特南所提出的对公民社群的描述是对参与性公民权所具有的各种优点的重述，社群主义理论家们现在仍然对这些优点不吝溢美之词。普特南试图证明，从经验上讲，一种拥有这类积极主动公民身份的文化是和运转良好的民主体系相关联的。但是在尝试用理论术语建立这种联系的时候，我认为他也陷入了与自由主义－社群主义辩论相同的僵局中。为了解释清楚为什么公民社群只能在意大利北部的一些地区存在，普特南不得不对 13 世纪的历史进行调研。于是他必须宣称公民社群只能在已经将其当作历史传统的一部分的地方才能行使职能。在另一方面，他所引用的关于社会资本的活动的例证是从印度尼西亚（当时还在苏哈托的军政府治下）、尼日利亚、墨西哥这些地方的传统上发展出来的，而即使是最善于臆想的现代化理论学家也不会认为这些地方存在良好的民主治理。换句话说，唯一的能够介绍社群的当代例子需要从非现代和非西方的文化传统中借用；而与此同时，为了确保其成功，现代西方政治制度却需要扎根于社群之中。所以，普特南的作品遭到（认为其过于悲观的）批评家们的攻击毫不令人诧异。盖因为他认为，除非公民社群已经作为历史传统的一部分而存在，否则良好的民主政府是不可能通过制度上的现代化而建立起来的。他过分浪漫主义地描述社群的团体生活也招来了批评。最后，批评家们指出，与普特南玫瑰色的美好图景正相反，社群生活通常是

202

保守的、抗拒变化的。[1] 我们记得，传统主义、浪漫主义、保守主义这三个诨名都常常出现于自由主义的个人主义者们对社群主义者的称呼之中。很明显，我们还没有超越那次辩论，哪怕只有一步。

社群与新的国家机制

为了理解政治理论在现代国家历史尚浅的国家里必须解决什么问题，请让我介绍一下在一座印度城市里的贫困移民中进行的社群构造（community-formation）研究的一些发现。[2] 这些移民形成了一个大约 1500 人的群体，他们住在一排位于加尔各答东南郊的、靠近铁轨的危险棚屋里。他们所建棚屋下面的土地属于国有铁路用地。所以，他们是公有土地上的非法居住者。从 20 世纪 50 年代早期开始，这一居民点就已经在那里了。移民来自于西孟加拉邦南部的许多农村区域，有些来自孟加拉国。由于他们在不同的时间从不同的地方搬来，居民们在此前并没有一套使其成为一个集体的纽带网络。社群[3]是一点一点建立起

203

① 所有这些批评都来自于玛格丽特·列维（Margaret Levi）的一篇评论，该文章高度赞扬了普特南作品的其他方面，"Social and Unsocial Capital: A Review Essay of Robert Putnam's *Making Democracy Work*", *Politics and Society*, 24, 1 (March 1996), pp. 45 -55.

② 我在 *The Politics of the Governed: Reflections on Popular Politics in Most of the World* (New York: Columbia University Press, 2004) 一书中用更大的篇幅讨论了这个以及与其类似的案例。

③ 指充当社群成员间纽带的关系网络。——译注

来的。

他们以一个集体进行行动的决定性原因是为了其居住地的生存。从大约 60 年前这个居民点出现以来，铁路当局每过一段时间就试图把他们赶走。居民们会自豪地对客人说，这些尝试遭到了社群全体协调一致地努力反抗。居民们最常用来描述他们社群的比喻就是他们是一家人。他们不会谈论团体成员们所共同享有的利益，而是谈论更值得注目的共同亲属关系所造成的纽带。然而的确存在使集体发挥作用的实在的团体形式。其中最重要的一种就是拥有自己办公室的福利团体，这个办公室充当社群活动的中心，还在那里运营有小型图书馆和诊所。它组织体育娱乐活动与社群节庆（包括宗教节庆）、调解争端（甚至是家庭争端）。它也是社群与外部世界的交涉机构——这里的外部世界包括政府机关（比如铁路、警察、市政当局）、提供福利和开发服务的志愿组织、政党及政治领袖。

但是在这种正式机构之外，还存在其他至关重要的、致力于维护就业和提供资金帮助的社群支持网络。这里的许多人都在建筑行业中充当无技能劳工，他们找工作依赖于相互间的联系。居民点的妇女大多数在附近的中产阶级住宅中从事家政服务业，相互担保对这一职业而言也是很重要的。对于包办婚姻来说，有的时候会用到种姓或村落的社交网络，但是每个人都承认这里的约定条件要比村落中的宽松很多。尽管这个居民点的所有成员都将自己视为贫困的劳工，但一部分人比其他人要稍微宽裕一些，而有一些人实际上则租住在早先建有棚屋的人的房屋里。大多数人对于他们在居民点内的居住环境感到不快，他们很乐意搬出去。事实上只有少数人在碰到机会的时候搬到

204

城里的其他地方去了。而大多数人留在这里，继续“像一家人”一样进行集体斗争，十分不愿意放弃其非法居住者的不稳定地位。

通过这些发现，我们可以提出一些概念上的问题。首先，很难将这种由居民们发展出来的集体形式视为一种公民团体。这个团体本身就是从对财产法律和市政规章（civic regulation）的集体破坏行为产生出来的。国家不能像认同由公民组成的追求更合法目标的其他经济、文化团体的正当性一样，来承认这种团体存在的正当性。另一方面，考虑到这只是印度城市中无数依靠违反国家法律和市政规章才能存在的群体中的一个个例，国家在制定政策的时候不能完全无视这些团体的集体诉求。因此，警察和铁路等国家机关和非政府开发机构并不将这种非法居住者的集体机构视为一种公民的机构，而是将其当成管理那些边缘化、社会底层人群的福祉的便利手段。

第二，尽管这些非法居住者们承认他们对公共土地的占据既违法又有悖于良好公共生活（civic life）的需要，他们还是认为索求住所和生计是其应有的权利。而另一方面，国家机关已经准备好做出让步，它们承认这种索求有其道德力量，在执行福利政策时应当予以考虑；但是，由于考虑到国家掌握资源的稀缺性，这种资源不能被有效地分配给全部国民，因此它们强烈反对将其承认为一种可以合法化的权利。由于在可预见的将来，居住地和生活来源仍然会继续短缺，国家官员称，对这种诉求的普遍和原则性的承认与情境性的和工具性的（instrumental）承认不同，只会鼓励对公共财产和市政规章的进一步侵害。

第三，在非法居住者们争取生计和居所的权利的时候，他们要求的是一种集体权利，他们声称这种权利以社群权利的形式属于他们。这触动了一个问题，一个使后殖民时代的现代国家感到困惑的问题——尤其是那些曾经模仿英美宪政进程的国家：公民可以因为属于某个由民族、宗教、语言或其他分类方法所划分的社群就享有一定的权利吗？许多国家出于特定的原因而认可了这种权利，从而创造出了不计其数的合法反例以及对迟疑不决、令人羞愧的实践行为的理论辩护。那种平等的、同质的公民权应该是一种得到承认的规范；当下，与这一规范不相符合的实践被看成是由殖民地时期遗产或社会落后、文化例外论的衍生产物。

205

最后，非法居住者社群试图为生存而进行斗争的过程与公民所构成的市民社会和主权由这些公民所分享的国家之间的应对方式不同，前者更类似于一种政治社会，在这种政治社会中，政府的福利机关之间可以就要求和利益进行谈判，而人民的群体是否有力量取决于政治效能（political efficacy）的权衡，所以居民们不得不在一个他们没有公民身份的领域里小心前行。更确切地说，他们的策略必须一方面利用政府照顾穷困、底层人民的政治义务，另一方面利用一个社群为在极端艰苦的条件下努力建立一种还过得去的社会生活的道德修辞。这些远非只顾内部、孤立的策略实际上包含了建立与社群外的大量联系——与境地相近的其他群体的联系，与和社群有社会或经济交流（比如其雇主或中产阶级邻居）的更有影响力和特权的人群的联系，与政府官员的联系，与政治领袖和政党的联系，等等。这些方法使得社群在城市政治社会中觅得一席之地。然而这个容身之处绝对算不上安稳，因为它完全依赖于社群在政治策略领域的运作能力。我必须在故事的最后加上一段尾声，这个非法居住者的居民点最后在2006年根据加尔各答高等法院（Calcutta High Court）的命令被拆除，而政府在数公里远的城郊为他们提供了替代住房。

非法居住者们与政治社会中其他力量之间的联系中，有许多看上去类似于所谓庇护关系（patron-client relation）的传统形式，但是考虑到这种政治实践不可避免的现代性，我认为这些联系被卷入了一套全新的、只属于20世纪晚期现代国家功能的治理实践中。和我在前面所叙述的那个例子类似，数以千计的边缘人群在近几十年来所采用的生存策略的最显著特征就是传统社群结构的想象力（包括其模糊性和创制亲属关系的能力）与现代关于自治和平等权利的解放修辞的结合。我认为，在市民社会团体与宪政国家之间的事务往来的自由空间中不存在这类策略。事实上，在我前面所叙述的这个案例中，代表中等阶级公民的公民团体能够更好地使用法律的力量，从而在最后拆除了这个居民点。对于后殖民时期社会的多数人民来说，规范性的德性公民的地位将会被无限期地推迟，直到他们具备了作为市民社会成员身份基础的物质文化先决条件为止。然而，在那个自由的黄金时代到来之前，他们只能用他们在政治社会中所能收集到的资源来和政府体系打交道。我们之前已经发现，在西方自由主义关于市民社会与国家的理论中，社群没有多少地位；在东方的新型政治社会中，社群在政治实践中属于最积极的参与者（agent）。

206

毫无疑问，选举式民主制度和自由主义宪政体系的存在极大地充实了可能代表着印度多数人口的不计其数的群体的政治策略在这个国家的发展可能。但是，我不会怀疑非洲、南美洲和其他亚洲国家的其他人群也会采用类似的策略来和政府体系打交道，在全球化的时代，这种政府体系在很大程度上倾向于使用相似的程序和相似的技术来行使职能。这种社群的政治策略的最显著特征就是诸如自治和代表制度（autonomy and representation）这样的概念越来越具有压倒一切的重要性，而我认为其原因在于，在这种政治下，完全有理由看到民主化的需求。这种政治制度与经典西方民主历史的重要差异有：首先，自治和代表制度的诉求并不只代表了个体，还代表了社群；其次，这些民主诉求涉及这样一种国家——其政府职能在大多数人口通过社会化进入市民社会体制之前就已经覆盖了大多数人口，这种现代性的序列与西方所经历的截然不同。因此，在国家与市民社会之间的经典作用中是一定不会实现政治民主化的，这只有在定义十分不明确、法律地位模糊、由情境和策略所界定的政治社会下才可以。正如苏迪普塔·卡维拉吉所指出的那样，要解释东方这种不同的现代性的历史序列，一种对称①的现代性理论并没有多少用处。②

207

我认为，这正是现代政治学理论的一个首要任务：提供一份东方新型政治社会中正在浮现出来的实践行为的概念图谱。通常，西方政治理论的规范模型只会把非西方的实践视为落后

---

① 这里的对称是指与西方的现代化民主化历史顺序相对称。——译注

② Sudipta Kaviraj, “An Outline of a Revisionist Theory of Modernity”, *Archives européennes de sociologie*, 46, 3 (2005), pp. 497 –526.

的或离经叛道的：正如我在本书第一章中所解释的那样，规范－偏离的结构内化于现代自由主义政府的理论之中。我们所需要的是对政治实践主体的另一种概念化过程——既不能将其概念化为抽象的、不受阻碍的个体自身，也不会是政府政策可以随意操作的客体，而是一些实在的个体，他们必然地在许多集体约束（collective obligations）和许多团体网络中采取行动、制定策略以应对、反抗或为其自身利益而利用现代国家所使用的大量权力技术。我前面说过，在一般承认的西方政治理论史中，资本和社群是对立的。在写下东方现代性的新历史的21世纪中，或许资本最终可以在社群中找到一块休息之处。① 在那一段旅途之中，我们至今熟知已久的政治理论也会被重写。

---

① 我还要补充说明，作为一名东方主义话语的历史受害者（a historical victim of Orientalist discourses），我在这里使用“东方”（Eastern）一词的时候，不但眼眶湿润，更是有苦难言吗？

第十章

民主与经济转型

Democracy and Economic Transformation

当今的农民社会

208

《庶民研究》的第一卷于1982年出版。我是编委会的一员，编委会在拉纳吉特·古哈的带领下，从庶民阶级——尤其是农民的观点出发对印度的现代性进行了批判。从那以后已经过去了25年，我相信后殖民时期印度的普遍状况已经发生了根本变化。使资本、货物、信息和人口的全球流动都受其影响的新状况——这是一系列全部被归为全球化范畴中的复杂现象——既为印度统治阶级创造了新机遇，也创造了新障碍。第三世界的旧思维——即对殖民主义压迫和落后的历史的共享——已经不再如同20世纪60年代那样有说服力了。亚洲国家所走过的经济增长的轨迹已经与大多数非洲国家的道路截然不同。近年来中国与印度——世界上两个农业人口最多的国家——的惊人增长已经启动了一套社会变革的进程，这一进程的规模和速度都是人类有史以来从无前例的。

关于这一点，我相信回到印度社会中权力的基本结构的问题是很重要的，特别是农民在后殖民时期民主制度中的位置。这并不是因为我认为资本主义工业发展的前进正在不可避免地破坏农民社群并将农民变成无产阶级工人，就像过去一个半世纪以来所无数次预测的那样。正相反，我认为现在正在印度发

209

生的资本主义工业发展的方式将为农民阶级的留存创造空间，只不过是在完全不同的情况下。对这些在印度的选举民主制条件下浮现出的后殖民资本主义形式的分析，需要崭新的概念性工作。

我开篇要说的是近年来在印度的几个不同地区，尤其是西孟加拉邦和奥里萨邦所发生的暴力骚动事件，这些事件意在阻止为工业发展获取农用土地。在好几个邦中也发生过反对企业资本（corporate capital）进入食品蔬菜零售市场的骚动。人们谈论最多的事件发生在2007—2008年的西孟加拉邦兰迪格兰（Nandigram），已经有很多著作提及此事。如果这些事件发生在25年前，我们将会在其中发现农民暴动的经典特征。以下是农民阶级为人所熟知的特征：被束缚在土地和小规模农作上，由当地农村社群的文化和道德纽带团结起来，同时用和平和暴力手段抗拒外来国家的代理人以及以城市为基础的商业机构的代理人。于是，我们的分析能够引出对农民社会的人类学研究的悠久传统，其中心是农民经济对外部机构（如国家）和统治阶级（如地主、放贷人和商人）的依赖的典型形式以及以当地道德共同体的团结为基础的农民文化的自治形式。我们还将我们的讨论与在资本主义发展条件下农民阶级的历史角色这一问题上所发生的有着悠久传统的政治辩论联系了起来——其开端是马克思主义对作为资本原始积累过程产物的西欧农民阶级的不可避免地解体所做的分析，列宁在俄罗斯与民粹党人（Narodniks）的辩论，毛泽东对中国革命中农民阶级的角色的分析，以及持续至今的关于甘地对自由印度愿景的辩论——在这个自由印度里，村落中动员起来的农民阶级将能够成功地抵御工业资本主义的扩散和现代国家的侵犯。此外，我们用葛兰西作品中的深刻见解讨论了矛盾的农民阶级自觉性，后者既受统治阶级的精英文化支配，又与之对立。25 年前，我们从拉纳吉特·古哈的经典作品《殖民地印度的农民起义的基本方面》就能看到这些农村骚动。①

210

我认为那种分析现在已经不再合适了。我这么说是出于以下几个原因。首先，近 30 年来，选举民主制度下发展型国家的控制范围不断扩张，这造成了治理技术在印度的传播，而这种传播意味着国家对于农民社群来说不再是一个外部实体了。负责分配教育、医疗服务、食品、道路、水、电力、农业技术、紧急救援以及多种其他福利资源的政府机构已经深入渗透进农民日常生活的内部。农民不止从国家机关获得以上服务，他们在操作和敦促这些机构提供上述利益的时候还会学到很重要的技巧，尽管这种技巧的熟练程度在不同的地方都各不一样。国家机构，或者至少是政府机构（不论是否是国家级的），已经成为农民社群的内部要素。第二，自 20 世纪 50 年代开始的农地所有制结构改革尽管只是渐进的，但仍意味着（除个别地区外）数世纪以来小农首次能够占有土地，而不像封建或半封建条件下那样直接面对村庄内的某个剥削阶级。这在农民政治的策略领域中造成了全新的影响。第三，由于对土地或农业生产的税收不再如殖民时期或前殖民时期一样是政府的主要收入来源，国家与农民阶级之间的关系也不再如过去一般是直接汲取性的（directly extractive）。第四，随着城市和工业化地区的快速增长，

---

① Ranajit Guha, *Elementary Aspects of Peasant Insurgency in Colonial India* (Delhi: Oxford University Press, 1983).

农民迁移到城市和非农职业的可能性也不再与其贫困程度以及被迫离开土地的情况相关联，而通常是一种由对新机会和新需求的认知所塑造的自愿选择。第五，随着学校教育的普及以及对诸如电影、电视、广告等新型通信媒体越来越多的接触，农211民家庭中的年轻成员不论男女普遍都有一种强烈的欲望，他们不愿在村庄中过农民生活，而是希望搬到城镇或城市去，尽管这存在诸多困难和不确定性。这是因为城市或城镇拥有不问出身、向上的社会流动性。对于印度来说，这意义十分深远：在印度农村社会中，贫困农民的生活特征不止是阶级所带来的不利地位，还有种姓歧视；而相比之下，城市中纯粹不问出身的生活通常被视为是解放性的。对于大多数出身于达利特社群的农业劳工来说，他们所渴望的未来就是从传统农村劳工的奴隶状态迁移到城市中的非农职业去。

新的概念框架

在强调现状的新颖性的时候，我可能叙述得过于急切了；在实际情况中，这些变化毫无疑问是随着时间而渐进地到来的。但是我相信，为了提出以下问题需要在这里强调这种新颖性：农民生活的这些新特征是如何影响我们所普遍接受的关于后殖民时期印度农民阶级地位的理论的？卡尔杨·桑亚尔（Kalyan Sanyal）试着对这些理论做了基本的校订。[①] 在下面的讨论中，

---

① Kalyan Sanyal, *Rethinking Capitalist Development: Primitive Accumulation, Governmentality and Post-Colonial Capitalism* (New Delhi: Routledge, 2007).

我将使用他的一些阐述来叙述我自己对这一主题的论点。

桑亚尔分析的关键概念是**资本的原始积累**（*primitive accumulation of capital*）。和桑亚尔一样，我更倾向于依据马克思的思路，使用这一术语来指代劳动力（labourer）与劳动资料（means of labour）之间的分离。毫无疑问，随着资本主义生产的崛起，这一关键的历史进程将把农民社会带入危机。马克思在《资本论》第一卷的最后几章中所做的分析显示出，现代资本主义工业生产的出现总是同时伴随着小生产者——如农民和手工业者——丧失生产资料的过程。[①] 大多数前资本主义生产方式的基础——劳动力与劳动资料的结合被摧毁了，大多数劳动者不再占有劳动资料。无需多言，在政治经济学中，劳动力与劳动资料的结合是有机结合的对应概念：在大多数前资本主义农村社会中，农民和农村手工业者凭借这种有机结合在当地的农村社群中过着一种紧密团结起来的生活。这就是对农民社会的耳熟能详的人类学描述，也是许多浪漫主义作家和艺术家所描绘的农村生活的灵感来源。被资本的原始积累过程所摧毁的也就是这种团结，这使农民社会陷入危机。

212

我已经指出，对这一危机的分析产生了许多历史叙事，从农民社会不可避免地解体到建设未来社会主义社会中工农团结的口号。不考虑这些区别的话，所有这些叙事的共同特征就是过渡的概念（the idea of transition）。在资本主义发展进程下的农民和农民社会总是处于一种过渡的状态，或是从封建主义过渡

---

① Karl Marx, *Capital*, vol. 1, tr. Samuel Moore and Edward Aveling (1887; Moscow: Progress Publishers, 1968), chs xxvi – xxxiii.

到资本主义，或是从前资本主义的落后状态过渡到社会主义的现代状态。

桑亚尔在他的书中所提出的中心论点是，在全球化经济体系中后殖民主义经济发展的现有条件下，**过渡的叙事已不再有效**。这就是说，尽管在像印度这样的后殖民社会中，资本主义的增长不可避免地伴随着资本的原始积累，然而其所带来的社会变化不能被理解为一种过渡。这是如何成为可能的呢？

近20年来，全世界范围对政府的最精简职能以及可使用技术手段的理解所发生的变革为此做出了解释。这样一种观念正在逐渐流行起来：生活中某些特定的基础条件必须被提供给所有地方的人，如果国家或地方政府不能提供，其他的什么人必须提供——其他的国家、国际机构或非政府组织。所以，一边是对增长重要性——近年来这几乎完全意味着资本主义的增长——的论述占据支配性地位，与此同时另一方面则认为那些由于资本的原始积累而失去了劳动资料的人们不应当失去生计。213 桑亚尔说，这就产生了一种奇妙的进程，一方面农民、手工业者和小制造商等小生产者失去了其土地和其他生产资料，但是另一方面政府机关又为其提供条件来满足其基础生活所需。桑亚尔说，**对原始积累影响的逆转**和原始积累本身这两种进程是并行不悖的。

用一些例子来描绘这一过程应该会有所教益。在历史上，所有农耕国家的工业化进程曾经都意味着农民被驱逐出土地，其原因既有为城市或工业的发展而征收土地，也由于农民不再拥有耕种土地的工具。市场的力量通常能够强大到迫使农民放弃土地，但是直接的压迫经常是由国家的法律和财政权力实行的。从殖民地时期开始，印度的政府当局就已经使用土地征用权（right of eminent domain）来为“公共目的”获取土地，这一征用即使有补偿也只是象征性的。失去土地的农民必须在别的地方重新安置并得到新的生计，这种观念则鲜为人知。历史上，有人说欧洲的多余人口向美洲或其他地方的殖民地迁移，使得在政治上应对欧洲在 18、19 世纪发生的原始积累的后果成为可能。现在的印度不存在这样的机遇。更重要的是，工业化早期的技术条件早已错过，而正是这种技术条件创造出了对工业劳动力的大量需求。现在的资本主义增长甚至与几十年前相比都需要更密集的资本，并更依赖于技术。今天资本原始积累的受害者——大批的农民完全不可能被新的资本主义增长的领域所吸收。所以，如果没有关于重新安置的详细的政府政策，失去土地的农民们就可能完全失去其生计来源。在通行全球的规范性观念中，这是不可接受的。因此，通过武力镇压来平息农民反抗的过时方法没有获得合法性的可能。结果就是，产生了对于安置背井离乡人民的广泛要求，这些人因为工业和城市发展而失去生计来源。桑亚尔说，这并不是因为原始积累发生了停滞或者是减缓，而是因为原始积累是不可避免要与资本主义增长相伴生的。不如这么说，政府机构不得不寻找资源，通过向失去生计的人提供替代性的谋生方式来逆转原始积累的后果。 214

为了缓和原始积累造成的冲击，诸多治理手段在 20 世纪后半叶得到广泛传播。这些手段已经成为印度民主的政治 - 经济治理手段中的一部分。所以对于发展型国家来说，保护目前还属于农民、手工业者、小制造商的某些特定生产领域不受大企业的倾轧，这一做法并不罕见。但是这种行为可能被解读为一种预先防止原始积累本身的尝试，它将企业资本阻挡在粮食、蔬菜生产以及手工制造业之外。然而，在许多国家（包括印度）中还存在着不少这样的例子——政府和非政府机构向生计无着的人们提供简易贷款（easy loans）来帮助他们就业以谋生。由于发放这种贷款的动机并非进一步积累资本，而是为借款人提供生活所需（livelihood needs）——也就是说其动机在于逆转原始积累的影响，所以其发放时通常不会在盈利能力或对偿还性的预期上做过多考虑。近年来，这类尝试已经成为全球流行的治贫政策：一个值得注意的例子就是由孟加拉乡村银行（Grameen Bank）及其创立者——诺贝尔奖得主穆罕默德·尤努斯发起的微额贷款运动。我们大多数人现在都对孟加拉农村的女性结成团体从孟加拉乡村银行贷款的故事耳熟能详。这种贷款使得小规模的补贴家用的行为成为可能；团体的存在可以向个人施压来让其偿还贷款，从而使得团体能够进行下一轮借贷。近年来在印度也广泛开展了类似的活动。

最后，印度的政府机构也像其他国家一样，向那些由于贫困或相关原因而无法满足其基本的消费需求的人提供一些直接福利。其形式可能是特殊的脱贫项目，或者是公共工程中的担保就业机制，甚至是直接提供食品补贴或免费食品。所以，对于那些被认定“处于贫困线下”的人来说，有提供享受补贴的低价粮食的项目；对有需要的人，每年有最多一百天的担保就业；在小学中就读的儿童有免费餐食。所有这些行为，在我们分析所用的术语中都可以被认为是意在逆转原始积累的影响的直接干涉。

215

有必要指出，除了最后那些直接提供消费所需品的例子之外，其他大多数逆转原始积累影响的机制都涉及对市场的干涉。这是现代农民生活的条件与我们所知的传统模式之间的另一个显著差异。除了一些特定的边远地区之外，现在印度的农民和手工业生产已经完全融入了市场经济。和几十年前不同，那种完全为自我消费或在当地社区内进行非货币交换而进行的家庭生产几乎不复存在了。事实上，所有农民和手工业的产品都在市场上出售，而且所有消费所需都是从市场上购买的。正如我们将要看到的那样，这对于近年来农民政治情况所发生的变化有着重要的关系。

还有必要指出的是，“生活所需”并不是指由生物学或其他非历史范畴所决定的某个固定份额的物品，它是一种由情境所决定、由社会所生产出来的观念，这种观念是关于维持一种具备一定价值和自尊的体面生活所需要的全部要素。所以，构成“生活所需”的这一套要素的内容，随着社会地位、文化背景和时代的不同而有所差异。从这个意义来说，它就不是那个同质的、劳动力的社会再生产所需的平均劳动时间，马克思用此来定义资本主义生产中劳动力的价值。根据劳动的社会形态（social form of labour），可以预见生活所需的变动。因此，预计的家庭最低健康标准或某个儿童的最低教育水准将会在（比如说）城乡之间、有组织的雇佣劳动和非正式雇用领域之间显露出差异，而诸如食物、衣物和家用电器等消费品的特定构成也是如此。在这里最重要的是一种由文化和情境所决定的、关于过上体面生活的最少必需品的观念，过上这样生活的人既不会穷到无法接受，也不会过分富裕和奢侈。

216

转型后的政治权力结构

要把这些变化置于一个描述在后殖民时期的印度如何掌握和运用政治权力的结构框架中，我还需要给出近年来这种结构内部所发生的转型的概要。25 年前，印度国家权力的结构通常是用统治阶级的利益联盟这种术语来描述的。普拉纳布·巴尔坦（Pranab Bardhan）将资本家、富农和官僚认定为三个统治阶级，它们在一个由相对自主的国家所监管的政治空间里互相斗争和合作。① 阿钦·瓦奈克（Achin Vanaik）也赞同这一统治联盟的模型，他特别强调了农业资产阶级所具有的相对来讲远远强于其经济重要性的政治力量。他坚持认为，尽管印度从来没有发生过经典的资产阶级革命，其政治体系也是资产阶级民主制度，这种制度不仅在统治阶级内部具有相当程度的合法性，在人民大众中也是如此。② 20 世纪 80 年代的一些学者，比如阿舒托什·瓦尔什尼（Ashutosh Varshney）和鲁道夫（Rudolph），在著作中强调了统治联盟中富农或农业资本家不断扩张的政治势力。③

---

① Pranab Bardhan, *The Political Economy of Development in India* (Delhi: Oxford University Press, 1984).

② Achin Vanaik, *The Painful Transition: Bourgeois Democracy in India* (London: Verso, 1990).

③ Ashutosh Varshney, *Democracy, Development and the Countryside: Urban-Rural Struggles in India* (Cambridge: Cambridge University Press, 1995); Lloyd I. and Susanne H. Rudolph, *In Pursuit of Lakshmi: The Political Economy of the Indian State* (Chicago: University of Chicago Press, 1987).

苏迪普塔·卡维拉吉的一篇经典论文赋予了统治阶级联盟的模型一种强大的理论形态。在该论文中，他通过将葛兰西的“消极革命”（passive revolution）思想用做一种受阻碍的辩证法（blocked dialectic），从而将后殖民地时期印度的阶级统治过程归因为其自身的内在动力。① 由于没有哪一个阶级有能力单独实现统治，所以各统治阶级不得不互相分享权力。但是“分享”是一种不断地互相拉扯的过程，一个阶级在某个时间点上得到相对优势，又在另一段时间失去这种优势。卡维拉吉给我们展现了一部关于工业资本家、农村精英和官僚管理精英在资本的消极革命框架中的相对统治与衰退过程的概略政治史。在早期作品中，我也将资本的消极革命这一思想纳入我对后殖民国家在印度萌生过程的解释中。②

217

印度消极革命的标志性特征就是——国家作为一个整体对

---

① Sudipta Kaviraj, “A Critique of the Passive Revolution”, *Economic and Political Weekly*, 23, 45 -47, pp. 2429 -2444. Reprinted with revisions as “The Passive Revolution and India: A Critique”, in Sudipta Kaviraj, *The Trajectories of the Indian State: Politics and Ideas* (Ranikhet: Permanent Black, 2010), pp. 100 -143.

② Partha Chatterjee and Arup Mallik, “Bhāratīya ganatantra o burjoyā pratikriyā”, *Anya Artha* (May 1975), tr. in Partha Chatterjee, *A Possible India: Essays in Political Criticism* (Delhi: Oxford University Press, 1997), pp. 35 -57; Partha Chatterjee, *Nationalist Thought and the Colonial World: A Derivative Discourse?* (London: Zed Books, 1986); Partha Chatterjee, “Development Planning and the Indian State”, in T. J. Byres, ed., *The State, Development Planning and Liberalisation in India* (Delhi: Oxford University Press, 1998), pp. 82 -103.

资产阶级和有地精英的相对自主性；由选举产生的政治领导层、常任官僚和独立的司法官员实现的国家监督；通过多党选举体系实现的阶级利益的协商；一个阻碍外国资本进入、鼓励进口替代战略的保护主义体制；国营部门在重工业、基础设施、交通运输、通信业、采矿业、银行业、保险业占领导地位；国家通过许可制度控制私营的制造业部门；以及工业资本家们对中央政府、有地精英们对邦政府相对较强的影响力。消极革命这种形式的标志是其与典型资产阶级民主制度的差异。但是由于在诸如西欧和北美等地方建立的资本主义民主制度充当了资产阶级革命的规范标准，就这个意义来说，印度发生的消极革命自身就令人有一种过渡体系的感觉——从前殖民时期和殖民时期的制度到有待确定的真正现代性。

我相信，从20世纪90年代开始出现的变化改变了这种阶级统治的构架。现在出现了的重要变化包括许可制度的废除、外国资本和消费品更大规模的进入，以及诸如通信、交通运输、基础设施、采矿、银行业、保险业等领域向私人资本的开放。这导致了资产阶级构成（composition of capitalist class）的变化。与过去少数几个从传统商业背景中崛起，并受许可和进口替代制度保护的“垄断”家族的统治相比，现在在各层级上都有多得多的新来者进入资产者阶级中，并且这一阶级内部有着更大的流动性。[①] 与早先对外国竞争的恐惧不同，在印度资本家之中

218

---

① Harish Damodaran 的 *India's New Capitalists*：*Caste*，*Business*，*and Industry in a Modern Nation*（Ranikhet：Permanent Black，2008）是一本较近出版的关于此问题的研究著作。

产生了更强大的自信心，这使得他们去利用近年来由全球资本、货物、服务的流动以及资本的大规模输出而开启的机遇。最奇迹性的事件就是印度信息技术产业的崛起。但是国内制造业和服务业也极度兴旺了起来，这导致了在2008—2009年衰退出现前的几年中，全国经济实现了8%—9%的年增长率。

其结果就是相应的政治变革。我将列出其中与我们现在的探讨相关的一些例子。首先，与有地精英相比，企业资本家阶级（corporate capitalist class）的相对力量出现了明显的上升。这种主导所凭借的政治手段需要更为谨慎的研究，因为这种统治并非通过选举动员（electoral mobilization）机制而得以实现的（而选举动员一直是有地精英政治力量的来源）。[①] 其次，许可制度的废除开辟了一块新的领域，邦政府在这里互相竞争以追逐国内外资产者的投资。这使得邦级的政党和政治领袖与国内外企业资本的利益以前所未见的方式牵扯到了一起。再次，尽管国家仍然是协商阶级利益冲突时最重要的中介机构，在涉及统治阶级的时候，国家的自主性似乎已经被重新定义。至关重要的是，官僚管理者阶级早先的角色，或者更大而化之地说，城市中产阶级——从社会和意识形态两个层面来说——领导并操作发展型国家中自主的干涉主义活动的角色已经极大地削弱了。如今在城市中产阶级中存在一种很强的意识形态倾向，这种倾向将国家机器视为充斥着腐败、低效、民粹主义政治的以

219

① 想要了解对20世纪90年代发生的“秘密”实行的经济改革的阐述，可参见Rob Jenkins，*Democratic Politics and Economic Reform in India*（Cambridge：Cambridge University Press，1999）.

权谋私的东西，它还包括了对专业主义、企业资本家对增长和效率的投入的更大程度的社会认同。城市中产阶级在消极革命期间，对自主的发展型国家的产生和运营过程中曾一度起到关键作用，现在好像已经很大程度上受控于资产阶级的道德和政治影响。

然而，认为这一结果是印度政治体系向资本主义民主制度经典模型的趋同过程的想法是错误的。正如我之前所指出的，这一关键差异是政治领域中的如下裂缝所产生的：一边是真正的**市民社会**，另一边则是概念不清、偶尔才起作用（ill-defined and contingently activated）的**政治社会**。[①] 当今印度大部分由城市中产阶级构成的市民社会，就是那个寻求与资产阶级市民社会的规范化模型达成一致的领域，这个领域代表了资本主义的统治地位。如果这是唯一一个重要的政治领域，那么印度在今天就很有可能与其他西方资本主义民主国家别无二致。但是存在另一个我将其称之为政治社会的领域，它涵盖了大部分农民人口和城市贫民。当然，这些人有正式的公民地位，能够行使其作为政治交易手段的公民权。但是他们与国家机构发生联系的方式与中产阶级截然不同，国家机关也不把他们当作是属于市民社会的真正公民来看待。那些处于政治社会中的人向政府提出诉求以及反过来被政府治理的时候，并不是在稳定的、由宪法规定的权利与法律的框架中，而是置身于由直接政治协商而达成的与时间和情境相关的、不稳定的安排中。这后一个领

220

① Partha Chatterjee, *The Politics of the Governed: Reflections on Popular Politics in Most of the World* (New York: Columbia University Press, 2004).

域代表了印度民主政治的绝大多数，却并不在资产阶级的道德-政治领导之下。

因此，我的论点就是——消极革命的框架仍然适用于印度。但是其结构和动力已经发生了变化。资产阶级已经获得了对市民社会的道德-政治领导权，后者主要是由城市中产阶级构成的。资产阶级并不通过对政党的选举动员和运动来发挥其中央和邦政府的可观影响力，他们大多通过官僚管理者阶级、越来越有影响力的纸质和视觉媒体、司法机关和其他独立的监管机构。整个资产阶级对国家结构的支配性可以从以下事实推断出来：所有主要政党事实上一致地重视由国内外私人投资所驱动的经济快速增长。令人感到震撼的是，即使是西孟加拉邦的印共（马克思主义）和喀拉拉邦的印共（马）（稍微更加暧昧一些）也在实践上（如果不是在理论上）加入了这种一致性当中。这就意味着，就政党体系而言，哪些政党联盟在中央政府，或者说甚至在大多数的邦政府中掌权并不重要——国家对经济迅速增长的支持肯定会得以持续。这就是消极革命理论现在也能成功适用的证明。

然而，国家的实践也包括了政治社会中范围广泛的管治活动。在这里，存在着地方的重要利益，比如说有地精英的利益、小生产者的利益和小贸易商的利益，他们能够通过选举动员的力量来施加政治影响力。在对消极革命的较早理解中，这些利益会被看成是可能反对产业资产阶级的；政党体系和自主的国家机构应该会制定出一种妥协方案，从而暂时解决这一冲突。现在，我相信存在一种新的动态逻辑（dynamic logic），它将政治社会的运作和市民社会中资产阶级的统治角色以及后者作为一个整体对国家结构的支配地位连接起来。我们之前已经探讨过，对逆转资本原始积累效果的需求为这种逻辑提供了补充。为了描述清楚这一逻辑如何将市民社会和政治社会整合到一个消极革命的新架构中，我将回到农民阶级这一主题。

221

政治社会与非企业资本的管理

与市场的整合意味着曾经被称为自给经济（subsistence economy）的经济体中的很大一部分（这曾经是对小农农业的经典描述），现在已经完全在资本的掌控之下了。这个关键的发展必然会极大地影响我们对当今印度农民社会的理解。在现在的农村市场和小城镇里的农产品生产、运输网络、小制造业和服务业中，农民的耕作、贸易和信用网络之间存在着某种程度的关联性，这使得我们有必要把所有这些归为一个单一而有层级划分的复合体的各个部分。对这一现象的一种通俗描述被称为非组织或非正规部门（unorganized or informal sector），这一概念最近得到了全国非组织行业企业委员会（National Commission for Enterprises in the Unorganised Sector，NCEUS）的官方认可，该组织将城乡地区非组织行业的农业与非农经济活动——包括种植和家务劳动——都视为从同一个经济类别中分化而来的部分。①

---

① National Commission for Enterprises in the Unorganised Sector (NCEUS), *Report on Conditions of Work and Promotion of Livelihoods in the Unorganised Sector* (New Delhi: Government of India, 2007).

通常，非正规部门中的一个单元是通过企业规模较小、其雇用工人的数量较少或者其经营相对不受管制的本质而确定的。在我列出的这套分析框架中，我将用资本的企业形式和非企业形式的区别的术语来提出当今经济体系中正规行业和非正规行业的一项差异。很有意思的是，NCEUS 也接受了一个类似的定义："非组织行业由所有非法人的私营企业（unincorporated private enterprises）构成……其总工人数量不超过十人。"① 这一出于计数目的而提出的、根据规模而进行的分类当然是武断的；然而，根据非法人属性来认定非组织行业是有概念性意义的。

我的论点是，我前面所描述过的当今农民社会的特点最适合被理解为**非企业资本**（*non-corporate capital*）的标志。与投资和回报都受到资本运营所引发的力量的调节相类似，农民的生产深深地根植于市场的构造之中。从这种意义上来说，农民的生产与农村市场、小城镇甚至是大城市中的非正式制造业、贸易、服务业单位都有着许多联系。我们可以对资本的企业形式和非企业形式之间做出许多精细的区分。但是我想要强调的关键区别是下面这个。作为企业资本的运营基础的根本逻辑是资本的进一步积累，这通常指的是利润的最大化（maximization of profit）。尽管利润并非无关紧要，但非企业资本的组织受另一种逻辑的支配，即为单位中工作的那些人提供生计。对于理解所谓的非正规经济，并从此引申到对农民社会的理解上（下面我将要论证这一点）来说，这一差别是十分重要的。

222

我将要从非农的非正规行业中描述数个耳熟能详的例证，

① NCEUS，上述报告第3页。

然后再回到农民的主题上来。我们中的大多数人都很熟悉印度城市中的街边小摊现象。他们占据了街道空间，这通常是违反市政法律的；他们经常设立永久性的摊位，使用水电等市政服务，还不纳税。为了能够继续在做生意的时候享受这些条件，他们通常互相组织成行会来与市政当局、警察、信贷机构（比如银行）以及制造并分配他们在街上出售的货物的企业打交道。这些行会通常很庞大，他们所涵盖的生意规模可能相当可观。很明显，在公开、匿名的市场环境下运营的小摊贩们受到其盈利能力的标准条件（standard conditions of profitability）的支配。① 但是为了确保每个人都能够满足其生活所需，行会通常总会试着限制在特定区域中营业的摊贩的数量并限制新来者的加入。另一方面，有很多例子告诉我们——如果行情特别景气，摊贩们并不会像企业资本家一样在更大的规模上进行积累，而是会扩张其会员规模并允许新来者进入。再举另外一个例子，在印度的大多数城镇中，交通运输系统严重依赖于运营巴士和三轮机动车的私人经营者。这里也一样经常存在对执照、安全标准和排污规范等规章的违反——正是这种违反使得这些单位能够在经济上生存下去。尽管大多数经营者各自只拥有一两辆车，但他们组成行会与运输当局和警察进行关于车费和路线的谈判、调控提供运输服务的频率以及新经营者的加入，以此来保证所有人都一定能得到、也只能得到最低的收入。

223

在我的《被治理者的政治》一书中，我曾经将诸如街边摊贩、非法居住者以及其他生计和居所逼近合法边界的人群的管

---

① 盈利能力的标准条件，即完全竞争市场的标准规律。——译注

治形式（form of governmental regulation）描述为**政治社会**。我曾经论证过，国家在政治社会中并不将他们视为享有权利、构成市民社会的完全公民。他们被看成是属于一些特定的、带有根据经验来确定的或统计指标来描述的特别人群，这种人群是特定政府政策的目标群体。由于与这类群体打交道都意味着对诸多违法行为的默认，政府机构通常按照例外来处理这类案件，而这种处理的合理性来源于特定和特别的情境，因此一般规则和原则（general rules and principles）的架构并未受到损害。所以，非法居住者们可以得到供水、供电服务，但是这只是一种例外，以免把他们和拥有合法产权的普通顾客混为一谈；抑或是在特别的条件下获准做生意的街边小摊，他们与守法、纳税的正规商店和企业是有区别的。所有这一切都使得政治社会中的人民的诉求成为一种永远与政治协商相关的问题，而其结果永远不会是确定或永久性的。这些人的权利（entitlement），甚至在得到认可的情况下也永远不会完全成为权利①（right）。这些政府治理日常实践的特征现在日益受到学界的注意。②

为了将政治社会的问题与我早先所做的关于资本原始积累过程的讨论联系起来，我现在要提出如下主张。**在市民社会中，** 224

① 这里的两个权利，前者指的是自称的、应有的权利，后者指的是合法的、受普遍承认和保护的权利。——译注

② 例如 Akhil Gupta, *Postcolonial Developments: Agriculture in the Making of Modern India* (Durham, N. C.: Duke University Press, 1998); C. J. Fuller and Véronique Bénéï, eds, *Everyday State and Society in India* (London: Hurst, 2001); Emma Tarlo, *Unsettling Memories: Narratives of the Emergency in India* (Berkeley: University of California Press, 2003).

企业资本掌握领导权，而政治社会是非企业资本的管辖空间。我在上文中已经论证过：从20世纪90年代起，企业资本和企业资本家阶级共同在印度的市民社会中获得了领导权地位。这就意味着（资本）积累的逻辑左右了市民社会，换句话说，支配了城市中产阶级。在这个时代中，所谓积累的逻辑被表述为对国家经济保持高速增长的需求和优先考虑企业资本诉求的需求。它还意味着中产阶级对教育的、职业的、社会的渴求都已经与企业资本的利益联系在一起了。现在存在一种强有力的倾向，这种倾向强调真正公民的合法权利，在公共场所和机构建立公共秩序（civic order），用一定程度的不容忍态度来对待非正规行业和政治社会的混乱局面。某种混乱不清但却强而有力的感觉似乎在城市中产阶级中盛行，那就是快速的增长将会解决所有关于贫困和机会不平等的问题。

尽管没有企业结构，且一般也不遵循积累的逻辑来发挥其职能，然而非正规部门并不缺乏组织。正如我在例子中所展现的那样，那些在非正规行业中就职的人通常都有大规模组织，在许多情况下中这些组织还是十分强大且有效的。为了在现代的市场和治理空间中进行活动，他们恰恰需要组织起来。农民和手工业者群体的传统组织并不能胜任这一任务。我相信这种组织的**政治**机能与其经济机能一样多。考虑到我前面所描述过的非企业资本的逻辑，这些组织的功能就是在市场规律和政府规章的范围内成功地运作下去，从而保障其成员的生计。NCEUS的一个惊人发现就是非组织行业中个体经营的业主们（他们依靠家庭劳作来运营，基本上不雇用工人）的巨大优势，这种优势不只存在于农村地区，甚至也出现在城市地区。通过延长工时来进行自我剥削，这些人的根本目的只不过是维持自己的生计而已。[①] 在非正规行业中组织业主和工人中的大多数人也是实际上的或者潜在的政治领袖。许多这类领袖都是杰出的地方政治家，而许多这类组织都直接或间接地附属于政党。因此，要说在这种条件下对非企业资本的管理是由政治领袖所实行的一项政治职能，这也不能算是错误的。在现代印度，所谓非正规生产部门——包括农民生产——的大规模集合的存在与生存，直接取决于特定政治职能的顺利履行。这也就是由民主进程所促成的东西。

能够执行这些政治职能的组织应该，也必须是全新的，因为无论是合作运动还是社会主义集体化运动的历史，都没有为印度这些非企业资本的组织提供可供复制的模板。在此，值得我们注意的有一种对小规模私有财产的强烈的亲近感，以及与其并存的为了保护其脆弱的生活基础的组织与合作的意愿，后者常常会受到不断发展的企业资本力量的威胁。这些政治社会的组织通常从市民社会的同类组织那里借用形式，但是其他的形态——比如亲属关系、庇护关系，甚至是收取保护费的黑社会和黑手党一样的组织网络——也并不是完全找不到的。由政治社会而非合法的国家机关所调节的非正规经济也一样会为了集体利益而建立起自己的收入和支出体系。所以，非正规经济中特定的一群雇主或工人可能会建立一个由领导层管理的、要求每一位成员定期捐款的社团；这些款项是为了提供集体福利（比如说医疗支出）以及贿赂和罚款等所需支付的资金。这些收

---

① NCEUS，上述报告，尤其是第 49 –57 页。

入与支出的循环构成了一个与合法的有组织经济并行的经济领域；从国家和市民社会的正规领域的立场上来看，这又是它的“消极”地位的一个表征。①

226 然而至少在现阶段，这些非企业资本的组织似乎在城镇非农行业中更加强大，而在农村的农民中要稍逊一筹。这意味着，城市区域的非企业资本组织发展出了相对稳定和有效的形式，并能够通过政治社会的活动来调动政府资助，从而维持非正规行业中城市贫民的生活所需；而与此同时，由小农和农村劳工所构成的农村贫民的基本需求仍然依赖于政府的直接支持，他们不太能够有效、有组织地利用农产品市场。这一挑战是最近关于“农民自杀”的争议以及关于征收农用土地用于工业用途的争论的核心。很明显，由于印度的民主制度在不久的将来就要应对农业生产的迅速变化，它将不得不很快发展出新的组织形式，来确保那些越来越依赖非企业形式的资本运营的庞大农村人口的生存。

当然，我在这里所说的关于非企业资本特征的东西只有在总体的或者一般的意义上才是正确的。非企业资本明显是一个总的类别，其中隐藏了许多重要的差异。在我的描述中，非正规或非企业单位的意图首先是满足参与到其生意中的那些人的生活所需，甚至当它们拥有可观数量的固定资本并雇佣了一些雇工的时候也是如此。通常业主本人也是一名工人。但是，这

---

① Ravi Sundaram, *Pirate Modernity*: *Delhi's Media Urbanism* (London: Routledge, 2010) 对德里非正规经济的这种不合法性做了形象叙述。当然，这里的“它”及所谓“消极”地位指的都是非组织经济。——译注

并不意味着不存在另一种非正规单位，其业主追求的是让其生意转而走上积累的道路、离开非正规的灰色区域，进入企业资本主义的神圣大门。这也可能是一个倾向，它可能展现了一种向上的流动性以及资本的总体社会结构的变化。

农民文化与政治

社会学家狄潘卡·古普塔（Dipankar Gupta）曾经注意到许多关于变化中的农民生活的特征，并以此论证出以下结论：理解当代的农村社会需要一种新的理论框架。① 其中，他所强调的一个特征就是生活在乡村的人在非农经济中就业比例的激增。在 1983 到 2004/5 年之间，印度农业人口的比例从 68.6% 下降到 56.6%。② 现在，在印度几乎一半的邦中，有超过 40% 的农村人口从事非农职业，而且这一数字现在还在迅速上升。这部分人口中的相当一部分是既不拥有土地也无法在农业找到足够的工作机会的农村工人。但是更加值得注意的是，即使是拥有土地的农民家庭也常常会有一些在非农职业中就业的成员。在某种程度上，这恰恰反映出市场力量的压力，这种压力使得无法提高生产力的小农耕作随时间推移而越来越失去活力。小农产业在从一代人传到另一代人的手中的过程中被进一步细分。我在 2004—2006 年间对西孟加拉邦进行田野调查的过程中已经

227

---

① Dipankar Gupta, "Whither the Indian Village: Culture and Agriculture in Rural India", *Economic and Political Weekly*, February 19, 2005, pp. 751 -758.

② 第 61 次全国抽样调查，就业表格。

发现，在农村拥有土地的农民家庭的年轻成员中，无论男女都明显不情愿继续过农民生活。他们说，小农农业没有未来，他们更想在城镇中碰碰运气，尽管这意味着要过一段苦日子。无需多言的是，这种感受在受过一定学校教育的人之中特别强烈。这并不只是对资本原始积累的影响的反应，因为这些男女青年中的许多人都来自于那些拥有土地却只能满足基本生活所需的家庭。然而，它反映出了对一种隐约可见的威胁的感知，这是一种始终存在的危险：小农农业迟早将屈从于资本的庞大力量。如果这种感觉在农村家庭的下一代中变成一种普遍特征，我们对农民文化的理解就需要一场激烈的变革。所谓农民社会的基本动力是其自身的再生产，它只能适应小的、缓慢的变化的这种思想将不得不被彻底抛弃。在此，我们发现了一整代农民，他们的首要动机貌似是不再做农民。

基于这一类正在迅速积累的发现，古普塔提出了“消失中的村庄”：“农业是一种经济残余物（economic residue），它宽大地让不成功的人过上一种得不到满足感的生活。村民和乡村经济一样毫无生气。从富人到穷人，整个趋势就是离开村庄……”① 我认为古普塔得出如此的结论过于武断。他只注意到了原始积累的必然过程中的一个方面。我认为他没有考虑另一个方面，也就是旨在逆转原始积累影响的治理政策的领域。就是在这一领域中，农民与国家的关系已经并且还在得到重新定义。

228

我在前面已经提到过——国家机构，或者更通俗地说是政府机构，以及执行政府管治职能的非政府组织，在涉及农民社

---

① Gupta，“Whither”，p. 757.

会的时候已经不再是一种外部实体了。这已经造成了诸多影响。首先，由于现在广泛认为多种福利和发展职能是政府面对贫困人群（其中就包括大批的农民）的必须任务，这些职能——包括卫生健康、教育、农业生产的基础投入和基本生活必需品的供给——现在就成为农民对政府机构的合法要求。这就意味着农村地区的政府官员和政治代表（political representatives）会一直被对各种福利的和发展的优惠政策的要求所包围。这还意味着，农民在学习操纵政府体系的杠杆，以向恰当的位置施加压力并提出更有利的条件。这就是民主政治、组织和领袖的日常运作所发生的环境。[①] 其次，政府机构对这类需求的反应通常是灵活多变的，它基于对投入和回报的计算。在大多数情况下，其策略是将那些“要政策的人”通过特殊的人口学或社会特征而分化成较小的群体。这就使得一种灵活多变的政策成为可能：该政策并不将整个农村人民视作一个单一的、同质的群体，而是将其分割成较小的目标人口。其意图就是将“要政策的人”碎片化，并由此分化反对国家的潜在力量。[②] 第三，这一由“要政策”和“给政策”的灵活策略所开启的谈判领域创造了“要政策的人”之中的一种新的竞争精神。由于现在农民所面对的并非直接剥削者——地主或商人，而是他们希望从其中获得好

229

① 有许多研究都记载了这一过程，例如 Jean Drèze and Amartya Sen, *India: Development and Participation* (Oxford: Clarendon Press, 1995).

② 对这一过程的研究，参见 Stuart Corbridge, Glyn Williams, Manoj Srivastava, and René Veron, *Seeing the State: Governance and Governmentality in India* (Cambridge: Cambridge University Press, 2005).

处的政府机构，所以在利益分配中，国家因为观感中的不平等而获咎。所以，农民会以牺牲乡村而偏袒城市为理由，对官员和政治代表提出控诉；并且特定一部分农民会抱怨说他们受到了剥削，而属于其他宗教、种族、种姓或政治派别的农民则得到了所谓的偏袒。对国家机构的控诉针对的并非是剥削，而是歧视。这就赋予农民政治一个全新的特性，这种特性在对农民社会的经典理解中并不存在。这就是民主政治、组织和领袖的日常运作所发生的环境。

第四，与充当了数个世纪以来农民社会史特征的旧式农民暴动不同，我认为暴力在当代农民政治中扮演着十分不同的角色，旧式的底层农民暴动有其自身的战略战术思想。拉纳吉特·古哈认为，其特征一方面是强有力的社群团结，另一方面是对其认定的剥削者（perceived exploiter）的消极反对（negative opposition）。在今天，在农民骚乱中对暴力的使用貌似有一种更加精明、几乎是功利性（utilitarian）的逻辑，这种暴力用来使人注意到一些特定的不满，从而寻求政府方面的相应优惠政策。一系列思维缜密的策略紧随其后，从而引发官员、政治领袖、特别是媒体的恰当反应。换句话说，这类暴力已经成为表演策略的一部分，这一策略的目的是构建等价链条，后者可能会催生一个对抗统治当局的民粹团体。在过去的二三十年里，这可能是农民政治的本质最显著的变化。

然而，虽然小农农业受到了关注，情况仍然远远不够明朗。尽管小农农业已经彻底地卷入了市场关系之中，但还是会感受到市场的威胁，尤其是它对企业组织的陌生感和深深的猜疑。看上去农民在应付市场的不确定性的能力，要比应付稳定的政府政策的能力要差得多。据报道，数以百计的农民在过去的几年里由于没有办法把诸如烟草和棉花等收成卖出期望的价格而一夜间陷入巨额债务，并因此自杀。农民们感觉这类经济作物的市场受到了一些强大而神秘的力量的操纵，这种力量完全超越了他们的控制范围。与城市地区的许多非农非正规行业中的组织不同（这些组织可以有效地在输入品供给和其产品销售等问题上和企业、公司打交道），农民到现在已经无法组织起类似的组织了。作为非企业资本的领域，而非生产自用消费品的自给生产的小农农业的管理，仍然充满了挑战。农村贫民是继续受到资本与国家的操纵策略的控制，还是利用政府管治活动来维护其对于有价值和尊严的生活的诉求，这将由对这一挑战的政治反应来决定。 230

需要着重强调的是，与治理术的去政治化观念（depoliticized idea）所建议的相反，在政治社会的领域里，政治的性质绝非优惠政策与服务等机械式的交易。尽管国家机构试图通过不断地调整其灵活多变的政策而将索求者的庞大联合分化开来，政治社会中的声索组织（organization of demands）还是能够利用高度情绪化的团结资源和激进行动。印度的民主政治每天的标志都是情绪化的、经常是暴力性的煽动，其目的是抗议歧视政策和进行声索。这类煽动的目的是由治理术的条件所限定的，但是这并不能让人认为这类煽动无法唤起可观的激情和感情力量。通过将其束缚在治理术的条条框框里并不能将政治社会中的集体行动去政治化，这是因为治理术的活动影响了其目标人群的生活条件和社会存在。印度民主制度中，至少这一落入政治社会领域的部分绝对不是死气沉沉的。

很有意思的是，尽管政治社会中许多人群所提出的声索针对的是政府治理的优惠政策，这种声索却经常无法满足规则中的标准适用条件，因而经常需要将其称为例外。所以，当一群在非法占据的土地上生活或耕种的人，或者一群在街上贩卖货物的人要求继续从事其活动的权利时，或者他们为搬迁到其他地方而索取补偿时，他们实际上是在要求国家将他们的情况宣布为普遍适用规则的例外。他们并不要求废除土地上的私有产权或者是取消营业税和关于营业执照的规章。相比之下，他们要求按照例外来处理他们的情况。而当国家知晓了上述要求的时候，它也必须通过一项政治决定来宣布其为例外，而不是简单地运用行政法规。所以在政治社会中政府对索求的反应也是彻头彻尾的政治问题，而不仅仅是行政问题。

231

如果我们牢牢记住政治社会的这种独有的特征，就可以消除很多的困惑。政治社会不能在市民社会中独自存在，相比之下，它通常消极地构成了例外实践的一个规则外领域，这一领域偏离了在真正的市民社会中被认可的那一个领域。通常是政治代理人的愿望在这个场域中赋予了其以积极的构建物——通常是以共同体的道德修辞——如一个身份或者一个声音。但是这种构建物通常转瞬即逝，很少能形成政治组织的稳定形式——这是它们偏离市民社会的另一个标志。

我必须指出政治社会中民主实践形态的另一个显著特征，这关系到数目的相关性。自从 19 世纪早期的托克维尔开始，选举民主制度会培育出多数人的暴政就成为一个常见观点。然而，政治社会中的动员通常是以对相对的选举力量的战略性操纵，而不是以对控制多数人的预期为前提的。事实上，政治社会中的行动所具有的那些总是引人注目的性质，其中包括诉诸暴力，就是规模相对较小的人群使其声音为人所知，并在政府机构中留下关于其诉求的记录的能力的显示。事实上甚至可以这么说，政治社会的活动体现出了对所有资本主义民主制的荒谬现实的一种不断批判——资本主义民主制度一方面存在平等的公民权和多数决定原则，在另一方面财产和特权却又占据着支配地位。

但是政治社会的阴暗面就是这些群体的彻底边缘化，这类人群甚至连选举动员杠杆的价值都不具备。在印度的每一个地区，都存在无法进入政治社会体制的边缘化人群。他们的特征通常是被排除在农民社会之外，例如不参与农业的低种姓人群，或者相比农业更加依赖于林业或放牧的部落民。政治社会和选举民主制度都没有将有效利用治理术的手段赋予这些人群。从这一意义上来说，这些被边缘化的人群代表了一个位于政治社会边界之外的世界。

232

当政治社会中的活动与我们在 20 世纪印度史中所熟知的民主动员运动进行比较时，其所体现出的重要差别就是缺乏一种过渡的视角（perspective of transition）。当结束种姓或种族歧视的问题，或者边缘人群对合理诉求的要求唤起激烈情绪的时候，很少会出现有意识的努力，将这类鼓动视为通往政治权力结构的彻底改革的途径，而这却正是民族主义和社会主义动员时所发生过的。相反，即使有什么东西看似具备一种过渡（从停滞到快速增长、从落后与贫穷到现代与繁荣、从第三世界无足轻重的国家到主要的世界大国）的叙事（a narrative of transition），那也是资产阶级——在市民社会掌握领导权、作为整体支配了国家机构的资产阶级。即使有人回忆起了消极革命的阶级构成，也许也并不会令人感到惊讶：有地精英被排挤到从属地位、官僚管理阶级被资产阶级所战胜，而资产阶级现在获得了为其他政治势力制定规矩的地位，后者只能被动做出反应。

国家体制的整体统一现在是由市民社会与政治社会的关联所维持的，这种关联是通过逆转原始积累的影响的逻辑而实现的。一旦这一逻辑被资产阶级承认为保障企业资本持续快速增长所必需的政治条件，国家及其选举民主制度就会成为对资源转移的要求进行整治协商的领域，即通过财政和其他手段，从积累经济①（accumulation economy）向旨在为贫困和边缘化的人群提供生活所需政府项目的转移。现在，国家和官僚机构的自主性就在于其决定向所谓“社会支出部门”（social sector of 233 expenditure）拨付资源的数量和方式的权力。意识形态的差异，比如说右翼和左翼之间的差别，很大程度上是关于社会部门支出的数额和形态，比如说减贫项目。这些差异并不会去质疑那种将市民社会和政治社会在资本支配下结合在一起的动态逻辑。值得注意（但却并不令人惊奇）的是，尽管国大党在2009年选举中获得了不受左翼政党掣肘而组建全国政府的自由，作为以促进增长为目的的经济改革这一重要工作的补充，社会部门支出仍然得到了一如既往的关注。

我来总结一下我的主要观点。随着印度经济持续迅猛增长，企业资本对市民社会领域的彻底掌控很可能会继续下去。很明显，这将意味着原始积累过程的持续。也就是说，将有越来越

① 即以资本的积累为首要经营目的的经济领域。——译注

多的小生产者即农民、手工业者和小制造商失去生产资料。但是原始积累的大多数受害者不太可能被经济体系中新的增长部门（new growth sectors）所吸纳。只要在企业资本所主宰的行业中，他们就将变得边缘化、毫无用处。但是在选举民主制度下，消极革命会使一个放任这种边缘化人口得不到劳动资料以糊口的政府变得既不可接受也不具备合法性。这种做法会让这些人变成“危险阶级”（dangerous classes）。因此，一整套治理政策正在出台并将继续使用，以逆转原始积累的影响。在这一领域里，不得不重新定义农民社会与国家和资本的关系。虽然迄今为止农民已经摸索出了许多新的实践方法，利用民主政治体制来与国家交涉以从其手中索取利益，但是它们应对资本世界的能力仍然毫无把握而且不够充分。农民活动作为非企业资本所进一步发展的空间——即在资本循环运行中寻求为农民保障生活所需——将会定义未来印度的农民社会。就我所见，农民社会一定会在21世纪的印度存在下去，但是这只能通过在村庄中加入大量非农成分才能实现。此外，我认为在农村、小城镇、城区的新兴文化实践之间将会存在重要的重叠和延续性，同时城市元素将取得主导地位。 234

此外，我还说明了，企业资本与非企业资本的差别与市民社会和政治社会的区别相一致。这可能带来一些恶劣的后果。在一些亚洲国家，我们已经目睹了一些“真正公民”发动的反对全民政治代表体系的乱政（unruliness）和腐败的所谓反叛。泰国在2006年和2009年发生了两次军队领导的政变，这两次政变推翻了民选政府。这些行动看上去得到了城市中产阶级的支持，后者反对旨在获取农村人口支持的预算支出，他们认为这种支出是浪费、腐败和民粹主义的。在 2007 年，孟加拉国也发生了一次以军方为后台的类似政变，起初它得到了城市中产阶级的欢迎。在印度，近年来的一个显著特征就是城市中产阶级从所有政治活动中抽身：在城市广泛存在对所有政党的腐败和民粹主义的不满，人们说这些党派的首要驱动力通过牺牲那些保障经济迅速发展的条件来获取选票。毫无疑问，这体现出了企业资本的逻辑在城市中产阶级中的领导权。然而事实是，印度的大多数人口生活在真正的市民社会所构成的有序地区之外。如果要保证市民社会长期的、相对平静的福祉的话，他们必须为政治社会提供吃、穿和工作。这就是民主制度下消极革命的未来所仰赖的艰难而具有创造性的政治进程。

第十一章

当今的帝国与民族

Empire and Nation Today

诸新民族

235

“我们时常听说‘殖民主义已死’。不要被这种话语所蒙蔽或麻痹。我告诉你们，殖民主义并没有死亡。”这些话是印度尼西亚总统艾哈迈德·苏加诺（Achmed Sukarno）在 1955 年万隆（Bandung）亚非会议开幕时所说的。他在后面继续做了如下阐述：

> 我请你们不要只想到经典形式的殖民主义，也就是我们印度尼西亚人和亚洲、非洲其他地区的兄弟们所知道的那种。殖民主义也有其现代的外衣，它可以表现为由一个国家内部的小规模外部团体对其进行经济、思想和实际上物质的控制。它是一个狡猾而坚决的敌人，它以许多伪装示人。它不会轻易放弃其战利品。殖民主义不论在哪里、何时、以什么形式出现，都是一种邪恶的东西，是一种必须从世界上消灭的东西。①

---

① *Africa-Asia Speaks from Bandong*（即万隆亚非会议讲话录，Djakarta: Indonesian Ministry of Foreign Affairs，1955），pp. 19 –29.

这些话是否还包含了真理？这些话能不能描述当今世界？我认为是可以的，尽管半个世纪以来世界在许多关键的方面上已经发生了十分剧烈的变化。我来快速回顾一下亚非的领导人（比如周恩来、尼赫鲁、胡志明、恩克鲁玛和纳赛尔）在万隆会议上所说过的一些事情。我们应该记得，非洲的大多数国家在1955 年还处于英国、法国或葡萄牙的殖民统治之下。我们应当结合这一情境来判断万隆所提到的许多事情是否还有意义，而哪些东西已经被扫到了历史的垃圾堆当中。

236

在经济方面，万隆会议强调了亚非国家经济发展的需要。当然，“发展”在五十年以前是一个极其流行的概念，同时出现的还有通过民族国家的积极干预来进行有计划的工业化（planned industrialization）的思想。会议决议表明，该地区的大多数国家认为自己主要是初级产品的出口国和工业制成品的进口国。会议讨论了以集体行动来稳定初级产品国际价格的可能性。至少对于亚洲国家来说，这一情况发生了很大的变化。虽然许多国家仍然有大规模的自给农业和贫困现象，但现在其经济趋势是迅速地增长，主要体现在资本主义的、现代化的工业制造部门，这些经济部门的产品和使用的技术均比较多样化，这又支撑了现代金融、教育和其他第三产业的增长。然而必须强调的是，这一转型发生在亚洲的几乎所有地方：不仅是中国大陆和印度，还有韩国、中国台湾地区、新加坡、马来西亚和印度尼西亚。这一转型的发生是在后殖民时期民族国家及其政治领袖的直接、系统、积极干预下实现的。

但是经济也是亚洲与非洲的历史轨迹在这半个世纪出现巨

大分歧的一个方面。现在撒哈拉以南的非洲在大众媒体眼中已经成为贫穷的同义词、世界良心的污点，赤贫现象还未被逐步根除的最后一个地方。据说那里也是民族国家完全没有实现其诞生时所做承诺的地方。对于非洲而言，现在的迫切需求是要世界的其他部分提供本来应由民族国家所提供的东西。正如阿基里·姆班贝所着重提到的那样，“非洲——而非其他地方——完美体现了西方对‘缺席’‘短缺’和‘非存在’（non-being）、对同一与差异、对否定性（negativeness）——简而言之，就是对虚无的沉迷和无尽话语”①。另一方面，同样重要的是——55年前万隆会议的重要参与者：中国、印度、印度尼西亚、马来西亚和新加坡现在是世界最强大经济体峰会的常客。世界从1955年到现在发生了何等程度的变化，这是极为重要的量度。再也没有人提及一个亚非经济社会②（economic world）了。

在政治方面，万隆会议主要讨论了人权问题。在今天重新读一下这些讨论稿是很有意思的，因为这些文件显示出了当时的情境以及这一话题的辩论框架所发生的巨大变化。在1955年的万隆，没有人对世界上的主要人权问题存在什么疑问：殖民主义和种族歧视的持续存在阻碍了人权。经济发达且大多数为民主国家的欧洲诸国（不考虑当时在弗朗哥和萨拉查独裁统治下的西班牙和葡萄牙）在全球范围内是主要的人权侵犯国。确

① Achille Mbembe, *On the Postcolony* (Berkeley: University of California Press, 2001), p. 4.

② 即上文所提到的为稳定初级产品价格而采取集体行动的机制。——译注

保人权的首要手段在当时也不存在疑问：那就是人民和民族的自决原则（the principle of self-determination of peoples and nations）。这是联合国所奉为圭臬的原则。出席万隆会议的领导人宣称，联合国宪章和宣言创立了“所有人民和民族成就的普遍标准”。①此外，大会还支持了巴勒斯坦地区阿拉伯人民的权利。大会呼吁在非洲结束种族隔离和歧视。大会支持阿尔及利亚、摩洛哥、突尼斯人民的自决权。大会呼吁将日本、锡兰②、尼泊尔、约旦、利比亚、老挝、柬埔寨和统一的越南纳入联合国。

另外，万隆会议重申了促进世界和平的五项原则，分别是：所有国家互相尊重主权和领土完整、互不侵犯、互不干涉内政、平等互利、和平共处。大会从这些原则引申出去，又重申了每个国家单独或集体自卫的权利，但是又做出警告称，集体自卫的安排不应该服务于大国的特定利益。正如苏加诺总统所说，出席万隆会议的领导人认为他们可以“将理性之声（voice of reason）注入世界事务中去”。苏加诺本人还提及了亚洲某些国家的总理在结束法国对印度支那的长期占领战争中的作用。他说：“这不是一次微小的胜利，也不是一次微不足道的先例。这五位总理没有做出威胁。他们没有发出最后通牒，他们没有动员军队……他们从来没有磨砺强权政治的斧刃。他们只有一个

238

① A. Appadorai, *The Bandung Conference* (New Delhi: Indian Council of World Affairs, 1955), p. 8.

② 即斯里兰卡。——译注

目的——如何结束（印度支那的）战争。”① 当然，苏加诺总统当时并不知道他这一段话为时过早：印度支那不久就会继续走上一段历时超过二十年的残酷而曲折的历程，数百万人在这一过程中丧生。

回首望去，很明显当时——也就是二战结束后二十年——就是民族国家得以在全世界范围内成为所有国家标准形式的时机。这一规范性概念得到了人民与民族自决原则明确地确认。未能完全实现这一原则的事实没有被认为是缺点，而是一种必须要克服的东西。它为亚非国家的人民提出了一个斗争目标，一个具备彻底的道义正当性的目标。它还提出了确定敌人的准则：敌人就是殖民主义、种族优越的实践以及由旧帝国主义国家支配世界的挥之不去的幻想。

一个后民族时代？

现在，情况有什么不同呢？仍然有几个地方，在那里“民族解放”还是一个动人的政治斗争目标。或许，这类民族斗争中最顽强和正当的就是巴勒斯坦人民的斗争了。然而，巴勒斯坦人民之所以还没有一个代表自己的国家的原因并非民族自决原则不适用于他们，而是所有此前提出的解决方案都被一个个大国出于其在这一地区的重要战略利益的考虑而加以阻挠。从这种意义上讲，巴勒斯坦的案例有些特殊。但是克什米尔问题也悬而未决超过六十年。库尔德人问题也有着殖民历史的独特

239

---

① 万隆亚非会议讲话，第19－29页。

原因——库尔德人自称为一个国家，但从未被国际社会广泛承认。在苏联和南斯拉夫的许多地区，互相争斗的“民族”诉求导致了许多流血和苦难历史，而这些身份与诉求曾经在一个复杂、专制、联邦的社会主义政府架构里成功共存数十年之久。随着社会主义政权的解体，这一容器土崩瓦解。但是所有这些悬而未决的民族自决诉求的例子都可以被理解为旧秩序的残余，民族国家在这一旧秩序中成为20世纪后半叶的普遍准则。

据称，新秩序所寻求的是超越民族国家的框架。它试图在克服民族国家经常会出现的灾难性缺陷的同时保留其成就。从多种多样的意识形态立场出发而形成的诸多论述尚未凝聚成一套理论论证和经验证据，从而用来充当这一新秩序的明确描述。但是有些论述来自于十分优秀的思想家和学者，他们大多数来自欧洲。我将在下面指出这一系列观点在我看来所具有的重要特征。

首先，有一种普遍的认知认为在20世纪最后二十年中，资本主义的生产和交换结构发生了重大的变化。这一现象最通用的名字就是全球化。表面上，全球化指的是国际贸易和资本流动、人员跨国境流动以及由新通信技术导致的信息和影像传播的激增。当然，有人指出，就贸易、资本输出和移民而言，一战前的二十年也达到了同样的（如果不是更高的话）全球化程度。但是从20世纪20年代到20世纪70年代的这一段时间（这也是民族国家和现代国民经济得到巩固的一个时期）造就了民族国家之间的全球经济活动网络。因此，相比20世纪中叶而言，最后二十年发生的变化是十分显著的。

240 然而那些对全球化持审慎态度的人指出，在20世纪最后二十年发生了决定性变化，即一种新的、灵活的生产和积累模式的出现以及国际金融市场的急速扩张。通讯技术的新发展使得生产管理上的创新成为可能，这些创新现在能够将生产过程的不同组件从集中的工厂分散到通常位于世界边远地区的较小的生产和服务单位，后者有的时候甚至就是非正规的家庭劳动单位。另一方面，在国际股票、债券、外汇市场上的投机性资本也出现了极大增长。这两项发展共同将经济基础从封闭的国内经济（national economic autarky）的旧模式推向到一种新模式：一般认为全球性的网络超越了国民经济，成为可观的力量。

正是在这一背景下，欧洲的某些重要思想家认为在20世纪中叶具有规范性的民族主权的旧架构的松动（如果说不上解体的话）了，而这被万隆的领导人认定是世界范围反殖民斗争的未竟事业。许多类似的提议都受到如下经验的启迪：一些欧洲国家成功整合为一个单一的欧盟 。现在，贸易、旅行和雇佣劳动在欧洲各国的国境之间实际上没有任何国家控制可言。已有无数种方式在法律、行政、税收和司法体系等方面削减了民族国家的主权权力。一种单一通货已经在许多欧洲国家中得以使用。更明显的是，顶层对主权控制的缓和也使得权力下放到民族国家以下的层级成为可能。举个例子来说，在英国，苏格兰和威尔士现在都有了自己的议会，这一想法即使在仅仅三十年前都会被看成是极其危险的。

除了主权以外，新的后民族理论家们认为公民权（citizenship）的概念也面临着巨变。民族国家是公民唯一的真正家园，是其权利的唯一保证人，是其效忠的唯一合法对象，这些观念正在遭遇巨变。这些理论家还说，这种巨变还应该来得更加迅

241

猛。如果我们把公民权这一概念从民族国家的排他领域中拿出来，然后将其分散到不同的政治归属上去的话，在处理一些问题的时候我们就会有更加有效和民主的手段了。这些问题包括移民的权利、少数人群的权利、民族内部的文化多样性和个人的自由。这样的话，分离主义、恐怖主义和内战就不再有什么立足之地了。尤尔根·哈贝马斯（Jürgen Habermas）的“后民族星丛”（post-national constellation）和大卫·赫尔德（David Held）与丹尼尔·阿尔基布吉（Daniele Archibugi）的“世界主义民主”（cosmopolitan democracy）就是本着这种精神而提出的。①

当今的帝国

如果这就是民族国家这一概念在20世纪后半叶的经历，那么在同一时期内帝国这一概念又遭遇了什么呢？苏加诺总统在万隆的演讲中所提到的旧式帝国主义的确在20世纪60年代就已经寿终正寝了。这一转变并不都是风平浪静的。当日本在二战中战败，法国人和荷兰人重新进占其东南亚殖民地的时候，迎

---

① Jürgen Habermas, *Postnational Constellation: Political Essays*, tr. Max Pensky (Cambridge: Polity Press, 2001); Daniele Archibugi and David Held, eds, *Cosmopolitan Democracy: An Agenda for a New World Order* (Cambridge: Polity Press, 1995)。世界主义思想在欧洲以外也得到了复兴，例如Kwame Anthony Appiah, *Cosmopolitanism: Ethics in a World of Strangers* (New York: W. W. Norton, 2006).

接他们的是大规模武装反抗。很快，荷兰人放弃了印度尼西亚。法国人在20世纪50年代中期从印度支那撤离了，但是这一地区很快就陷入另一种冲突。20世纪60年代初，阿尔及利亚的民族主义武装斗争得到了胜利。

在英属殖民地，向着民族主义政府的权力移交总体上要更加和平并有条不紊。据说这是因为英国的自由主义民主政治传统最终来讲不可能将专制殖民帝国这样一个异类（anomaly）维持下去，并一直拒绝殖民地人民对民族自治政府（national self-government）的道德要求。据说，英国的自由主义民主通过默许非殖民化进程而实现了自我救赎。尼尔·弗格森（Niall Ferguson）在其《帝国》（*Empire*）中又一次赞美了这种说法，这本书充当了野心勃勃的美帝国主义者们的历史指导手册。[①]

242

当然，在民主和帝国的道德不兼容问题之外，另一个论点在20世纪中叶主导了关于殖民主义的讨论。这就是声称由殖民地所带来的经济利益远远不足以弥补维持对其统治所需要的支出的功利主义论点。一个类似英国的国家通过放弃其统治海外殖民地的责任，是可能以低得多的成本，通过谈判与新独立的国家签订适当的经济协议，从而确保相同程度的利益的。然而，并非英国的所有政治领袖都是抱着这么一种冷冰冰的成本-收益的观点（cost-benefit view）来看待庄严而高贵的大英帝国的

---

① Niall Ferguson, *Empire: The Rise and Demise of the British World Order and the Lessons for Global Power* (New York: Basic Books, 2002).（中译本为《帝国：英国世界秩序的崛起和让渡以及对全球性大国的启示》，北京：中信出版社，2011。——译注）

传统的。比如说，温斯顿·丘吉尔就教条地反对非殖民化的提议，而他在英国统治精英中并非个案。① 20 世纪 50 年代的保守党政府就丝毫不愿放弃非洲殖民地，并且当纳赛尔总统在 1956 年将苏伊士运河国有化的时候，英国和法国决定对此事进行军事干涉。美国的压力迫使这两国最终撤退。到那时，英国工业和贸易的未来已经明朗了——它已经完全依赖于美元的保护伞。20 世纪 60 年代非洲的非殖民化实际上意味着大英帝国的终结。成本－收益观点得到了胜利，这使得自由主义民主的道德声誉基本上变得白璧无瑕了。②

在二战后接下来的十年建立的联合国，就是民族自决权得到普遍认可与非殖民化历史进程的证据。它是民主与帝国普遍不兼容的鲜活的证明。

243 据称，美国在 20 世纪的立场是鲜明反对殖民帝国的。西奥多·罗斯福在这一世纪开头的那种帝国主义幻想很快就变成了卡通漫画和连环画的题材。与其形成对比的是，另一位美国总统伍德罗·威尔逊将民族自决的原则写进了国联的框架之中。二战之后，美国对世界其他地区的政府的支持或颠覆几乎完全取决于冷战，而非殖民主义的逻辑和修辞。即使美帝国主义存在什么主张，这些主张看上去也与旧式殖民主义剥削也存在着质的区别：这是一种没有殖民地的新帝国主义。

---

① 参见 Richard Toye, *Churchill's Empire: The World That Made Him and the World He Made* (New York: Henry Holt, 2010).

② Roger Louis and Ronald Robinson, "The Imperialism of Decolonization", *Journal of Imperial and Commonwealth History*, 22, 3 (1990), pp. 462－511.

事实上可以这么说，对海外的土地和生产资源的经济和战略控制进程，在20世纪中，从旧式的征服与占领的形式转变成了新的通过外交影响、经济激励和条约约束而运用非正式权力（informal power）的形式。在19世纪帝国主义论述中总能占有一席之地的那个问题——直接统治还是非正式控制——以倾向后者的方式得到了决定性解决。

20世纪末的全球化是否已经改变做出这一选择的条件呢？20世纪90年代对全球化的赞颂认为国家所设置的贸易壁垒的解除、更大的人员流动性以及全球信息流动的文化冲击，为全世界对民主的政府形式和更民主的社会生活价值观的普遍需要创造了条件。人们需要自由市场来促进“自由社会”。因此，有人提出了一个基本的自由主义思想的推论——尽管经济和军事力量存在差异，但是政府和人民的自主权会在全世界得到尊重，这是因为每个人都致力于资本、货物、人身和思想的自由而不受限制的流动。殖民地与帝国明显与这一全球化世界的自由主义理想背道而驰。

然而，20世纪90年代的全球化著作中另有一个重要的部分，这一部分中存在第二种观点。这种观点坚持认为，新的全球环境使得国际社会不仅可能、而且必须运用其在专制、独裁统治下的国家里保护人权、推进民主价值观的权力。国家主权原则不能为独裁政权提供绝对的保护。当然，国际社会必须通过联合国这样的合法的国际机构来采取行动。由于此举意味着世界上各国间（至少也要有许多国家）存在一种民主的共识，这类保护人权或防止暴行与压迫的国际人道主义干预行为的性质将不会是帝国主义的或者殖民主义的。 244

这两种同出于自由主义全球化论述框架的观点隐含了一个矛盾。从一个极端上讲，人们可以主张，国际事务的民主准则意味着除非国际上达成赞同人道主义干预的明确共识，不然国家主权不可侵犯，任何未遵循此原则的行为都无异于帝国主义干涉。在另一个极端上，也可能会有这样的观点，全球化已经使国家主权变为一种过时概念。维和需求现在已经使一种没有至高无上的统治中心（a sovereign metropolitan centre）的帝国类似物变得不可或缺：这是一个代表了内在的全球主权的虚拟帝国。不会再有战争，只有警察行动。这一观点是由哈特（Michael Hardt）和奈格里（Antonio Negri）令人信服地（至少也是雄辩地）提出的。①

帝国新在哪里？

由于哈特和奈格里的分析提供了一些关于21世纪全球化世界中帝国地位的既有创见又影响深远的论点，我将在继续自己对现状的评论之前简要回顾一下他们的计划。

哈特和奈格里提到了现代政治想象中的两种主权逻辑。一种是民族国家的超越性主权（transcendent sovereignty），它们各自划定边界，要么坐落在一个至高无上的君权之上（参见霍布斯），要么来源于享有主权的人民（参见卢梭）。其逻辑是排他

---

① Michael Hardt and Antonio Negri, *Empire* (Cambridge, Mass.: Harvard University Press, 2000).（中译本为《帝国：全球化的政治秩序》，南京：江苏人民出版社，2005。——译注）

性的，将自身等同于构成与其他民族国家不同的民族国家中的人民。其动力通常是扩张主义的，这会导致其领土的扩张和对其他民族的统治，在现代世界史中这被称为帝国主义。第二种逻辑是民主共和国的内在性主权逻辑（logic of immanent sovereignty），两位作者论述，它坐落在诸众（multitude，与人民不同）通过体现权力与反权力（counter-power）的多重机制的自治机构所行使的制宪权（constituent power）之上。内在性主权的逻辑是包容，而非排他的。即使它是辖域性的（territorialized），这种国家也将其领土的边境看成是开放的。内在性主权逻辑萌发于美国宪法的共和主义理想当中，现在它指向一种帝国的全球民主网络（global democratic network）。[①]

245

必须指出，即使在对作为内在性帝国的美国的历史沿革的描述之中，哈特与奈格里也明白其边境是封闭和排他的。首先，只有消除了美洲原住民（Native American）的存在之后才可能想象一种扩张性的、开放的边界——原住民们不能被当作是构成性诸众（constituent multitude）中所包含的一个类别。这是第一处不可动摇的边界。其次，正如哈特和奈格里所指出的那样，在计算各州的众议院议席数量时，非裔美国人在该州人口中属于不平等的部分；他们直到20世纪后期才获得公民权。其之所以成为可能，并非因为开放边境向外扩张的行动，而更多的是因为通过一种教育性、事实上是补偿性的公民化（civilizing，即创造公民）进程，而对内部边境的渐进性放宽而实现的。因此，即使在内在性帝国的范例——美国，也总是存在一个外界的概

① 同上，第160－182页。

念，这个外界不能被臆想为一个包容性的、会轻易屈服于文明扩张的开放空间。这个外界是由抗拒帝国扩张因而需要被征服和殖民的实践（或文化）所构成的。如所有历史上的帝国一样，帝国的公民化力量只能通过两种方式来运作：要么是暴力的教化，要么是文化的教化。

这样来看，人们不应该像哈特和奈格里那样将美国的大熔炉神话看成是一种杂交进程（hybridization），而应该将其看成是面向一种新的、内部存在等级的、不断变化的规范性美国文化的同质化教化筹划（a pedagogical project of homogenization）。在这一方面，美利坚帝国与其他现代帝国并无区别，与被殖民人民的接触就意味着一种持续存在的腐化危险（danger of corruption）：暴露在外族习惯中可能会导致民族生活的内在道德凝聚力发生倒退，甚至被摧毁。因此在现代，公民化的教化方面只能在一个方向上起作用——将被殖民者教化为现代公民，而永远不能是另一方向，就像在许多古代帝国中发生的那样——征服者自身被其臣民所教化了。很难找到什么证据来证明美利坚帝国是这一现代统治方式的例外。

246

哈特和奈格里还得出了一个论点：由于新的帝国是内在性的、包容的，而且其主权是去辖域化的（de-territorialized）、无中心的（without a centre），因此在民族解放和反殖民运动的年代中卓有成效的反帝国主义政治形式已经过时了。立足于对主权人民所进行的超越性物化——这种物化在民族国家内实现所进行的反帝国主义的民族主义，现在只不过是一种障碍，它阻碍的是准备在帝国的那些永远包容、混杂、内在具有民主特征的网络中解放自己的全球诸众（global multitude）。[①] 大多数读者认为，这可能是《帝国》一书中最缺乏说服力的论述了。但是需要注意的是：尽管超越性和辖域性的主权观念位于真实的人民－民族中这样的观点，在大多数第三世界民族主义思想中是主导性的属性模式（performative mode），然而赋予自身以恰当的自治机制的关于制宪权的内在性观念从没有彻底缺席过。的确，既然“人民”可以被用来通过民族国家的结构给排外的、通常属于单纯压迫性的民族认同披上合法的外衣，那么它也可以被用来批判、动摇、并且有的时候被用来推翻上述架构。人们甚至可以说，后殖民国家的现代国家架构中稳定体制的相对缺乏（这在政治发展的文献中一直是一种憾事）实际上体现出了内在性的制宪权概念的积极存在——这种权力尚未被日常治理术的例行公事所彻底压制。想想经历了 20 世纪 30 年代到 70 年代这段时间的那一整代孟加拉人吧，他们最开始将自己想象为反殖民主义的印度民族主义的一部分，然后基于宗教信仰将自己视为巴基斯坦民族主义的一部分，最后基于语言将自己看成是孟加拉民族主义的一部分，每一次都重新发明一个新的辖域化的民族国家，并理所当然地（在某种长久的意义上而言）每一次都保留下相同的、将自治体制赋予自己的制宪权。如果内在性和超越性是现代世界主权的两种模式，那么很难看出美国宪法是怎样同时包纳这两者的。

因此，我不能同意哈特和奈格里的看法，他们认为生产、交换和文化流动的新的全球化网络已经为一个新的、内在性的、

① 同上，第 114－136 页。

去辖域化的、无中心的帝国的可能性创造了条件。即使在20世纪90年代这一段时期——开始于第一次海湾战争，结束于科索沃战争——我也没有发现这一论点有什么说服力，而所谓国际社会在这一时期对通过武装干涉来实施国际法、保护人权的做法有着相当高的共识。在入侵伊拉克之后，这种说法失去了所有信用。除去所谓全球反恐战争的词句不谈，布什政府和其所有盟友的政策看上去都可以用维护国家安全并进一步维护国家利益的过时算计来完美地解释。许多对美利坚单边主义的反抗，其形式从外交行动到武装对抗，并且跨越了意识形态领域的不同分支，使用的也是保护国家主权权力的老逻辑。因此，我们必须提出以下问题：我们如何来理解当今民族和帝国的关系？如果帝国与民族55年前在万隆被宣告为无法共存的事物，那么这一评价是否发生了变化？

帝国内在于现代民族中

确实，在全球化的时代里，可以看到国家主权在诸多至关重要的领域里都有所削弱，比如说外贸、物权法、合同法和治理技术等。无需赘言，这些领域中的规范和程序遭受了强大的压力，毋庸赘言，这些压力来自于通过新的国际经济机构而得以行使的主要经济力量。我们可以想象出在这些力量之间能达成利益的统一和观点的一致吗？还是说在对小国进行各种国际干涉的现象既普遍又合法的情形下，会存在争夺和冲突呢？

248

由于突然爆发的全球金融危机，形势自2008年起变得更加不可预见了。在近二十年来，投机金融资本的掠夺性流动是驱动消费和世界经济增长的基本动力，危机使这类流动戛然而止。这不仅在西方发达经济体内导致了衰退以及对大范围失业的恐慌，也极大地放缓了依赖向西方国家的出口贸易的大型发展中经济体的增长。至少在眼下，我们正在目睹这样一个现象：近二十年来占据统治地位的新自由主义思想撤退了，取而代之的是通过大规模扩大国家支出来刺激需求的凯恩斯主义政策，以及对金融市场进行更严格的规范。面临国家越来越多的经济干预行为以及越来越大的确保就业的政治压力，国家自给自足的思想在北美和欧洲的许多国家中都在复苏。

尽管在现在许多关于全球金融危机的说法都宣称，西方经济体出现了不可逆转的下滑，而亚洲飞速发展的制造业经济体将崛起成为（全球经济的）主导力量，然而这类预测还为时尚早。更加重要的是，人们绝对不应该忽视以下落差所带来的影响：一方面欧洲国家和美国在经济上的影响力越来越低，而另一方面它们在世界上仍然保有压倒性的军事力量。在这种真正经济实力与对世界权力的野心不相称的情况下，我们可以期待它们做出什么样的政治判断呢？

如果现在世界上存在利益冲突的物质基础（material substratum）的话，那么我们就可以谈论虚伪的道德论调，他们用这种论调来为其帝国主义行动赋予合法性，虽然这些行动有着不可告人的动机。正如本书第一章中所论述的那样，这是 19 世纪帝国主义历史中令人耳熟能详的一个部分。当时，议会和公众用越来越坚定的意见要求政府在处理外交事务时坚持问责制，尤其是在需要花费公共款项和使用军队的时候，于是欧洲帝国主义国家的外交和殖民政策就弥漫着高尚品格和文明美德（civili-

249

zing virtues）的公共修辞。而外交领域中出现的关于存在的理由的“现实主义”理论（这是外交家和决策者们使用的一种专业说法）也是这同一过程的一个重要部分，这一理论寻求的是将由军事和经济力量支持的对国家利益的冷静追求，与公众的道德词汇所体现出的感情用事（即使它是很高尚的）分隔开来。这就是外交和殖民事务中意识形态“矫饰”（spin）的起源——一些特定的用以生产支持现实主义和很大程度上是秘密决定的民主同意①（democratic consent）的技术，这些决定是由一小群决策者们出于所谓国家利益而制定的。

然而在一个民族国家的形式成为规范性和普遍性形式的世界里，为什么这种奸猾的论点（duplicitous arguments）还会有人接受呢？毕竟，民族国家在国际法中具有平等的权利，每个国家在联合国大会中都有一票表决权。令人感兴趣的是，正是民族国家普遍平等的形式提供了将这些国家按照不同标准进行对比的普遍量度（common measure）。所以，我们现在都很熟悉那种在国家间通过诸如国民生产总值、经济增长率、人类发展指数、生活质量、腐败水平等等指数进行的统计学对比。但是统计学量度创造出了规范，并且使得定性意义的归因（attribution of qualitative meanings）甚至道德判断（moral judgements）成为可能。所以，某个规范可能代表了世界各国间（我们随便举几个例子）识字率或者婴儿死亡率的经验分布的平均值。然而规范也可能代表了一个特定的目标标准，它是一个需要达成的目标值。这就使得人们可以就国家的能力、意愿和实际表现，做

① 即在民主政治机器中所取得的一致共识。——译注

出特定的、关于这些伦理标准的道德判断。所以，这类判断中有许多都变成了关于文化的判断，这也并不令人感到惊奇。因此，民族国家的规范化（normalization）成为人类政治组织的普遍形式，这个过程本身就包含一种机制，来量度文化差异并将道德意义归因于这些差异。我必须补充说明的是，规范化的过程还使得人们可以去追溯历史中出现的差异，因此可以发现曾经表现不佳的国家正在有所改进，而其他国家也可能正在逐渐落后。规范化理论架构的基础是本书第一章中所描述的两种规范观。

250

我认为以下的说法是可以得到证明的：现代民族国家的规范化历史与现代诸帝国的历史是不可分割的。几乎所有关于现代治理的形式和技术都是在欧洲帝国全球扩张的过程中得到发展、传播和采纳的——这种过程并非只在一个方向上（即从欧洲到别处）发生，在其反方向（即从殖民地到帝国中心）上也在发生。然而，发明对殖民差异的统治，这是民族国家同一个规范化过程中的一部分。即使承认现代治理规范的普遍有效性，对殖民差异的统治也使得殖民地因其文化差异而被划作普遍规范的例外。因此，就在法国大革命时期的国民议会代表们宣布了人权普遍有效的时候，他们同时也轻易地宣称，圣多明各（即现在的海地）的暴动奴隶不享有那些权利。19 世纪中叶的穆勒可以写出一整本书来详细论述代议制政府的普遍优越性，但有一章他却不能省略掉：那就是用以解释为什么印度人和爱尔兰人尚不能适用该政体的原因的一章。① 在过去二百年

① 穆勒是《代议制政府》一书的作者，原文中提到的是该书的第十八章，名为《自由国家对附属国的统治》。——译注

中，关于统治殖民差异的应用事例的论述可以轻松编出一本百科全书。

我希望提出一个关于帝国的普遍定义，这个定义不与吞并和占领外国土地相联系，因而能涵盖近几十年来变得普遍的、间接与非正式的新控制形式。我认为，帝国的特权就是宣称殖民地例外的权力（the power to declare the colonial exception）。每个人都同意核扩散是危险的，应当被制止。但是谁决定印度、以色列甚至是巴基斯坦可以拥有核武器，而朝鲜和伊朗却不行呢？我们都知道有许多野蛮的、压迫性的同时也是国际恐怖主义源头的国家，但是是谁决定了伊拉克的萨达姆·侯赛因政权而非沙特阿拉伯或者缅甸的政权必须被武力推翻呢？那些要求确定例外的人实际上就在僭取帝国的特权。

251

在规范化的框架内宣称例外会立即开启一项教化筹划。于是帝国必须负起教育、规训、训练殖民地的责任，以使其符合规范。在历史上帝国的教化形式只有两种——暴力教化和文化教化。殖民地要么受到武力的惩戒，要么受到文化的教育（“开化”）。在去殖民化和万隆会议远去之后，我们最近看到了这两种形式。

我还要补充一下：随着布什总统卸任，美国单边主义的明显退潮和全球金融危机的到来，完全可以想见，帝国的特权现在可能由几个国家分享。可能出现一些地区霸主（regional hegemons），他们要求在其自身的影响范围内宣称殖民地例外，并力图用暴力和教化的手段来规训有所偏离的国家[①]（deviant states）。没有理

---

① 即下一段中所说的偏离规范的国家。——译注

由认为，像印度这样的后殖民民主国家就不会存有和 19 世纪民主国家一样的扮演帝国角色的野心。这与 19 世纪力量均衡的帝国时代所常见的国际政治结构在某些方面上是类似的。

还需要指出的是，政策制定中的规范－偏离与规范例外结构在原则上适用于所有可能充当政策客体的规范化的、可比较的实体（normalized comparative entities）。截至当下的讨论当中，我们的分析只限于民族国家。从历史上来看，殖民境况和后殖民境况之间存在一个有趣的差别。直到 20 世纪中叶，西方国家都是全球大国和国际法无可争议的仲裁人，而它们也利用帝国的正当权力来宣称殖民地例外。从 20 世纪后半叶起，这一权力随着民族国家的普遍化而遭到了挑战。在不得不付诸使用时，帝国的权力需要一些能够自称代表国际社会的实体的批准作为遮羞布。这就决定了帝国的全球实践在后殖民时代所具有的重大差别。但是在现实存在的民族国家中，仍然可以在地区和人群之间做出规范化的对比：无论是诉诸暴力还是文化，教化的结构并没有本质的差异。然而，既然政策领域并不是由名为民族国家的公认主权实体（putatively sovereign entities）所构成的，“帝国”这个术语就不适合那种场合，即使诸如“国内殖民主义”（internal colonialism）这样的论述在后殖民政治的语境中还不为人所知。 252

提到 1955 年的万隆会议及其今天对我们的意义，我希望以苏加诺总统当时的另一句话来做结尾。他说：“我们生活在一个恐惧的世界之中……人们今天的生活因为恐惧的侵蚀而变得苦涩。人们惧怕未来，惧怕氢弹，惧怕意识形态。也许这种恐惧比危险本身还要危险，因为正是恐惧驱使着人们做出愚蠢、草率和危险的行为。”① 从这段演说中，我们并不清楚总统先生认为谁会因为恐惧而做出愚蠢的行为。但是在提到我们现在的局势的时候，我们每天都会听见这样的消息：无职无权的平头百姓因为恐惧和怨恨而愤怒，并做出危险举动。但是我们经常会忘掉这样一件事：那些被恐惧所驱动的掌权者可能会变得更加草率和危险，于是他们僭取了宣称例外的特权。民族国家可能已经疾病缠身，但是帝国却并未死亡。

① 万隆亚非会议讲话，第 19 –29 页。

索　引

（页码为原著页码）

Absolutism　绝对主义　1，2，9

Abstract labour，concept of　抽象劳动的概念　136 –137，138

Abu Taleb，Mirza　米尔扎·阿布·塔勒布　17，44 –45，46

Africa　非洲　13，18，116，236

African-Americans　非裔美国人　245

Agrarian capitalists　农业资本家　216

Akbar　阿克巴　36

***Akhlaq* literature**　道德文献　57

Alam，Muzaffar　穆扎法·阿拉姆　37，57

Albuquerque，Afonso de　阿方索·德·阿尔布克尔克　38

Ali Gauhar，Prince　阿里·高哈尔王子　59

Ali，Hidayat　希达亚特·阿里　59

Anderson，Benedict　本尼迪克特·安德森　108，116，129 –134，150 –152

and bound seriality，concept of.　和强制连续体的概念

***See* bound seriality**　见强制连续体

modern politics，views on　关于现代政治的观念　135

and politics of ethnicity 和族裔政治　129 -131，133，139，143，151

and *The Spectre of Comparisons* 和《比较的幽灵》　150 -151

and unbound seriality. *See* unbound seriality 和非强制连续体。见非强制连续体

Aqal 良好的常识或判断力　75

Arbitrary power 专断权力　16 -17，18

Archibugi, Daniele 丹尼尔·阿尔基布吉　241

Art cinema 艺术电影　166，167

Artha 物质利益　55，56

Arthaśāstra 《利论》55 -56

Asad, Talal 塔拉尔·阿萨德　178

Asiatic Society 亚细亚社会　41

Auchinleck, Field Marshall 陆军元帅奥金莱克　49

Ayub, Abu Sayeed 阿布·萨耶德·阿尤布　124

Bandung Conference 万隆会议　235 -238，240，252

Banerjee, Gurudas 古鲁达斯·班纳吉　75

Bangadarśan 一印度杂志名　94

Bangiya Sahitya Parishat 孟加拉民族文学院　110

Bardhan, Pranab 普拉纳布·巴尔坦　216

Barros, João de 巴罗斯　33 -34

Bayly, C. A. 贝利　37

Bazaar prints 集市印刷品　174，175 -176

Bengal 孟加拉　6 -7，57，58

British judicial system in 英国的司法体系 17 -18

partition, movement against 反对分裂运动 65

Portuguese in 葡萄牙人 33

Swadeshi movement in 抵制英国货运动 53

Benjamin, Walter 瓦尔特·本雅明 63, 134

Bentham, Jeremy 杰里米·边沁 8, 10

standards of legislation 立法标准 6 -7, 8 -9

Bhaduri, Nrisingha Prasad 布哈杜里 55, 71

Bhargava, Rajeev 布哈格瓦 19

***Bibidhārtha samgraha*, illustrations in** 插图 156

Biśva paricay 《我们的宇宙》 158

Bose, Pradip 普拉迪普·伯士 181 -182

Bose, Subhas Chandra 苏巴斯·钱德拉·鲍斯 120

Bound seriality of governmentality 治理术的强制连续体 129, 131, 143, 146

and ethnic politics 和族裔政治 130, 132, 139

Boxer, Charles 谟区查 34

Brahmo Samaj 梵社 61

Britain, cultural studies in 英国的文化研究 171

British 英国的 37, 42, 43, 47, 48, 100

and colonial project of improvement 和殖民的改善的筹划 42

colonialism, and moral goal of love 殖民主义，和爱的道德目标 40 -41, 49

Empire, founding of 帝国的建立 36

in India, nationalist version 在印度，民族主义版本 36 -37
and Indian collaborators 和印度的合作者 43，49
judicial system, introduction in India 印度引入司法体系 17 -18，36，42
liberal democracy, and decolonization 自由民主和去殖民化 241 -242
middle class opposition to 中产阶级反对 48，49
and non-collaborators 和非合作者 49
norms of governance 治理术的规范 5 -6
and spurious hegemony 和假冒的领导权 41
Buchanan Hamilton, Francis 弗朗西斯·布坎南·汉密尔顿 41
Buck-Morss, Susan 苏珊·巴克-莫斯 22
Burke, Edmund 埃德蒙·伯克 5，100
Byabahār darśan 《政治哲学》60，61

Calcutta, urban squatters of 加尔各答的城市棚户区 202 -205
Calendar art 日历艺术 174，175 -176
Capital 《资本论》 136，137，152，211
Capital 资本
and community 和共同体 196 -200
and non-corporate. *See* noncorporate capital 和非企业。见非企业资本
primitive accumulation of. *See* primitive accumulation of cap-

ital　原始积累。见资本的原始积累
social　社会的　200 -202
utopian time of *vs* real time　乌托邦时间对真实时间　134 -136
Capitalism　资本主义　35，108，117
and peasant societies　和小农社会　212
Capitalist class　资产阶级　216
changes in composition of　构成的改变　218
and civil society　和市民社会　220
dominance of　统治　220，232
globalization and　全球化　218
and peasantry　和小农　209
and primitive accumulation of capital　和资本的原始积累　213 -214
Caste system，Tagore's views on　泰戈尔关于种姓制度的观念　98，101 -103
Chakrabarty，Dipesh　查克拉巴蒂　68
Chattopadhyay，Bankimchandra　般吉姆钱德拉·恰托帕德亚　75
Chaudhuri，K. N.　乔杜里　32
Churchill，Winston　温斯顿·丘吉尔　242
Cinema，and Indian viewing culture　印度的观影文化　166 -168
Citizenship　公民权　34，196 -197
change in notion of　观念的改变　240 -241

community attachments and 共同体纽带 192，197
differentiated 有差异的 24 -25，91 -92
equal 平等的 17，22，24，92，191，205
participatory 参与性的 198，201
redefinition of 重新定义 24 -25
and urban populations 和城市人口 14
Civic community. ***See*** **civil society** 市民共同体。见市民社会
Civil Rights legislation，in USA 美国的公民权利立法 1
Civil social institutions 市民社会机构 13，79，81，83，86
exclusion of population from 人口被排斥 85
See also **civil society** 同时见市民社会
Civil society 市民社会 13，14，16，82，83，223，232
and capitalist class 和资产阶级 220
citizens' rights and 公民的权利 200
and corporate capital 以及企业资本 224，233
and counter-democracy 以及反民主 25
as domain of elite 以及经验的领域 85
expansion of 扩张 91
middle-class identification with 中产阶级的认同 90
modernity of，and populist democracy 现代性，民粹主义民主 88 -89
and political society 和政治社会 13 -14，89，90 -91，138，219，224，231，232，234
resistance to exceptions 对例外的反抗 92
as site of transformation 作为转变的场所 89

and social capital 和社会资本 200 -202

and western modernity 和西方现代性 85

Class coalition and state power 阶级联盟与国家权力 216, 217, 218

Coleman, James 詹姆斯·科尔曼 200

Colonial

difference, rule of 殖民差异，统治 12, 34, 250

exception 例外 9, 18, 250 -251

political institutions, and imperialism 政治机构，和帝国主义 5 -6

Colonial Exhibition (of 1886) 殖民展示 46 -47

Colonialism 殖民主义 9, 237, 238

and armed force 和武力 35, 40

as exception to norm 作为规范的例外 9, 10

improvement mission of 改善的任务 42

modern 现代 235

and moral goal of love 和爱的道德目标 40 -41, 49

Sukarno's views on 苏加诺的看法 235

and western political theory 和西方政治理论 11, 22 -23

Common sense, Gramscian notion of 葛兰西关于尝试的概念 146, 171

Communal violence 社群暴力 72

Communitarians, *vs* liberal individualists 社群主义者对自由主义的个人主义者 189 -191, 193 -194, 196, 202

***See also* community** 也可见共同体

Community 共同体
  and capital 和资本 196 –202
  concept of 概念 88，191，192，196
  in the East 在东方 192 –196
  formation，among urban squatters 形成，城市棚户区 202 –205
  and government policy 和政府政策 199 –200，204，205
  local. *See* local community 本地的。见本地共同体
  and modern politics 和现代政治 193
  nation as 民族作为 198
  networks of support in 支撑网络 203 –204，206
  and political society 和政治社会 205 –206
    ***See also* political society** 同时见政治社会
  traditional institutions，Ashis Nandy's defense of 传统机构，南迪的辩护 194 –195
  and universal citizenship 和普遍公民权 197
Condolence meetings 追悼会 76，81 –82
Constituent and constituted powers，distinction between 制宪权和宪定权的区分 63
Construction and creation，distinction between 建造和创造的区分 125
Cooperatives，Tagore's concept of 泰戈尔对合作社的概念 114 –115，116，118
Corbridge，Stuart 斯图尔特·考布里奇 90
Cornwallis，Lord 康沃利斯 42

Corporate capital 企业资本

and civil society 和市民社会 224，233

and non-corporate capital，distinction between 和非企业资本间的区分 221－222，234

Counter-democracy 反民主 25，143，144

Cultural

difference. ***See*** **cultural difference，misrecognition** 文化差异。见文化差异，误认 30，31

production，and discipline 生产，规训 178－179，184－185

studies，and power 研究，权力 165－166

Cultural difference 文化差异 170，249，250

modern nation and 现代民族 192

normalization of 规范化 8

Customary law *vs* rational law 习惯法对理性法 18

Da Gama，Vasco 达伽马 29，30，31，38

Dalits，mobilization among 对达利特的动员 152

Darshan，visual representation and 对达圣的视觉表征 172－173，176

Das Gupta，Chidananda 齐达南达·达斯古普塔 166，167，168

Datta，Bhabatosh 巴巴托什·达塔 100

Decolonization 去殖民化 11－12，35，133

of Africa 非洲 13，242

and British liberal democracy 和英国的自由民主 241 -242
economic benefits of 和经济利益 242
Democracy 民主 10，23，50 -51，88，117，152，206 -207
bourgeois 资产阶级 216 -217
British liberal 英国自由派 241 -242
and Empire 和帝国 241 -242，243
globalization and 全球化 243 -244
and modernity 现代性 86，88 -89
and *nīti* 和正道 71
and passive revolution. *See* passive revolution 和消极革命。见消极革命
and political society 和政治社会 17，206 -207，232 -233
***See also* political society and populism** 同时见政治社会与民粹主义 15，140 -144
postcolonial，and peasantry 后殖民，和小农 208，209 -211，226
***Deś*，Tagore's concept of** 泰戈尔的 **deś** 概念 103 -104
De Tocqueville，Alexis 托克维尔 16 -17，231
Despotism 专制主义 9
Dharma 达摩 54，55，56，61
Anandachandra Mitra's views on 阿南达钱德拉·密特拉的观念 64 -65
and *nīti* 和正道 55，59，65，71，73 -74
political revival of 政治复兴 60
righteous use of force 对武力的正义使用 71 -72

Tagore's views on 泰戈尔的观念 99 –100，108，117
Dharmasastras 《法经》55，56，61
Differential demands，*vs* equivalent demands 差异的要求对平等的要求 141 –142，144
Differentiated citizenship 有差异的公民权 24 –25，91 –92
Dinda，Sanatan 萨那坦·丁达 184
Discipline，and cultural production 规训，与文化生产 178 –179，184 –185
Durga puja 杜加礼拜 180 –183，184，185
Dutch 荷兰 35，36，241

Eastern spiritualism，*vs* western materialism 东方式的灵性论对西方的物质主义 193 –194
Emergency（of 1975—1977） 紧急状态 65，69 –70
governmentality and 治理术 68，70
and population control programme 和人口控制计划 66，67，69，70
and resettlement of displaced people 和被迁出人口的安置 66 –67. ***See also* Welcome Colony**
Empire 《帝国》24，242，246
Empire 帝国 241
and democracy 和民主 241 –242，243
and globalization 和全球化 244 –245，246，247
virtual 虚拟的 244
English East India Company 英国东印度公司 22，37，

43，44

English education 英国教育 43

and Indian nationalism 和印度民族主义 43－44

and rebirth of dharma 和达摩的重生 60

Enlightened despotism 开明专制 9

Equal citizenship 平等的公民权 17，91，92，231

exceptions to norm of 规范的例外 24，205

as norm 作为规范 24，205

Equivalent demands *vs* differential demands 平等的要求和有差异的要求 141－142，144

Ethnicity 族裔 97，142

politics of，and nationalism 政治，和民族主义 129，133，139，151

Ethnographic surveys 民族志调查 41

Europe，concept of 欧洲的概念 48，50

Europeans

knowledge of India 欧洲对印度的认知 31，47

unity of civilization 文明的整体 96－97，98，101

Exceptions 例外

accumulation of，and redefinition of norms 积累，对规范的重新定义 19，22，24

civil society's resistance to 市民社会的反抗 92

legality of 合法性 92，223. ***See also* political society** 同时见政治社会

and norms 和规范 8－11，15－16

and political society 和政治社会 15 -16，92，138，223，230 -231

squatter settlements as 棚户区 14 -15，16

***See also* norm-exception** 同时见规范 -例外

Fabian，Johannes 约翰内斯 · 费边 177

Family 家庭 82，84

Farmer suicides 农民自杀 226，229 -230

Fear，and colonial domination 怕，和殖民统治 40

Ferguson，Niall 尼尔 · 弗格森 242

Foucault，Michel 福柯 4，11，165，198

and art of government 和治理的技艺 39 -40

Machiavelli，views on 关于马基雅维利的观念 39

and population，concept of 人口的概念 84

sovereign power *vs* art of government，views on 主权权力对治理技艺的观念 48

Gandhi，Mohandas Karamchand 甘地 49，54，117，118，122，195

khadi programme of，Tagore's criticism of 泰戈尔对印度土布计划的批评 111 -112，115，121

Non-cooperation Movement，Tagore's criticism of 泰戈尔对不合作运动的批评 118

and satyagraha movement 以及对非暴力不合作运动 53 -54，116

swaraj，*vs* Tagore's *svadeś* 自治和泰戈尔的祖国 108，111 -112，113 -115

Gandhi，Indira 英迪拉·甘地 66，70 -71

Ganguly，Sachin 萨金·甘谷力 101

Geertz，Clifford 克利福德·格尔茨 176

Geuss，Raymond 雷蒙德·盖斯 21

Ghosh，Sankha 桑查·高希 124 -125

Global financial crisis 全球金融危机 248

Globalization 全球化 89，208，239 -240

and corporate capitalist，growth of 和企业资本加，增长 218

and human rights 和人权 243 -244

and national sovereignty 和民族主权 244 -245，246，247

and political changes 和政治变化 218 -219

Goa 果阿 35

Government

art of，Foucault's view 福柯关于治理技艺的观念 39 -40，48

and reversal of primitive accumulation. *See* primitive accumulation of capital 原始积累的逆转。见资本的原始积累

Governmentality 治理术

bound seriality of 强制连续体 129，130，131，132，139

and Emergency 和紧急状态 68，70

flexibility of policy 政策的灵活性 141

and *nīti* 和正道 71

and political society 和政治社会　14，68－69，92，147－148，219－220，230－231
politics of，and nationalism 政治，民族主义　152
popular sovereignty and 人民主权　139－140
and populations 和人口　84，85，198－200
and populism 和民粹主义　144
and rural politics 和农村政治　92－93
and reward-penalties system 和奖惩制度　69
universal norm of 普遍规范　145
and urban poor 和城市穷人　15，67－68
Gramsci，Antonio 安东尼奥·葛兰西　146，165，171
and hegemony，concept of 领导权的概念　145
and common sense，notion of 常识的概念　146
Guha，Ranajit 古哈　41，42，106，208，229
Guha-Thakurta，Tapati 古哈－裟库塔　180，182，184
Gulf War 海湾战争　50
Gupta，Dipankar 狄潘卡·古普塔　226，228
Gupta，Rajanikanta 拉贾尼卡塔·古普塔　75
Gutman，Judith Mara 朱迪思·玛拉·古特曼　161，171－172

Habermas，Jürgen 尤尔根·哈贝马斯　241
Hacking，Ian 伊恩·哈金　8，136
Haiti 海地　22，34，250
Half-tone printing 铜版印刷　157

Hall, Stuart 斯图尔特·霍尔 165, 171
Hansen, Thomas Blom 托马斯·汉森 20
Hardt, Michael 迈克尔·哈特 244, 245, 246
Hastings, Warren, impeachment of 沃伦·黑斯廷斯，弹劾 5
Havel, Vάclav 哈维尔 126
Hegel, G. W. F. 黑格尔 3, 82, 83, 84
  idea of "true infinity" "真正的无限性"观念 132
  idea of "wrong infinity" "恶的无限性"观念 131
Hegemony 领导权 140
  bourgeois 资产阶级 138, 146
  capitalistic, over civil society 资产家的，对市民社会 219, 220
  Gramsci's concept of 葛兰西的概念 144, 145
  spurious 假冒的 41
Held, David 大卫·赫尔德 241
Hindu 印度人 98
  -Muslim relations, Tagore's views on 穆斯林关系，泰戈尔的观念 123
  samaj. ***See samāj***
  unity, Tagore's views on 统一，泰戈尔的观念 96, 97
Historical
  illustrations, in history texts 历史证明，历史文本 162－163
  romance, genre of 小说，类型 160
Human rights 人权 126, 237, 243

universal validity of 普遍有效性 145

as a western concept 作为西方概念 23

Iconic image, sacredness of 标志性形象，神圣 159，160 -161

Ideal leader, attributes of 理想的领袖，特征 54

Ihtisamuddin, Mirza Shaikh 以西萨姆丁 44 -45

Illustrations, in history texts 插图，历史文本 162 -163

Immanent sovereignty 内在性主权 245，246，247

Immigrant cultures and national identity 移民教育和民族身份 51

Imperial pedagogy, forms of 帝国教化，形式 245，251，252

Imperialism 帝国主义 107，244 -245

American 美国的 243

end of 终结 241，242

pedagogical mission of 教化任务 245，246，251

India-China war 中印边境战争 154

Indian

civilization, Tagore's views on 泰戈尔对中印文明的观点 101 -102，108，114

nationalism, Tagore's critique of 泰戈尔对民族主义的批判 94，99

photography, visual aesthetic of 照片，视觉美学 171 -172

secularism, as exception to norm 世俗主义，作为规范的例

外 19

social system, and dharma 社会制度，达摩 60

Indian National Congress 印度国大党 87，195

Individualism, *vs* traditionalism 个人主义对传统主义 194－195，196

Indo-China 印度支那 238，241

Informal sector 非正规部门 221，222

and collective political mobilization 和集体的政治动员 16

as exception to norm 作为规范的例外 138

governmental agencies and 政府机构 138，226

organizations of 组织 224－225

Insurgency 暴动 93

Iraq 伊拉克 50

Jain, Kajri 卡姬丽·珍 175

Jameson, Fredric 杰姆逊 13

***Jāti*, Tagore's views on** 泰戈尔的观念 95，96，97，98－99

Jesuits 耶稣会士 36

Jones, William 威廉·琼斯 41－42，44

Judicial review, power of 司法审查，权力 18－19，92

Kant, Immanuel 康德 2，132

Karanam 卡拉纳姆 56－57

Kautilya 考底利耶 55－56

Kaviraj, Sudipta 苏迪普塔·卡维拉吉 12，88，207，216－

217

Khadi spinning, Tagore's criticism of 手纺土布，泰戈尔的批评 111 -112，115，121

Khan, Alivardi 阿里瓦迪·汗 58

Khan, Husain Ali 侯赛因·阿里·汗 58

Khan, Sarfraz 萨法拉兹·汗 58

Kingship, and dharma 国王统治，达摩 55

Krtrim 自然 76，77

Krtrimatā 人为性 76，77

Labour, and means of labour, disassociation between 劳动和劳动资料的分离 211 -212. ***See also* primitive accumulation of capital** 也见资本的原始积累

Laclau, Ernesto 拉克劳 15，140 -143

***Laïcité*, ideal of** 政教分离的观念 19

Legislation, standards of 立法标准 6 -7，8 -9

Liberal political theory and Marxism 自由主义政治理论和马克思主义 3 -4

***See also* Western political theory** 也见西方政治理论

Liberal individualists and communitarians, debates between 自由主义的个人主义和社群主义的争论 189 -191，193

Licence regime, effects of dismantling of 许可证制度，废除的效果 218

Line drawings 素描 162 -163

Lithography 平版印刷术 157，174

Local community 本地共同体 119，120 -122

Tagore and 泰戈尔和 116，117 -118，120

Locke，John 约翰·洛克 2

Love

vs **fear，Machiavelli's idea of** 马基雅维利关于爱和怕的观念 38，39 -40，41 -42

of Indians for the West 印度对西方 41，46 -47，48，50，51

Ma'bari，Zain al-Din 马白里 33

Machiavelli，Niccolò 马基雅维利 38 -42

MacIntyre，Alasdair 麦金泰尔 191

***Mahābhārata*，interpretation of *nīti* in** 《摩诃婆罗多》，对正道的阐释 55

Maine，Henry 亨利·梅因 13

Mamdani，Mahmood 曼姆达尼 13

Mantena，Karuna 曼特纳 13

Maps，in school textbooks 地图，学校课本 162

Marginalized groups，primitive accumulation and 边缘化的群体，原始积累 233

Market

and peasant society 市场和小农社会 221，222，229 -230

and reversal of primitive accumulation 对原始积累的逆转 215

Marx，Karl 马克思 3 -4，83，91，132，152 -153，197，

211, 215
and concept of abstract labour 和抽象劳动的概念 136 - 137, 138
Mass mobilization, Tagore's rejection of 大众动员，泰戈尔的拒绝 126
Mbembe, Achille 阿基里·姆班贝 18
Mehta, Uday Singh 尤达·辛格·梅塔 10
Menon, Nivedita 耐维迪塔·梅农 90, 92
Microcredit movement, in Bangladesh 微额贷款运动，孟加拉 121, 214
Middle class
and civil society 中产阶级与市民社会 90. ***See also*** **civil society** 也见市民社会
and corporate sector 和企业部门 219
creation of 创造 43
love for concept of Europe 对欧洲概念的爱 41, 46 - 47, 48
opposition to British rule 对英国统治的反对 48, 49
populist politics, disapproval of 民粹主义政治，反对 234
and western modernity 西方现代性 50, 51
Mill, John Stuart 约翰·斯图尔特·穆勒 10, 34, 250
Miller, David 大卫·米勒 191
Mitra, Anandachandra 阿南达钱德拉·密特拉 73
dharma, views on role of 对达摩地位的观念 64 -65
religion in politics, views on 对政治中宗教的观念 64

and science of politics 以及政治的科学 61 -63，64，65
Mitra，Rajendralal 拉真达拉·密特拉 156
Mobilization 动员 88，123，143，220
and governmentality，politics of 治理术，政治 14 -15
and identity，politics of 和身份，政治 170
political society and 政治社会 16，87，230 -232
Modern politics 现代政治 1，3，51，135，195，196
normative principles of 规范性原则 12
religion and 宗教 64
and populism. ***See*** **populism** 和民粹主义。见民粹主义
redefinition of normative standards 对规范性标准的重新定义 22
Modernity 现代性 12，23，43，48，50，81，169 -170
and civil social institutions 和市民社会机构 85 -86
colonial，pedagogical mission of 殖民的，教化任务 78，84
and democracy 和民主 86 -89
exceptions to，and new democratic practices 例外，和新的民主实践 52
middle class and 中产阶级 50，51
models of 模范 168 -169
nationalist project of 民族主义筹划 86 -87，192 -194
non-western 非西方的 83 -84，89
politics and 政治 135
as product of cultural encounters 作为文化相遇的产物 168 -169

realignment in study of 研究中的重新组合 168 −170，171
resistance to 反对 134
sequential trajectory of. *See* sequential theory of modernity 序列轨道。见现代性的序列理论
social space of 社会空间 134 −135，136
symmetrical theory of. *See* symmetrical theory of modernity 对称理论。见现代性的对称理论
and traditionalism 和传统主义 195，196
unbound seriality of 非强制的连续体 129，130，132
Moyn，Samuel 塞缪尔·莫伊 126
Mughals，rise of 莫卧儿帝国的崛起 36
Mukherjee，Trailokyanath 慕克吉 46 −47，48
Munshi 治国术的践行者 57
Mythological cinema 神话电影 166

Nag，Kalidas 卡里达斯·纳格 158
Nandigram agitation 兰迪格兰暴动 93，209
Nandy，Ashis 阿希斯·南迪 114，119，194 −195，196
popular cinema，views on 关于大众电影的观念 167，168
Nation/nation-state 民族/民族 − 国家 155，236
community and 社群 116，119，122，198
as imagined community 作为想象的共同体 108，109，113，116，118，122
immanent sovereignty of 内在性的主权 245，246，247
normalization of 规范化 249 −250

notion of, change in 概念，变化 239 –241
political community of 政治共同体 191 –192
Tagore's views on 泰戈尔的观念 95 –96，97，98 –99，106，117，120，122
transcendent sovereignty of 超越性主权 244，246，247
as universal norm 作为普遍规范 11，238 –239
as western concept 作为西方概念 107
See also **nationalism; state** 同时见民族主义；国家
National Commission for Enterprises in the Unorganized Sector (NCEUS) 全国非组织行业企业委员会 221，224
National culture 民族文化
Brahmanical culture as 婆罗门文化 50
Tagore's contribution to 泰戈尔的贡献 94，116
National iconography 民族形象 154 –155，159 –160，161 –162
National identity, and new immigrant cultures 民族身份，新的移民文化 51
National Planning Committee 国家计划委员会 120
Nationalism 民族主义 43，129，135，147，150，151，155 –156，194，246，247
in Bengal 孟加拉 157
cultural politics of 文化政治 87
early, and *nīti*-dharma relationship 早期的，正道 –达摩关系 60 –61
ethnic politics of 族裔政治 129 –131，133，139 –140，151

and governmentality, politics of 治理术，政治 152

official 官方的 155 -156, 158

Tagore's critique of 泰戈尔的批判 94, 99, 116 -117

unbound serialities of 非强制的连续体 139

universalism of 普世主义 151 -152

***See also* nation; nationalists** 同时见民族；民族主义者

Nationalist (s) 民族主义者 60, 65

British occupation of India, views on 英国对印度的占领，观念 36 -37

economic critique of colonial India 对印度殖民地的经济批判 48, 48**n.** 32

politics of, elites and 政治，精英 86

and western modernity 和西方现代性 86 -87, 193

***See also* nationalism** 同时见民族主义

Native Americans 土著美洲人 245

Negri, Antonio 安东尼奥·奈格里 244, 245, 246

Nehru, Jawaharlal 贾瓦哈拉尔·尼赫鲁 120

Neo-imperialism 新帝国主义 243

Netā* and *nīti 政治领袖与正道 71

Nīti

decline of 衰落 60

and dharma, conflict between 达摩，冲突 59, 73 -74

-dharma relationship, and early nationalism 与达摩之间的关系，早期民族主义 60 -61

and governmentality 和治理术 71

in Indian politics 在印度政治中 65
and *neta* 和政治领袖 71
new principles of 新的原则 65
and *prajasakti* 和臣民的权力 73
and *rajadharma* 王道 55
violence and 暴力 72，73
***See also nīti* literature** 同时见正道文献
***Nīti* literature，genre of** 正道文献，类型 55，56 -57
and science of politics 政治科学 61
See also Nīti 同时见正道
Non-corporate capital 非企业资本 224，225 -226，234
and corporate capital，distinction between 和企业资本，差别 221 -222
and peasant society 和小农社会 222，230，233
Non-cooperation movement，Tagore，criticism 非合作运动，泰戈尔的批评 110 -111，118
Norm-deviation structure 规范 - 偏离结构 8，9，10，11，12，23，25 -26，207，251
Norm-exception structure 规范 - 例外结构 9 -11，12，23，25，34，91 -92，207，250，251
Indian secularism and 印度世俗主义 19
law and 法律 19
political society and 政治社会 15 -16，92，138，223，230 -231 ***See also* political society** 也见政治社会
postcolonial states and 后殖民社会 25 -26

See also **exceptions** 同时见例外
Norms, redefinition of 规范，重新定义 21 -26
Normalization 规范化 8，9，11
of nation state 民族国家 249 -250

Official nationalism 官方的民族主义 155 -156
Oriental Christians 东方基督徒 29，30，31

Palestine 巴勒斯坦 237，238
Passive revolution, idea of 消极革命，观念 138，215，216 -217，220，229，233，234
and class formation in 阶级构成 218 -219，232
Paternalistic kingship, idea of 家长制王权，观念 40
Peasants/peasant societies 小农社会 68，149 -150，213，226 -229
and capitalism 和资本主义 209，212
government and 治理 209，210，226，228 -229，233
lack of organizations among 缺乏组织 226，230
and market 和市场 221，222，229 -230
migration to cities 迁入城市 210 -211
and non-agricultural employment 非农业就业 227 -228
and non-corporate capital 非企业资本 221 -222，233
and postcolonial democracy 后殖民民主 208，209 -211
pre-capitalist 前资本主义的 211 -212
and politics 和政治 228 -229

and primitive accumulation of capital 和资本的原始积累 209，212–214，229
resistance among 反抗 93，209–210，229
Personhood，conception of 人格，概念 79
Phalke，D. G. 巴尔吉 173
Philosophy of Right 《法哲学原理》82
Photography 摄影 161，176，177
Indian，visual aesthetic of 印度的，视觉美学 171–172
***vs* line drawings** 对素描 162–163
***See also* Pinney，Christopher** 同时见克里斯托弗·皮尼
Pinney，Christopher 克里斯托弗·皮尼 172，174–175
and the photographic studio，views on 摄影工作室，观念 176
visual representation of Shiva，analysis of 对湿婆的视觉呈现，分析 173–174
Political society 政治社会 13–14，17，68，82，84，87–88，147–148，205–206，223
and civil society 和政治社会 13–14，89，90–93，138，219，224，231，232，233，234
community and 共同体 205–206
democracy and 民主 88，206–207
and exceptions 和例外 15–16，92，138，223，230–231
and governmentality 和治理术 14，68–69，92，147–148，219–220，230–231
and insurgency 和起义 93

as male space　作为男性空间　20

marginalized groups of　边缘化的群体　231 –232

mobilization and　动员　14，16，220，230，231，232

as non-corporate capital　作为非企业资本　224，225 –226

politics in　政治　230

postcolonial transformations in　后殖民转变　89

resistance in　反抗　20 –21，147 –150

Politics　政治

criminalization of　犯罪化　21

and ethics　和伦理　58，59

and morality　和道德　21 –22

and *niti*　和正道　71

science of　科学　61 –62，64，65

and violence　和暴力　72 –73

Popular art and creative freedom　大众艺术和创造性自由　176 –177，178

Popular cinema　大众电影　166，167 –168

mythic-iconic in　神话 –图像的　175

Popular culture　大众文化　153，171

art in　艺术　180 –186

aesthetic quality of　美学品质　177 –179

popular cinema as　大众电影　166 –167

study of　研究　178 –179，185 –186

Popular sovereignty. *See* sovereignty　人民主权。见主权

Popular visual practices　大众视觉实践

political significance of 政治意义 174 -175
western *vs* Indian 西方对印度 175 -177
Populations 人口
art of government and 治理的技艺 39，40
concept of 概念 14，39，84 -85，198
and civil social institutions，exclusion from 市民社会机构，排斥 84，85
governmental technologies and 治理技术 84，85，88，198 -200
as political categories 作为政治范畴 147
and state 和国家 87，88
Populism 民粹主义 15，146
as counter-democracy 作为反民主 143 -144
and democratic politics 和民主政治 140 -144
features of 特征 143
and governmentality 和治理术 144
Portuguese 葡萄牙 32 -33，36
early expeditions of 早期探险 34，35
expedition to India 在印度的探险 29 -30
and Indian Ocean trade 印度的海洋贸易 32 -33，33n. 7
Indian reaction to 印度的反应 32
and Mughals 和莫卧儿 36
and spice trade 和香料贸易 29
Postcolonial political theory 后殖民政治理论 10，11 -13，19，21 -22. ***See also* Western political theory** 同时见西

方政治理论

Prajā**, and science of politics** 臣民的权利，政治科学 62

Prajāśakti **(power of subjects)** 臣民的权力 62，63，64，73

Prajāsvattva 臣民的权利 62

Prajātantra 臣民的统治 63

Prester John 普莱斯特·约翰 29

Primitive accumulation of capital 资本的原始积累 224，227，228，232

capitalist growth and 资本主义增长 213 -214，233

concept of 概念 211 -213

marginalized groups and 被边缘化的群体 233

peasantry and 小农 212 -214，209

reversal of 逆转 213，214 -215，220，228，232，233

Print capitalism 印刷资本主义 108 -109，130

Putnam，Robert 罗伯特·普特南 200 -202

Rāja 统治者 62

Rājadharma 王道 55

Rajadhyaksha，Ashish 阿希什·拉贾德雅克萨 173

Rajagopal，Arvind 阿尔温德·拉贾戈帕尔 173

Rājnīti 政治 61

Rājśākti 统治者的权力 62，63，64，73

Rājya 国家 62

Ramakrishna，lithographed image of 罗摩克里希那，石板印刷图像 172 -173

Ramaswamy，Sumathi 苏马锡·拉马斯瓦米 154
Ramayana serial 《罗摩衍那》 173
Rao，V. Narayana 纳拉亚纳·劳 54，56，57
Red fort，iconicity of 德里红堡，图像 161 -162
Regional regimes and British 地方政权和英国的 37
Religion 宗教
  and art 和艺术 184
  and common sense 和常识 146
  as cultural universal 和文化普遍性 31 -32，34
  and science of politics 和政治科学 64
  state and 国家 19
  Tagore's views on 泰戈尔的观念 98，108，112
Renan，Ernest 厄内斯特·勒南 94 -95
Representative government 代议制政府 9，34，145
  India as exception to the norm 印度作为规范的例外 10，34，250
Right of eminent domain 国家征用权 213
Roosevelt，Theodore 西奥多·罗斯福 243
Rosanvallon，Pierre 皮埃尔·罗桑瓦龙 25，143 -144
Roy，Ananya 阿奈亚·罗伊 19
Roy，Rammohan 罗姆莫罕·罗易 44，101
Rudolph，Lloyd I. 劳埃德·鲁道夫 216
Rudolph，Susanne H. 苏珊娜·鲁道夫 216
Rural agitations 农民暴动 209 -210，229
Sair ul-mutakkhirin 《当代史概要》 57 -58，59

Sakala-niti-sammatamu 《政治学大梳》 56

Samāj 社会 112 –113

relevance for modern India 对现代印度的相关性 194

and social harmony 和社会和谐 103

unity of 统一 96，97，99 –100

Samājrajtantra（**sociocracy**） 社治 105

Sandel，Michael 迈克尔·桑德尔 191

Sanyal，Kalyan 卡尔杨·桑亚尔 211，212

Sarajevo 萨拉热窝 50

Sarkar，Sumit 苏米特·萨卡尔 53，106

Sastri，Haraprasad 哈拉普拉萨德·萨斯特里 75

Sastri，Sibnath 斯巴那什·萨斯特里 61

Satyagraha movement 非暴力不合作运动 53 –54，72

School（s） 学校

curriculum，colonial control over 课程，殖民统治 157

history texts，illustrations in 历史课本，插图 157 –158，159，162 –163

and official nationalism 和官方民族主义 155 –156

Science of politics 政治科学 61 –62，64，65

Sen Asok 阿索科·森 116，117，118

Sen，Nabinchandra 纳宾钱德拉·森 75 –76，79 –80，82，89

Bankimchandra's condolence meeting，description of 般吉姆钱德拉的追悼会，描述 80

commemoration of literary figures，idea of 对文学人物的纪

念，观念 80，81
public condolence，objection to 公共哀悼，反对 76，77，81
Sequential theory of modernity 现代性的序列理论 12 –13，15，18，23 –24，88
Shitab Rai 希塔布·拉伊 58
Shiv Sena 湿婆神军党 20，73
Shuja-ud-daulah 舒贾·乌道拉 58
Smith，Rogers 罗杰斯·史密斯 91
Social capital 社会资本 200 –202
Socialist regimes，collapse of 社会主义政权，崩溃 51 –52
Sovereignty 主权 63
change in notion of 观念的改变 240
and democracy 和民主 147
and dharma 和达摩 65
and globalization，effect of 和全球化，效果 244，247
and governmentality 和治理术 139 –140，145
immanent 内在性的 245，246，247
and modern politics 和现代政治 51
and state 和国家 39
transcendent 超越性的 244，246，247
universal norm of 普遍规范 11，145，146
Spencer，Herbert 赫伯特·斯宾塞 100
Spice trade 香料贸易 29
Spurious hegemony，British and 假冒的领导权，英国的 41

Squatter settlements 棚户区 14 -15

displacement and resettlement 迁出和再安置 68 -69. ***See also*** **Welcome Colony** 同时见迎宾居住区

as exception to norms of law 作为法律规范的例外 14 -15, 16

gender dimension of 性别维度 19 -20

See also **urban poor; populations; political society** 同时见城市的穷人；人口；政治社会

State 国家

and civil society 与市民社会 83 ***See also*** **civil society** 同时见市民社会

class coalition and 阶级联盟 216, 217, 218

governmentalization of 治理化 198

and popular sovereignty 和人民主权 39

and population 和人口 87, 88

post-colonial 后殖民的 18

and reversal of primitive accumulation 和原始积累的逆转 213, 214 -215, 232, 233

and right of eminent domain 国家征用权 213

secular 世俗的 19

and science of politics 政治科学 61 -62, 64, 65

and urban middle class, redefinition of relation 和城市中产阶级，对关系的重新定义 219

See also **nation/nation state** 见民族/民族国家

Statistics 41 统计学

Stein, Burton 伯顿·斯坦因 37
Subaltern Studies 庶民研究 68, 149-150, 171, 208
Subrahmanyam, Sanjay 萨布拉曼洋 31, 35, 37, 54, 56, 57
Sukarno, Achmed, President 苏哈托总统 150-151, 235, 238, 241, 252
Sutar, Bhabatosh 巴巴托什·苏塔尔 184
***Svadeś*, Tagore's concept of** 泰戈尔的概念 103-104, 108, 109-110, 112, 113
***Svadesī samāj*, Tagore's concept of** 泰戈尔的概念 104-105, 112, 117
Swadeshi movement and Tagore 抵制英国货运动和泰戈尔 102, 106
Swaraj, Tagore's objection to 自治，泰戈尔的反对 111-112, 114, 115
Symmetrical theory of modernity 现代性的对称理论 12, 15, 18, 23-24, 88, 207

***T'arikh*, genre of** 历史，类型 57
Tabatabai, Ghulam Husain 古拉姆·胡塞恩·塔巴塔拜 17, 57, 58-59
Tagore, Rabindranath 泰戈尔 82, 94, 122-124
  ***ātmaśakti*, idea of** 自我创造，观念 115n. 56
  Bankimchandra, essay on 般吉姆钱德拉，散文 75
  British state, views on 英国，观念 100

caste system, views on 种姓制度，观念 98，101－103

and community building 共同体建设 116，117－118，120，122

condolence meetings, views on 追悼会，观念 76

construction-creation distinction 建设－创造的区别 125

cooperatives, creation of 合作社，创造 114－115，116，118，225

deification of 神化 89

***deś*, concept of** 103－104

dharma, views on 达摩，观念 108，117

and Gandhi, differences between 和甘地，差别 111－116，118，121，122

Hindu, definition of 印度人，定义 98

Indian civilization, views on 印度文明，观念 101－102，108，114

Indian society, views on 印度社会，观念 77－78

***jāti*, concept of** 种族的概念 95，96，97，98－99

later writings, modernist elements in 后期作品，现代主义要素 125－126

leader, notion of 领袖，概念 113

modern state, rejection of 现代国家，反对 125－126

nation, attributes of 民族，特征 95－96，97

nation, opposition to idea of 民族，反对观念 106，116，122

and national culture 和民族文化 94，116

Nationalism **lectures of** 《民族主义》讲稿 98 –99，102，106 –107，117

nationalism，criticism of 民族主义，批评 94，99，116 –117

public domain，views on 公共领域，观念 77 –78，79

public mourning，views on 公共哀悼，观念 78，79

role of modern state，views on 现代国家的角色，观念 114

samāj**，concept of** 社会的概念 96，97，99 –100，103，112，113，194

secularized public rituals，views on 世俗化的公共仪式，观念 85

svadeś**，idea of** 自治的观念 103 –104，108，109 –110，112，113

svadesī samāj**，idea of** 社会自治的观念 104 –105，112，117

and Swadeshi movement 和抵制英国货运动 102，106

swaraj，objection to 自治，反对 111 –112，114，115

unity of European nations，views on 欧洲国家的统一，观念 96，97，98，101

unity of Hindus，views on 印度的统一，观念 96，97，101 –102

universal harmony，idea of 普遍和谐，观念 100 –101

Tarlo，Emma 爱玛·塔罗 66，67

Taylor，Charles 查尔斯·泰勒 81

Thailand 泰国 234

Theory of rights，universalism of 权利理论，普遍主义 197

Thompson, E. P. 汤普森 135

Time, utopian *vs* real 时间，乌托邦的与真实的 134 –136

Toer, Pramodeya Ananta 普拉姆迪亚·阿南达·杜尔 130

Traditionalism *vs* modern individualism 传统主义对现代个人主义 194 –195, 196

Transcendent sovereignty 超越性主权 244, 246, 247

Travelogues, and Indian literati 游记，和印度文人 44 –46

Trouillot, Michel-Rolph 迈克尔 –劳尔夫·特鲁伊洛特 22

True infinity, Hegelian idea of 真无限性，黑格尔的观念 132

Tully, James 詹姆斯·塔利 91

Tusi, Nasr-al-din 纳西尔丁·图西 57

Tyranny and arbitrary power, distinction between 专制与专断权力，区别 16 –17

Unbound seriality, of modernity 非强制连续体，现代性 129 –130, 143

***vs* bound seriality** 对强制连续体 139, 146

United Nations 联合国 242, 244

United States of America 美利坚合众国 1, 4 –5, 50

cultural studies in 文化研究 165 –166

imperialism and 帝国主义 243

as an immanent empire 作为内在性帝国 245, 246

Universal harmony, Tagore's idea of 普遍和谐，泰戈尔的观念 100 –101

Universal suffrage 普选权 1, 2, 12, 13

Urban poor 城市穷人
and citizenship 和公民权 14
and civil society 和市民社会 14
community formation among 共同体构成 202 –205
governmental policies for 治理政策 14 –15, 67 –68
and informal employment sector 非正规就业部门 16
political mobilization among 政治动员 14 –15, 16, 20
***See also* political society; populations; squatter settlements** 同时见政治社会；人口；棚户区
Utilitarianism 8 功利主义
Utopian time of capital *vs* real time 资本的乌托邦时间对真实时间 134 –136

Vanaik, Achin 阿钦·瓦奈克 216
Varshney, Ashutosh 阿舒托什·瓦尔什尼 216
Vasudevan, Ravi 拉维·瓦苏德万 167
Violence 暴力 71
and *nīti* 和正道 72, 73
and peasant societies 和小农社会 229
and political society 和政治社会 20 –21
and politics of dharma 和达摩的政治学 72

Walzer, Michael 迈克尔·沃尔泽 191
Welcome Colony, resettlement of slum dwellers in 安置贫民窟居民 66, 68 –69, 70 –71

West, concept of 西方，概念 50，51
Western
art, and the xeno-real 西方艺术，外来现实 174
individualism *vs* eastern communitarians 个人主义对东方的社群主义 193 –194，196
modernity. *See* modernity 现代性。见现代性
political theory. *See* Western political theory 政治理论。见西方政治理论
Western political theory 西方政治理论 1 –3，4
colonial encounters and 殖民相遇 11，22 –23
and Marxism 和马克思主义 3 –4
normative principles of 规范性原则 3，5，19，23，207
and postcolonial politics 与后殖民政治 21 –22
redefinition of norms 对规范的重新定义 23，24
and universal equal rights 和普遍的平等权利 196 –197
Wilson, Woodrow 伍德罗·威尔逊 243
Women, voting rights 妇女，投票权 2
Wood engraving 木刻 157
"Wrong infinity", Hegel's idea of "恶的无限性"，黑格尔的观念 131

Yunus, Mohammed 穆罕默德·尤努斯 121，214

译后记

《政治社会的世系：后殖民民主研究》（*Lineages of Political Society: Studies in Postcolonial Democracy*，Ranikhet：Permanent Black，2011）这本书的翻译由王行坤和王原共同完成。王行坤负责自序，第一至五章以及索引；王原负责第六至十一章，全文由王行坤统一校对。

感谢陈越老师的信任，希望我们的译文与他的期望不会相去甚远。感谢苏仲乐老师认真细致的审订。感谢西北大学出版社，尤其是任洁女士的耐心。第五章《两位诗人与死亡》的翻译参考了杜可珂发表于《当代艺术与投资》2010年第12期的译文，特此致谢。慕唯仁（Viren Murthy）教授就文中某些术语给予了解释，特此感谢。由于作者在将孟加拉语翻译成英语的过程中存在许多不标准、不规范的转音写法，译者对相关孟加拉文的翻译大抵会存在许多谬误。另外，因为作者的注释中存在诸多印地语、孟加拉语等作品，译者无法一一识别翻译，故而将注释中的所有作品以原文形式保留，这也便于读者进行查阅。译事艰辛，尤其是关于印度——这个我们既熟悉又陌生国家——的著作的翻译。译者学识、能力所限造成的译文舛错，还望读者方家批评指正。

王行坤　王原

2015年7月14日

图书在版编目（CIP）数据

政治社会的世系：后殖民民主研究／（印）帕沙·查特吉著；王行坤，王原译．—西安：西北大学出版社，2017.2

书名原文：Lineages of Political Society Studies in Postcolonial Democracy

ISBN 978-7-5604-4007-1

I. ①政… II. ①帕… ②王… ③王… III. ①政治社会学—研究 IV. ①D0-05

中国版本图书馆 CIP 数据核字(2017)第 035041 号

政治社会的世系：后殖民民主研究

［印］帕沙·查特吉 著

王行坤 王原 译

出版发行：西北大学出版社

地 址：西安市太白北路 229 号

邮 编：710069

电 话：029－88302590

经 销：全国新华书店

印 装：陕西博文印务有限责任公司

开 本：889 毫米 ×1194 毫米 1/32

印 张：12.375

字 数：260 千

版 次：2017 年 2 月第 1 版 2017 年 2 月第 1 次印刷

书 号：ISBN 978-7-5604-4007-1

定 价：76.00 元

Re 精神译丛

第一辑

*从莱布尼茨出发的逻辑学的形而上学始基	海德格尔
*德国观念论与当前哲学的困境	海德格尔
*正常与病态	康吉莱姆
孟德斯鸠：政治与历史	阿尔都塞
论再生产	阿尔都塞
*斯宾诺莎与政治	巴利巴尔
*词语的肉身：书写的政治	朗西埃
*歧义：政治与哲学	朗西埃
*例外状态	阿甘本
来临中的共同体	阿甘本

第二辑

*海德格尔——贫困时代的思想家	洛维特
政治与历史：从马基雅维利到马克思	阿尔都塞
论哲学	阿尔都塞
赠予死亡	德里达
恶的透明性：关于诸多极端现象的随笔	鲍德里亚
*权利的时代	博比奥
民主的未来	博比奥
帝国与民族：1985—2005年重要作品	查特吉
*政治社会的世系：后殖民民主研究	查特吉
*民族与美学	柄谷行人

精神译丛

第三辑

哲学史：从托马斯·阿奎那到康德	海德格尔
试论布莱希特	本雅明
否的哲学	巴什拉
论拉辛	巴尔特
马基雅维利的孤独	阿尔都塞
写给非哲学家的哲学入门	阿尔都塞
康德的批判哲学	德勒兹
无知的教师	朗西埃
野蛮的异端：斯宾诺莎形而上学和政治学中的力量	奈格里
狄俄尼索斯的劳动：对国家形式的批判	哈特 奈格里

（加*者为已出品种）